M000073935

LE FILS ET SON PÈRE

Pour en finir avec le complexe d'Œdipe...

MOUSSA NABATI

Le fils et son père

Pour en finir
avec le complexe d'Œdipe...

LES LIENS QUI LIBÈRENT

Pour être informé du programme des séminaires de Moussa Nabati,
vous pouvez lui écrire à l'adresse suivante :
moussa.nabati927@orange.fr

© Les liens qui libèrent.
ISBN : 978-2-253-13162-5 – 1ʳᵉ publication LGF

Pendant l'écriture de ce livre, j'ai transgressé malgré moi la règle d'or de la neutralité bienveillante. J'espère que Freud me le pardonnera !

J'ai ressenti en effet une grande admiration pour Dédale, concepteur génial du Labyrinthe, mais aussi beaucoup de tristesse face au destin tragique de son fils Icare.

En revanche, j'ai franchement détesté Laïos, bourreau au cœur desséché, et versé des larmes sur Œdipe, victime de la cruauté paternelle.

Je me suis enfin surpris à rêver d'un père, solide et confiant dans le destin, comme Abraham, sans que cela puisse effacer mes craintes quant à l'issue de la folle injonction divine de sacrifier le jeune Isaac.

À mes fils,
en souvenir de mon père.

1

Chacun à sa place

Comparée à l'abondante littérature dissertant sur les relations mères-filles, celle traitant des liens entre les fils et les pères fait figure de parent pauvre. Pourquoi cette inégalité d'intérêt, cette injustice ? Certainement parce que, en premier lieu, les hommes éprouvent de sérieuses difficultés, par pudeur ou crainte de se perdre dans les dédales de leurs intériorités, à parler d'eux, à se raconter. Ils préfèrent agir plutôt qu'exprimer leurs émotions, alors que les femmes ressentent toujours une certaine délectation à bavarder, surtout entre elles, partageant sans honte ni complexe les méandres de leur intimité.

Selon le Talmud, lorsque le Saint (béni soit-Il) distribua les dix doses de la parole du haut du Ciel, les femmes réussirent à en attraper neuf. Chez l'homme, le blocage de la parole, le défaut donc de cette soupape de sécurité, aggrave sa vulnérabilité psychologique. Chez lui, le taux de suicides « réussis », si l'on peut dire, ainsi que celui des troubles graves de la personnalité (psychoses, perversions), sans parler des affections psychosomatiques, sont nettement supérieurs à ceux de la femme. Il s'avère donc difficile, étant donné la rareté des confidences masculines, d'écrire ou de discourir à propos des pères et des fils, ceux-ci restant, malgré les apparences, secrets. S'ajoute à ce premier handicap psychologique un second, d'ordre culturel, relatif à la désacralisation de la figure paternelle dans nos sociétés, notamment depuis le siècle dernier. Suscitant moins d'intérêt, les fils d'Adam ont ainsi été supplantés par les filles d'Ève.

Aujourd'hui, les hommes ont de moins en moins l'occasion de jouer comme naguère au héros ou au chef de famille qui assure seul et avec fierté la survie de la maisonnée. Les femmes ont partout réussi à remplacer l'antique *pater familias,* fatigué, démuni de sa superbe et de sa supériorité et, pis encore, de son utilité. Le regard, l'attention et l'éclairage se sont détournés de la scène des patriarches, vers celle des matriarches. Nous vivons une époque au féminin.

J'ai donc voulu, en écrivant ce livre, combler un peu cette lacune et mettre en lumière les liens inconscients et profonds tissés entre le fils et son père, ce qui les unit ou les divise, les rapproche ou les éloigne. Quel est le fondement, le moteur de leur relation ? Qu'est-ce qu'un bon père et quelle serait sa fonction ? Comment réussit-il à élever ses fils pour les aider à devenir adultes, des hommes, et à leur tour des pères ? Pourquoi certains y échouent-ils ? Comment parviennent-ils à communiquer, grâce au dialogue et avec une certaine complicité peut-être, dans le respect des différences, préservés des excès : la violence – parricide, infanticide – ou, à l'inverse, la fusion, le mimétisme, la soumission ? Il s'agit là de questions complexes. À l'écoute depuis longtemps de nombreux fils et pères souffrants, malheureux dans leur peau et dans leurs relations, j'ai compris que l'essentiel de leur contentieux renvoyait systématiquement, de quelque côté que l'on se penche, à une histoire de places, symboliques bien sûr, dans le triangle.

Tout se passe bien si le père parvient à occuper sa place propre d'adulte et de géniteur, inscrit dans une autre génération, en assumant, vis-à-vis de son fils, ses fonctions de protection, d'éducation, d'accompagnement et de transmission. Reconnaissant dès lors son fils comme être vivant, issu de lui certes, mais différent et séparé, il ne cherche ni à l'exclure, hanté par les fantasmes de jalousie et de rivalité, ni à le materner, s'emparant ainsi abusivement de l'espace de la mère rendue inutile. Il ne tentera pas non plus de l'idolâtrer, en le hissant à une position de parent aimant, inversant ainsi les générations, pour lui quémander l'amour qui lui a manqué dans sa propre enfance. Il acceptera par conséquent que sa femme puisse elle aussi, pour son compte et en son propre nom, offrir en tant que mère à son fils une autre scène, en l'aimant et en s'en occupant différemment, sans qu'il entre en rivalité avec elle, ni qu'il se sente menacé de désamour ou de rejet. En revanche, si le père échoue à occuper sa place spécifique dans le triangle, s'il la déserte en démissionnant psychologiquement ou s'il s'approprie illégitimement celles de la mère ou de l'enfant, alors les liens père-fils risquent d'en pâtir gravement.

D'une certaine façon, cette idée rejoint la notion du territoire chez l'animal, bien que l'homme, pourtant primate bipède et mammifère, ne lui soit pas en tout point comparable. L'éthologie nous apprend que les mâles sont souvent « programmés » pour marquer et défendre une zone contenant des ressources alimentaires indispensables à leur propre survie et à celle du groupe. Pour délimiter leur territoire, le loup, le renard, le chat et le chien utilisent leur urine, le blaireau ses excréments, d'autres le chant ou le combat, tous le protègent bec et ongles contre l'intrusion des autres, en fait de leurs propres congénères. Placés dans la même cage, un rouge-gorge et un pinson feront mine de s'ignorer, alors que deux rouges-gorges auront tendance à se voler rapidement dans les plumes !

Tous les tourments, petits ou grands, découlent en effet d'un désordre et des erreurs de places, de l'existence de vides, de confusions, d'inversions, de substitutions ou de cumuls, personne n'étant alors lui-même, chacun pris ou se prenant pour l'autre, c'est-à-dire radié de sa fonction. Cet embrouillement des espaces constitue le reflet et la conséquence d'une injuste et abusive répartition du pouvoir. L'un des membres démissionne, au profit d'un autre qui tente alors de monopoliser tous les droits.

À ma connaissance, peu d'auteurs ont abordé cette dimension politique du triangle, sans doute par crainte d'égratigner les images d'Épinal du couple et de la famille, considérés avec romantisme comme un havre d'harmonie, à mille lieues des luttes et rivalités qui agitent la société. Évidemment, la possibilité pour un homme d'occuper sainement et de façon adulte son espace psychologique, aussi bien celui de père auprès de son fils que celui de partenaire et d'amant auprès de son épouse, est tributaire de l'amour et de la reconnaissance de celle-ci, ainsi que des aléas de son histoire personnelle. Cela signifie, en premier lieu, que le père ne pourra aider son héritier à devenir un homme que s'il est lui-même respecté, porté par l'amour et la sexualité, dans le cœur de sa compagne, qui doit elle aussi être capable de jongler entre ses statuts de mère et de maîtresse, sans en sacrifier aucun, ni en privilégier un par rapport à l'autre. Si une mère trop mère, en fusion avec son « poussin », son « bout de chou », empêche celui-ci d'accéder au père, de le reconnaître et de l'aimer, en revanche une femme trop femme, donc insuffisamment maternelle, focalisée sur son amant, détourne celui-ci de sa fonction paternelle, au lieu de favoriser, tel un pont, les liens entre les deux hommes. Dans un cas comme dans l'autre, en raison de la solidarité intrinsèque entre ses trois membres, que le tiers exclu soit le père ou le fils, le triangle ne fonctionne plus sainement. Ainsi, contrairement à son apparence duelle, il s'agit entre le père et le fils d'une relation triangulaire. De même, concernant les relations mère-fille, le père doit occuper une place et une fonction de médiation de premier plan. Il est le pont, le trait d'union qui les sépare tout en les reliant et en évitant leur fusion.

Pour devenir père, il faut avoir été enfant et fils auparavant. Lorsque cette étape décisive de la vie a été perturbée, affectée par une dépression infantile précoce, en raison d'une enfance difficile, autrement dit, lorsqu'elle n'a pas été vécue, elle se transforme en fantôme persécuteur, empêchant « l'adulte » d'être lui-même, le forçant à son insu, malgré son intelligence et sa volonté, à se comporter de façon immature. Cela se traduit par des attitudes outrancières, manquant de souplesse et de nuance, dictées par l'émotion, sans le thermostat régulateur de la pensée. L'homme se montre alors enfantin et dépendant ou, au contraire, macho et despote vis-à-vis de son épouse, maltraitant ou mère-poule à l'égard de son enfant. Manquant de maturité, envahi et téléguidé par le petit garçon qui se trouve en lui, il a du mal à tenir sa place de père et de tiers, dans l'entre-deux de la mère et du fils, et à exercer son autorité en leur fixant des limites sécurisantes et des repères.

Toutefois, ce livre, qui traite principalement de ce qui se trame et se vit dans les cœurs des fils et des pères, n'est pas exclusivement réservé aux hommes. Je suis convaincu que sa lecture par les femmes, c'est-à-dire les filles, les mères, les épouses et aussi les sœurs, sera susceptible de les aider à comprendre la nature, le motif et les enjeux de ce qui anime, blesse ou réjouit le cœur de leur père, fils, mari ou frère. Ceux-ci, par-delà leur apparence de « n'avoir rien à cacher et pas grand-chose à dire », demeurent des êtres mystérieux, fragiles, en raison de leur difficulté à exprimer leurs émotions. J'espère pour ce motif que mon livre encouragera les femmes, grâce à la connaissance acquise, à mieux aimer les hommes, c'est-à-dire à les accepter tels qu'ils sont, sans les juger, ni les idéaliser ou les diaboliser, sans chercher non plus à les transformer, pour qu'ils deviennent, comme elles le voudraient, conformes à leurs attentes et leurs désirs.

J'aurais pu traiter ce sujet en évoquant, comme dans mes précédents ouvrages, des témoignages d'hommes, Paul, Patrice, François et les autres, aux prises avec leurs difficultés d'assumer leur double identité d'amant et de père, en chair et en os. J'ai souhaité cependant bénéficier cette fois de la lumière que certains mythes seraient susceptibles de projeter sur ce thème. Le point commun, le fil d'Ariane de tous mes ouvrages, consiste précisément à tenter de dépasser l'apparence insignifiante, futile, et parfois rébarbative du texte, dans l'espoir d'atteindre la beauté du contenu caché, bref la braise dissimulée sous les cendres.

Dans *La Dépression, une maladie ou une chance ?*[1], je défends l'idée selon laquelle la dépression ne constitue pas une maladie honteuse à éradiquer, comme la peste. La guerre sans merci lancée contre elle, à l'aide de « l'arsenal chimique », me paraît insensée et dangereuse. La dépression représente, bien au contraire, malgré ou grâce à la souffrance qu'elle déclenche, une formidable occasion de renouvellement, une épreuve pour grandir. Elle contient un sens et un message latent exhortant le sujet à oser devenir soi, à s'aimer enfin et à s'occuper de lui-même, en cessant de se sacrifier masochistement au profit des autres, pour se sentir reconnu et aimé.

Dans le présent ouvrage, je poursuis exactement la même démarche en me servant des mythes : dépasser, contourner le piège de ce qui est donné et qui s'impose d'emblée au regard, pour approcher l'idée maîtresse, invisible. J'ai choisi de développer plus particulièrement l'histoire des trois couples père-fils célèbres : Icare et Dédale, Œdipe et Laïos, Isaac et Abraham. Leurs récits sont examinés et présentés d'une manière vivante et simple, dénués de tout jargon ou de néologismes incompréhensibles. Ils sont traités tels des témoignages cliniques, comme s'il s'agissait de personnes que j'ai connues et dont je me suis occupé en thérapie !

---

1. *La Dépression, une épreuve pour grandir ?*, Le Livre de Poche n° 31650.

Icare était le fils de Dédale, le fameux constructeur du Labyrinthe. Emprisonnés tous les deux dans ce lieu, ils cherchèrent à s'en évader par la voie des airs, tels des oiseaux, à l'aide d'ailes en plumes. Pilote maladroit, Icare s'éleva si haut dans le ciel que la chaleur du Soleil fit fondre la cire qui attachait les ailes à ses épaules. Il tomba alors dans la mer et s'y noya. L'histoire de Laïos et Œdipe est plus connue du grand public. Le fils tua son père, roi de Thèbes, et épousa sa mère Jocaste, après avoir résolu triomphalement les énigmes du Sphinx. Freud s'inspira de cette tragédie relatée par Sophocle pour jeter l'un des fondements de sa théorie du fonctionnement psychique, ou « complexe d'Œdipe », c'est-à-dire le désir inconscient pour un enfant de tuer le parent du même sexe afin de s'unir à l'autre. Quant à Abraham, il avait accepté, sur l'ordre de Dieu, d'offrir en holocauste le fils qu'il avait eu avec Sarah à 99 ans, « son unique, celui qu'il aimait ». À une seconde près, si un ange du Seigneur ne l'avait pas appelé, l'enjoignant de ne pas étendre sa main sur le jeune homme, il aurait immolé Isaac avec son couperet. Un bélier dont les cornes étaient prises dans un buisson fut sacrifié à la place d'Isaac.

Certains se demanderont sans doute, déconcertés, en quoi ces histoires fictives, défraîchies, archaïques, n'ayant vraisemblablement jamais eu lieu, pourraient-elles élucider la relation entre les fils et les pères modernes, à l'heure de l'Internet, et, de surcroît, leur venir en aide ? L'écart ne risque-t-il pas de paraître sidéral face aux réalités actuelles ? Nos vies, nos épreuves, nos joies, nos soucis, nos amours, qu'auraient-ils de commun avec ces récits antiques ? Rien, en apparence ! J'en conviens. Ces mythes paraissent, en effet, d'emblée, si lointains et si étrangers à notre époque et notamment à notre quotidien. Nul père ne réussira à s'identifier à Dédale, ni aucun fils à Icare. Quel père arrivera-t-il à se retrouver dans la peau de Laïos, quel fils dans celle du pauvre Œdipe ? Qui pourra se reconnaître dans l'histoire biblique d'Abraham et d'Isaac, si anachronique au regard de notre mentalité d'Occidental du XXIe siècle ?

Pourtant, si l'on réussit à dépasser le piège de l'aspect manifeste, du premier degré, pour tenter d'approcher le contenu caché, un trésor de sens nous sera offert en récompense ! Il s'agit là de trois modèles de relations père-fils différents. Dédale représente le père absent, démissionnaire, effacé, manquant, défaillant. Laïos personnifie le père meurtrier, pervers, violent, maltraitant, sévère, tyrannique, sadique. Ce qui se révèle néanmoins identique chez eux, malgré la dissimilitude apparente, renvoie à leur immaturité, à leur infantilisme, à l'impossibilité pour eux de se comporter en adultes, de s'inscrire dans le triangle, d'occuper leur place tout en respectant celles des deux autres membres, la mère et l'enfant. Quant à Abraham, vous le verrez, c'est le seul qui, tant bien que mal, s'évertue à aménager une place pour Isaac, en se libérant de la toute-puissance de sa femme Sarah.

En outre, il est invariablement question dans ces trois mythes de sacrifice. Icare meurt noyé, Œdipe, exposé à la mort par son père, n'est pas tué, mais sème autour de lui la mort et la désolation. Enfin, Isaac échappe de justesse à l'immolation. Ces mythes renvoient aussi, dans leur signification symbolique cachée, à la nécessité impérieuse pour le géniteur de sacrifier le petit garçon en lui, pour pouvoir offrir une place d'enfant à son fils.

Sans ce sacrifice régénérateur, il ne peut accéder à la maturité de l'âge adulte. Il reste infantile, en rivalité avec sa progéniture, et projetant sur son épouse une image de mère. En revanche, un homme parvenu à l'âge adulte après avoir été fils auparavant, capable donc d'occuper sa place de père vis-à-vis de son fils, et celle d'amant à l'égard de sa compagne, peut éprouver le bonheur de la paternité. Ainsi, dans ce contexte, contrairement aux affirmations de Freud relatives à la « horde primitive », ce n'est pas le fils qui prend l'initiative de tuer le père afin de s'approprier ses femmes ardemment convoitées, mais bel et bien le père, Laïos ou Dédale, se conduisant tels des petits garçons immatures, inquiets de perdre l'enveloppe matricielle, incapables de reconnaître une place de vie à leurs héritiers.

Ces mythes exposent au fond, d'une manière certes exagérée, caricaturalement dramatisée, certaines vérités symboliques, psychologiques. Ils contiennent un enseignement, un message. S'ils ne parlaient pas des humains aux humains, ils auraient déjà été oubliés, effacés des mémoires, ensevelis sous d'épaisses couches de poussière. La chute d'Icare, le meurtre d'Œdipe et le sacrifice non advenu d'Isaac, parce que accepté d'avance, concernent chacun de nous. Tous ces personnages vivent en nous. D'une actualité brûlante, moderne, ils nous interpellent à leur façon, surprenante, intemporelle. Le mythe relate toujours une histoire vraie, bien qu'irréelle. Celle-ci se répète indéfiniment, à toutes les générations. Il concerne l'homme d'hier, de demain et d'aujourd'hui. Il n'y a que les mots, en fin de compte, le style d'écriture et de narration qui contrastent avec la modernité. Le canevas et l'ossature restent inchangés, abritant les thèmes et les images archétypiques de l'inconscient, des désirs, des craintes et des fantasmes archaïques éternels !

Ces mythes dépeignent donc la tension inhérente à la relation père-fils, l'angoisse de s'engager dans la paternité et de s'inscrire dans la succession des générations. En d'autres termes, ils évoquent la difficulté pour tout père à trouver sa juste place vis-à-vis des deux autres membres du triangle, son épouse d'un côté et son héritier de l'autre, celui qui, tout en pérennisant son nom, le bouscule, contestant ses prérogatives. Si l'évolution au sein de la relation mère-fille consiste à ce qu'elles réussissent progressivement à attiédir, un tant soit peu, l'aspect fusionnel, passionnel de leur attachement, leur mutuelle fascination, en acceptant un minimum d'écart et de distance ; celle entre le père et le fils doit en revanche cheminer dans la direction inverse, dans le sens d'un apprivoisement réciproque, d'un rapprochement et d'une reconnaissance sereine. Si les filles et les mères dépensent une énergie considérable en mettant des décennies, parfois sans succès, à couper leur cordon ombilical, les hommes doivent progressivement apprendre à s'unir, à se connaître, à s'aimer. Combien de fois ai-je vu des hommes pleurer en se reprochant, suite à la mort de leur père, de n'avoir pas pu leur parler quand ils étaient vivants, pour les découvrir et leur dire qu'ils les aimaient ! Mon père, cet étranger !

La complexité des relations père-fils et mère-fille provient sans doute du fait que le parent se trouve face à l'enfant du même sexe, dans un rapport de miroir, face à son double, à son duplicata, à lui-même en quelque sorte. Il aurait tendance alors, en fonction de l'estime, de l'amour, de l'image positive ou négative qu'il a de lui, à malmener ou, au contraire, à idéaliser son *alter ego*. Il risque ainsi de projeter inconsciemment sur lui ses fantasmes, ses propres qualités et défauts, ses aspirations secrètes ou ses déboires. Pour ce motif, il se montrera face à l'enfant du même sexe sévère et exigeant, lui demandant de réaliser des rêves auxquels il a dû lui-même renoncer ! En revanche, un père avec sa fille ou une mère avec son fils se trouvent non plus en présence du même mais de l'autre, un inconnu, un étranger sans confusion, ni identification possible.

Pour quels motifs la relation père-fils apparaît-elle plus compliquée que celle tissée entre la fille et sa mère ? Pourquoi celle-ci se trouve-t-elle moins concernée, moins en danger par la problématique des places, celle à occuper et d'autres à délaisser, si capitale pour son partenaire masculin ? Simplement, parce que la mère dispose de façon certaine et évidente d'une légitimité. C'est bien elle qui a eu le privilège de porter l'enfant durant les neuf mois de la grossesse et qui l'a mis au monde, supportant les douleurs de l'accouchement. *Mater certissima* et *pater incertus* disaient les Latins. Le père ne jouit d'aucune place naturelle. Il est exclu de l'ensemble des processus biologiques de la conception, de la grossesse et de la délivrance. Il ne vit rien dans son corps, n'éprouve aucune sensation physique particulière. La paternité lui apparaît forcément, dans ces conditions, comme quelque chose d'incertain, abstrait, un raisonnement théorique, intellectuel, bref une déduction logique. Quel écart entre l'acte d'amour d'il y a plus de neuf mois, un parmi tant d'autres, et la présence maintenant, en chair et en os, de cet intrus, venant mettre fin à sa lune de miel, transformant le duo en triangle ! Le père se découvre père en faisant confiance à la parole de sa femme : « Il est de toi cet enfant », ainsi que par l'investiture sociale, à son intronisation par la culture dans cette place. Légitimé de la sorte, reconnu, rassuré, il peut inscrire celui qui, issu de lui, va le prolonger dans la filiation des ancêtres, par le biais de l'acte hautement symbolique de la nomination, le nom du père, le patronyme. Il n'aurait sinon aucun poids, privé de toute reconnaissance culturelle par ses pairs. L'incertitude biologique serait donc susceptible d'expliquer, en partie, la difficulté d'être père, d'autant plus s'il n'a pas été fils dans son Ailleurs et Avant, ou s'il n'est pas aimé dans le cœur de sa femme ou, enfin, lorsqu'il souffre d'une image désacralisée dans le conscient collectif. Il peut alors éprouver certains doutes sur lui-même et perdre confiance dans ses capacités. Ne se croyant pas à la hauteur, il ne sait plus comment agir, quelle place occuper, ni quel rôle il lui incombe de jouer. Psychologiquement, il s'avère moins facile, malgré certains clichés sociaux, de devenir homme et père que femme et mère. C'est également cette infécondité du ventre chez l'homme, cette forme de fragilité par rapport à la femme, porteuse et donneuse de vie, qui serait à l'origine de son besoin parfois impérieux d'agir, de s'activer, de faire l'amour, d'amasser de l'argent, de conquérir le pouvoir, de briller dans la création artistique ou scientifique, dans le but de se sentir vivant et reconnu. Une partie importante de sa libido, de son énergie vitale, ne pouvant s'investir dans la maternité, est contrainte de s'exiler pour se fixer ailleurs dans les autres domaines de son identité plurielle. Ainsi, s'il se montre parfois « obsédé sexuel », « coureur de jupons » ou « infidèle », ce n'est pas forcément parce qu'il est pervers ou dépravé. Il cherche à lutter contre la mort, à apaiser ses inquiétudes, en se donnant l'illusion d'être séduisant. En revanche, les femmes peuvent désirer l'homme, « l'aimer d'amour » comme elles disent, romantiquement, sans éprouver le besoin impérieux de recourir à l'acte sexuel, ou de multiplier les amants pour se sentir exister, vivantes. Cette différence psychologique capitale peut devenir la source d'une terrible incompréhension entre les deux sexes, à l'origine de nombreuses souffrances et de déchirements.

Si les femmes se trouvent prioritairement aux prises avec des difficultés réelles, d'ordre sociologique, luttant pour une égalité de places, de droits et de respect, les hommes, eux, sont prisonniers d'une problématique identitaire (qui suis-je et à quoi je sers ?) d'ordre psychologique qu'ils ont beaucoup de mal à ressentir et à verbaliser. C'est précisément pour ce motif que le tiers symbolique, soupçonné injustement de défavoriser les femmes, cherchait à soutenir le père, pour lui offrir un sentiment de sécurité et d'utilité. Le tiers symbolique renvoie à tout cet ensemble de valeurs et de croyances, de rites et de rituels, de traditions, de cérémonies d'initiation et de fêtes, bref de repères indispensables à l'exercice sain et plutôt heureux de la paternité. Nul père ne pourrait réussir seul dans sa tâche ou son métier démuni de l'assistance de ce tiers, du groupe des mâles, de la collectivité, de la culture, du village et de la grande famille, grands-parents, oncles et tantes, cousins, cousines.

Dans nos sociétés, l'évanescence de tous ces relais, maillons, médiateurs et intermédiaires, liée aux multiples modifications des structures familiales, prive le père d'un appui précieux dans l'accompagnement de son fils. Désormais seul, il se retrouve face à lui, notamment lors de cette période périlleuse de transition qu'est l'adolescence, tel un étranger !

Avant d'entreprendre plus amplement l'examen des mythes d'Icare, d'Œdipe et d'Isaac, voici le témoignage récent d'un de mes patients, Vincent. Ce récit montre clairement que la nature des liens entre le fils et son père est tributaire, dans l'inconscient transgénérationnel familial, de la place physique et symbolique du père dans le triangle, du pouvoir qui lui est reconnu, mais aussi notamment de l'importance dont il jouit dans le cœur de sa compagne, capable de jongler entre ses deux pôles de mère et d'amante.

Vincent, bel homme de 32 ans, dit souffrir depuis plus d'un an d'une « dépression » :

« Je ne comprends pas ce qui m'arrive. J'ai pourtant tout pour me sentir heureux, mais je ne le suis pas. J'imagine que beaucoup d'hommes m'envient et souhaiteraient se trouver à ma place. Cette pensée, loin de me consoler en relativisant les choses, me fait encore plus mal. Je me sens coupable d'être ingrat et de me plaindre. Je vis avec une femme adorable qui m'a offert le plus beau cadeau dont un homme puisse rêver, un petit garçon, Benjamin. Je suis père maintenant depuis huit mois. Ça n'a, bien sûr, rien à voir avec ma déprime qui avait débuté avant, au troisième mois de la grossesse environ. C'est franchement bizarre ! Je ne comprends pas. Pourquoi je suis si mal, alors que tout va bien, y compris sur le plan professionnel ? Au début, je ne voulais pas reconnaître ma dépression. Je l'attribuais à la fatigue et au surmenage. Je cherchais à la minimiser, certain de

pouvoir m'en sortir tout seul. Rien que le mot me terro-
risait, me faisant penser à la maladie mentale et à l'incu-
rabilité. Je me suis enfin résolu à consulter notre médecin
de famille, sous l'insistance de ma femme. Il m'a prescrit
des antidépresseurs. J'en ai pris, par-ci, par-là, mais j'ai
décidé de les arrêter finalement, parce que je ne sup-
portais pas leurs effets secondaires, surtout l'impuissance,
avec disparition de tout désir sexuel. Mon épouse est très
gentille, mais elle commence à en avoir marre. Elle me
reproche de ne pas m'enthousiasmer pour le bébé, d'être
ailleurs, absent, de ne pas m'occuper de lui, de ne pas
jouer avec lui. Elle dit aussi que je ne l'aide pas beaucoup
dans la gestion quotidienne de notre famille, qu'elle se
sent toute seule, sans mari, ni surtout père pour le petit. »

J'encourage mon patient à raconter son histoire, son
trajet de vie, dans la mesure où chez lui, comme chez
nous tous, ce n'est jamais vraiment l'adulte qui souffre,
aux prises avec des difficultés réelles et actuelles,
concrètement réparables, mais son enfant intérieur, le
petit garçon en lui, en détresse, prisonnier des aléas de
son histoire.

« Je suis le troisième et le dernier enfant de ma
famille, après deux sœurs. L'aînée a dix-huit ans et la
seconde dix ans de plus que moi. Ma mère m'a raconté
qu'il s'agissait vraiment d'une grossesse accidentelle. Se
croyant, à 45 ans, "en retraite de maternité", c'est-à-dire
inféconde depuis la naissance de ma dernière sœur, elle
ne prenait plus aucune précaution lors de ses rares rapports avec mon père, lui non plus nullement "porté là-
dessus" !

« Au départ, elle avait envisagé de se faire avorter.
Mes sœurs l'y encourageaient aussi paraît-il. Mon père,

je ne sais pas. Elle a longtemps hésité, dit-elle, le temps est passé et finalement, c'est devenu trop tard. En revanche, quand je suis arrivé, tout le monde était ravi malgré tout, surtout mon père, très ému d'avoir "un fiston", lui qui n'avait pas eu de père. Il a été orphelin un jour seulement après sa naissance. Personne n'a jamais su pourquoi. Sa mère, ma grand-mère paternelle, encore très jeune, a décidé de retourner vivre chez ses parents. Elle a élevé mon père toute seule, sans plus jamais refaire sa vie. Quant à ma mère, elle n'a pas connu son père non plus. Ma grand-mère maternelle a été mariée une première fois à un homme bien plus vieux, qu'elle n'aimait pas. Il était de surcroît maltraitant et alcoolique. Elle a eu un premier enfant, un garçon qu'elle a perdu, la mort subite du nourrisson, quelques semaines après l'accouchement. Elle a alors décidé de divorcer. Peu de temps après, elle s'est fait violer par un homme rencontré, par hasard, dans un bal du samedi soir à la campagne. Ma mère, le fruit de ce viol, son enfant unique, n'a donc jamais connu son père. Elle a été élevée par ma grand-mère et son nouveau compagnon. Cependant, souffrant d'une forte jalousie, elle n'appréciait pas du tout que cet homme s'occupe de sa fille, c'est-à-dire de ma mère. Elle s'opposait à ce qu'il lui fasse un câlin, un bisou, le moindre cadeau. Elle lui interdisait également de se trouver seul avec elle, de plaisanter, de rire ou de se promener. Le pauvre homme ne pouvait que lui obéir, craignant son autorité.

« À 11 ans, en sixième, ma mère a décidé de me mettre en pension, sans raison précise et contre l'avis de mon père. Elle prétendait que c'était pour mon bien, mais moi, je ne voyais pas en quoi. Je protestais de toutes mes forces, mais elle ne transigeait pas. C'était toujours elle qui prenait les décisions importantes. Mon père se taisait. D'abord, il n'aimait pas les conflits et, ensuite, il était persuadé que, de toute façon, c'était toujours elle qui aurait le dessus !

« J'ai fugué de nombreuses fois du pensionnat. L'année suivante, elle m'a placé dans un autre établissement, encore plus éloigné, pour me décourager de m'évader. Je ne comprenais pas pourquoi elle me rejetait. J'éprouvais de la colère contre elle et contre mon père qui ne me soutenait pas. Mais je me sentais coupable aussi parfois. J'avais l'impression qu'on cherchait à me punir, mais qu'avais-je fait de mal ? Ma mère me répétait souvent que j'étais pénible, mauvais, méchant et insupportable !

« Deux ans plus tard, elle a enfin accepté de me reprendre chez elle, je veux dire chez moi, à la maison. Pour me rendre au lycée, à quelques kilomètres du village, elle refusait que je prenne le car du ramassage scolaire. Elle craignait toujours qu'il m'arrive une catastrophe, ou que je subisse de mauvaises fréquentations si elle ne se trouvait pas à côté de moi. C'était ridicule ! J'avais franchement honte devant mes copains. Certains se moquaient de moi en me traitant de "fils à maman" ! Elle était tout de même étrange ma mère ! D'un côté, elle me gâtait matériellement, ne me refusant rien. Elle me couvait, sans cesse inquiète qu'il m'arrive un drame. De l'autre côté, elle n'était pas très affectueuse, pas chaleureuse, se montrant souvent même sévère dans ses jugements, cassante et froide.

« J'ai perdu mon père peu après mon mariage, d'un cancer foudroyant. Le pauvre, il aurait tellement sou-

haité devenir grand-père, avoir un petit-fils qui porterait
son nom ! »

Comment comprendre cette histoire ? Qu'est-ce qui
« déprime » mon patient ? Pourquoi ne réussit-il pas à
déguster les joies simples, mais magnifiques, du temps
présent, être l'amant de sa jolie femme qui l'aime et le
père de Benjamin ? Cela ne m'étonnerait pas du tout,
bien au contraire, que le mal-être de Vincent ait été
déclenché insensiblement depuis l'annonce de la grossesse, plus précisément à la suite d'une échographie, me
dira-t-il plus tard, à quatre mois, désignant nettement
le sexe du fœtus « c'est un garçon ! ».

Devenir père, événement pourtant très positif et
joyeux, constitue néanmoins toujours une épreuve pour
l'homme, rendu père grâce à l'arrivée de l'enfant. Je
n'emploie pas ici le terme de l'épreuve dans le sens
négatif de torture et de tourment, mais dans celui de
test, de révélateur, d'examen de passage. Cela signifie
que l'avènement de la paternité interpelle et interroge
l'homme quant à sa maturité d'être adulte, sa capacité
de passer de deux à trois pour occuper une nouvelle
place, tout en se retirant des deux autres, dédiées à son
fils et à sa femme. La paternité réveille et révèle surtout,
en le faisant ressurgir, des fonts baptismaux de l'inconscient à la surface, le tissu relationnel ainsi que l'historique des places tenues ou vacantes au sein du triangle
de son enfance. A-t-il été véritablement fils dans son
Ailleurs et Avant ? A-t-il été inscrit dans la filiation
grâce à la présence d'un père, physique, mais surtout
symbolique ?

Il arrive dans ces conditions, à certains hommes
parfois, plus souvent qu'on ne le croit, de décompenser

lors de cette étape cruciale. D'aucuns s'effondrent, « pètent un câble ou un plomb », dépriment comme Vincent, fuguent, divorcent ou se lancent dans des aventures extraconjugales, etc. Ce qui me touche dans l'histoire singulière de mon patient, malgré sa banalité apparente, c'est l'existence dans sa famille, son héritage transgénérationnel, d'une sérieuse difficulté à exister en tant que mâle, homme, père, masculin, jouissant d'une reconnaissance et d'un désir dans le cœur des femmes, pour pouvoir occuper une place. Le père de Vincent a perdu le sien un jour seulement après sa naissance. Étrange ! De quoi est-il mort ? Se serait-il suicidé ? Son épouse n'a plus souhaité refaire sa vie, revivre en tant que femme en aménageant un espace dans son corps et âme au masculin. Du côté maternel, la grand-mère de Vincent, mariée à un homme bien plus vieux, alcoolique et maltraitant, a décidé de le quitter à la suite du décès, quelques semaines après son accouchement, d'un petit garçon. Étrange ! De quoi est-il mort ? Que lui est-il arrivé vraiment ? Peu après, cette femme se fait violer par un inconnu de passage, lors d'un bal campagnard, ce qui donne naissance à la mère de mon patient. Elle vit ensuite auprès d'un compagnon qu'elle séquestre littéralement, en raison d'une jalousie maladive, au point de lui interdire la moindre proximité avec sa fille unique, privée ainsi non seulement de son père biologique, mais également d'un substitut, susceptible de lui prodiguer un peu d'affection. Cette mère cherchait-elle à préserver sa fille, du fait d'avoir elle-même été violée, de la dangerosité du mâle ?

Dans toute cette histoire, le masculin brille par son absence, sa défaillance, sa négativité, aussi bien au niveau physique que psychologique, comme frappé par une malédiction. Dans cette famille, les mâles ne naissent point, meurent précocement, s'éteignent psychologiquement, se montrant faibles, ou se révèlent odieux, violeurs, maltraitants et alcooliques. Il s'agit là d'une terre aride où le phallus échoue à s'enfoncer, à prendre durablement racine et à s'épanouir. N'oubliez pas que la mère de Vincent, enceinte de lui « par accident », avait ressassé l'idée de se faire avorter, encouragée en cela par ses deux filles, mais « c'était devenu trop tard » !

Un autre détail significatif encore, confirmant la prééminence de ce thème dans l'histoire familiale : à chaque fois que l'une de ses deux filles, et cette fois sa belle-fille, rentrait à la maternité pour accoucher, la mère de Vincent s'arrangeait pour assister aux naissances, excluant ainsi les conjoints, les pères, son fils et ses deux gendres. Cette attitude est peut-être un peu compréhensible. Cette mère n'est pas forcément une femme méchante, ni une mère indigne. Elle ne semble pas emplie d'une animosité particulière, d'une hostilité consciente à l'égard du masculin. Elle s'épuise à être bonne au contraire, exemplaire, parfaite ! Seulement, d'une certaine façon, dans son esprit, le masculin, l'homme ne trouve pas de place, n'est pas positivement intériorisé, ancré, implanté, faute de filiation paternelle. N'a-t-elle pas été privée elle-même de tout contact chaleureux avec un homme, puisque sa mère empêchait anxieusement son compagnon de s'approcher d'elle ? C'est sans doute la raison pour laquelle la mère de Vincent n'a jamais réussi à occuper plus tard sa place de femme, pour s'unir à son conjoint dans l'amour et le désir sexuel. Elle a avoué une fois : « Ton père était gentil. Je l'aimais bien. Je ne trouvais rien à lui reprocher. Il ne fumait pas, ne buvait pas, n'avait aucun vice. Il n'était pas porté sur le sexe, moi non plus d'ailleurs. Alors on s'entendait plutôt bien. Je me suis mariée comme ça, pour avoir des enfants peut-être... parce qu'il le fallait bien, pour faire plaisir à ma mère sûrement qui insistait pour que je parte. »

Chez cette femme, l'homme a été réduit à l'état d'un simple géniteur donneur de spermatozoïdes, sans le droit de s'élever à la paternité. Je suis convaincu que chez une femme, les deux versants de son identité plurielle, à savoir la féminité et la maternité, vont de pair, sont coexistants et se complètent. Cela signifie qu'elle ne peut occuper véritablement sa place et sa fonction de mère que si elle vit, en même temps, une relation d'amour et de sexualité avec l'homme qu'elle aime. Inversement, elle ne peut se réaliser pleinement que si elle réussit à devenir mère. Ainsi, on pourrait aisément repérer chez la mère de Vincent un important décalage, une dysharmonie, une disproportion entre ses deux moi, les deux personnes en elle, l'une obèse et l'autre rachitique, peu femme et trop mère, hypertrophiée. Dans ces conditions, en raison de ce déséquilibre entre les deux plateaux de la balance, le père ne réussit plus à trouver et à occuper sa place dans le triangle, ni dans le cœur de sa femme, ni surtout auprès du fils, couvé, prisonnier de la matrice, coupé de lui. Évidemment, la mère-poule ne réussit à cumuler les places, en s'emparant de celle du père, que si celui-ci y consent, de façon passive, complice et complaisante. Le père de mon patient a en effet démissionné psychologiquement, c'est-à-dire qu'il se montre faible et immature tel un petit garçon. Craignant les conflits, il n'ose point s'affirmer, exercer son autorité pour fixer des limites à la toute-puissance hégémonique de sa femme et sécuriser son fils.

Je ne cherche naturellement pas, à travers ces remarques, à culpabiliser qui que ce soit. Les anomalies dans l'édification du triangle familial – l'inversion, la vacance ou le cumul des places – n'incombent à personne en particulier. Ce n'est ni la faute de la mère, ni celle du père si les choses se passent mal. Ils sont eux-mêmes les premières victimes innocentes des aléas de leur histoire.

Ce qui empoisonne l'âme enfantine, contrariant son évolution et l'empêchant de devenir adulte, soi, renvoie invariablement à l'existence d'une culpabilité inconsciente, celle de la victime innocente. Le sujet se croit coupable et mauvais, non pas parce qu'il aurait mal agi en transgressant un interdit, mais parce qu'il a été personnellement maltraité ou qu'il a assisté, en témoin impuissant, dans son enfance, aux infortunes de ses parents. C'est donc en raison de la présence parfois massive de cette culpabilité inconsciente qu'il cherchera à s'autopunir, à se maltraiter plus tard, à l'âge adulte, en se plaçant répétitivement dans un contexte d'échecs, amoureux ou professionnels, comme pour expier ses fautes imaginaires.

Dans cette perspective, devenir le père d'un fils pour Vincent ne représente pas une affaire anodine, étant donné la rareté et l'absence, notamment psychologique, de l'homme, du père, dans son histoire personnelle et son héritage transgénérationnel. Être fils ou père devient porteur de menaces. Cela a toujours abouti chez lui à un drame. Vincent était ainsi déprimé, bloqué, empêché d'occuper sereinement ses deux places d'amant et de père, dans la mesure où il était hanté, poursuivi par les fantômes de son passé, par tous ces hommes avortés, inachevés, partis précipitamment avant même d'être arrivés, négatifs, dangereux ou dévalorisés. Il avait été non seulement privé de vivre, en tant que fils, une vraie relation avec son père, écarté, effacé, n'osant pas s'affirmer, mais, de surcroît, il avait manqué d'amour maternel. Il était certes matériellement « pourri », gâté, sa mère satisfaisant tous ses caprices, les prenant pour des besoins vitaux. Combler un enfant d'objets matériels signifie qu'on ne se donne pas à lui et qu'on lui refuse, paradoxalement, l'amour, l'essentiel. Au fond, Vincent n'était pas aimé simplement, dans la gratuité du désir. Était-ce pour cela qu'il avait été « prisonnier », deux années durant, dans des internats ? Malgré les apparences, une mère « trop mère » n'est pas meilleure et plus aimante qu'une autre. Bien au contraire, dans la mesure où elle se sert de son enfant pour se donner à elle-même et aux autres une image positive, afin de prouver qu'elle est bonne, gentille, utile, irréprochable et parfaite. Peut-être la mère de Vincent espère-t-elle, dans cette surenchère, effacer sa culpabilité d'avoir voulu se faire avorter, apprenant sa grossesse « accidentelle » !

De toute façon, l'excès de sollicitude maternelle ne constitue pas un don désintéressé mais, au contraire, une demande camouflée de reconnaissance ou de pardon, un besoin impérieux de se faire aimer. Elle est destinée à compenser l'insatisfaction de la mère sur le plan sexuel, sa mise en jachère, l'étiolement de sa féminité, son cœur ne vibrant plus, son corps ne tremblant plus d'afflux de désirs pour un homme. Quant à l'origine

de l'hyperprotection, elle représente sans doute la survivance des inquiétudes que la petite fille a éprouvées
naguère à l'égard de ses parents. L'enfant intérieur que
chacun porte en lui a tendance, confondant le passé
et le présent, à se tourmenter exagérément pour ses
enfants, en les couvant parfois jusqu'à l'étouffement, du
fait d'avoir été jadis thérapeute, parent de ses parents,
aspirant ainsi, telle une éponge, leurs souffrances.
Cependant, ce genre d'attitudes, loin de sécuriser l'âme
enfantine, ne fera que l'inquiéter davantage, en lui présentant la vie et le monde comme une aventure périlleuse parsemée de dangers.

   L'histoire de Vincent nous montre qu'il est impossible
d'apprendre à être père, bon et heureux de surcroît,
avant de le devenir réellement grâce à l'arrivée de
l'enfant. En hébreu, le fils se dit « ben » qui signifie aussi
bâtisseur, comme pour suggérer que c'est lui au fond
qui érige son géniteur au rang du père. La femme aussi
devient mère, y compris sur le plan physiologique, par
suite de l'accouchement, en déclenchant le processus de
l'allaitement. Par ailleurs, il n'existe ensuite aucune
technique, méthode ou recette magique capable de permettre au père de résoudre en un tour de main tous les
problèmes. Seule la lumière jetée sur le fonctionnement
passé et présent du triangle, l'examen des liens entre
ses trois membres, ainsi que la remémoration des places
tenues ou délaissées par ses divers occupants, sont susceptibles d'assainir les relations. Seul ce pèlerinage aide
à réhabiliter le respect des différences des sexes et des
générations pour que chacun puisse occuper et assumer
sa position et ses devoirs.

Ainsi, les difficultés qu'éprouve le sujet adulte à trouver « sa juste place » dans la vie, protégé des excès, proviennent en définitive de l'ambiguïté de la répartition du pouvoir et des places dans le triangle de son passé.

Le récit du roman familial de Vincent nous apprend également que l'enjeu ne consiste pas pour le fils – comme l'énoncerait une interprétation réductrice du mythe d'Œdipe – à vouloir tuer son père rival pour épouser sa mère, ou, en ce qui concerne la fille, à consacrer sa vie, à travers tout ce qu'elle entreprend, y compris le mariage et l'enfantement, à satisfaire son « envie de s'approprier le pénis de son père ». Pour ma part, j'ai toujours été très sensible à ce que les parents, plus exactement la petite fille ou le petit garçon qui vit en eux, projettent sur leur progéniture la place fantasmatique qu'ils leur réservent, chargée de désirs, d'amour ou même de haine. Ils lui adressent parfois une insatiable demande de reconnaissance et d'affection comme pour compenser l'amour et l'attention qui leur ont naguère manqué. À l'inverse, ils peuvent lui manifester de l'agressivité pour se venger sur lui de la maltraitance qu'ils ont subie jadis. On pourrait se demander dans cette perspective si le « complexe d'Œdipe » ne devrait pas être dépoussiéré voire reconsidéré.

Personnellement, j'avoue ne pas avoir trouvé jusqu'ici le courage d'exprimer mes doutes sur ce sujet. Je craignais d'être récusé par mes pairs, accusé de n'avoir rien compris à la psychanalyse ! Je reste évidemment convaincu que ma réticence concernant une interprétation restrictive du complexe d'Œdipe ne réduit en rien la solidité et la grandeur de l'édifice psychanalytique. Elle n'incrimine pas non plus sa perspicacité dans la compréhension du psychisme humain. Elle ne cherche surtout pas à contester son efficacité thérapeutique, spécialement de nos jours, face aux attaques de la chimiothérapie et du comportementalisme. La psychanalyse ne constitue ni une religion dogmatique, ni une secte, ni un parti politique prêchant la vérité unique, exigeant l'obéissance aveugle et définitive de la part de ses fidèles. Elle n'est pas basée sur le savoir, rigide et dogmatique, mais sur l'interprétation, la recherche continue du sens, dans l'espoir de l'approcher, mais sans l'atteindre forcément, afin de pouvoir poursuivre la quête et le cheminement.

Selon mon hypothèse, ce qui construit le psychisme et qui préside à son orientation, aidant le sujet à devenir psychiquement autonome, épanoui dans son sexe et âge, acteur de son destin, en amour et au travail, dépend de la place symbolique qui lui a été réservée dans le triangle, eu égard au vrai désir de ses parents. A-t-il été accueilli et aimé en tant qu'enfant, pour ce qu'il était, dans la gratuité du désir, ou a-t-il été pris pour un autre, placé là où il n'avait pas à se trouver, afin de remplacer un enfant disparu précédemment, ou rafistoler le couple bancal de ses parents ou, enfin, prodiguer à ceux-ci, inversant les fonctions, l'amour et la reconnaissance dont ils avaient été privés dans leur enfance ? Ce qui sert ainsi de moteur au sujet, tout au long de sa vie, notamment dans sa petite enfance, c'est une quête identitaire : qui suis-je, où est ma place, quel rôle m'est-il imparti, par quel désir suis-je porté ? Aucun bonheur n'est plus grand que celui d'être soi, vivant parmi les vivants, reconnu dans la gratuité du désir, sans justification.

Quant aux géniteurs, sont-ils vraiment capables de se comporter en adultes, non inféodés au petit garçon ou à la petite fille en eux ? Assument-ils, l'un dans sa place d'homme ses deux statuts de père et d'amant, et, l'autre dans son territoire de femme, ses deux fonctions de mère et d'amante ? Ainsi, la difficulté pour un sujet de pouvoir être lui-même, conscient de ses limites mais confiant dans ses capacités, découle du désordre, des erreurs dans la disposition des espaces symboliques et des fonctions qui s'y rattachent, droits et devoirs, au sein du triangle père-mère-enfant : désertion paresseuse ou tentation hégémonique de l'échanger, de l'inverser, de la confondre ou de la cumuler avec celle d'un autre, en délogeant son occupant légitime. Je reçois tous les jours des hommes et des femmes qui souffrent de ne pas être eux-mêmes, intérieurement libres, du fait de ne pas avoir été aimés gratuitement dans une place et fonction d'enfant. Dépossédés de leur enfance, devenue blanche, ils ont dû s'ériger précocement en adultes pour se poser en thérapeutes de leurs parents, en gobant leurs souffrances. C'est bien cette enfance avortée, non vécue, qui, muée en fantôme persécuteur, les empêchera de devenir un jour véritablement grands, pour penser et désirer en leur nom propre et en toute autonomie.

2

Icare, fils de Dédale

Les contes de fées, les fables, les mythes et légendes ont toujours constitué pour la psychanalyse un trésor de sens, une source féconde de recherches et d'inspiration. Nombre de psychanalystes, à commencer par les premiers, Freud et son fils spirituel Jung, ont considéré la mythologie comme le miroir où se reflète de manière lisible, voire transparente, l'inconscient, dans sa complexité, sa richesse et sa profondeur. Ils y ont eu fréquemment recours afin d'éclaircir le fonctionnement psychique ainsi que les forces auxquelles les humains sont soumis, sans en avoir eux-mêmes conscience.

L'analyse et l'interprétation du mythe d'Œdipe ont permis à Freud de découvrir et de mettre ainsi en lumière une dimension, d'après lui, essentielle et déterminante de l'évolution affective humaine : la sexualité infantile incestueuse et endogamique, jusque-là objet de l'ignorance ou du refoulement. De même, Jung n'a eu de cesse de se plonger dans l'univers de la mythologie universelle afin d'alimenter et de démontrer sa conception des archétypes et de l'inconscient collectif, images et histoire de nature universelle et impersonnelle, identiques chez tous les individus depuis la nuit des temps. À la suite de ce premier couple père-fils célébrissime de la psychanalyse, tous les praticiens ont cherché à s'abreuver à cette fontaine d'images et de symboles que représentent les mythes, émanations de l'inconscient collectif.

Comment ces personnages mythiques d'Icare et de Dédale, de Laïos et d'Œdipe, d'Abraham et d'Isaac, qui n'ont probablement existé que dans l'imaginaire des conteurs, pourraient-ils éclairer les liens entre les pères et les fils d'aujourd'hui ? Comment ces personnages légendaires pourraient-ils venir en aide aux pères et aux fils modernes ? Pourquoi ai-je dépensé tant d'énergie et de temps à enquêter, analyser, interpréter et écrire au sujet de ces couples évoluant au sein d'aventures fabuleuses peuplées d'une pléthore de dieux et de monstres, plus étranges et plus fictifs les uns que les autres : Poséidon, Minos, Pasiphaé, Zeus, le Minotaure, le Sphinx, les anges et même l'Éternel Dieu ? Il me semble que ces aventures, en raison précisément de leur irréalité historique, seraient susceptibles de faire mieux ressortir une autre vérité, celle-ci symbolique, psychologique, archétypique, intérieure, non astreinte à la relativité des cultures, des époques et des pays. Ces récits s'avèrent d'autant plus vrais qu'objectivement ils échappent à la réalité, n'ayant pas été concrètement réalisés. Ils expriment ainsi, de manière encore plus lumineuse, plus crue et évidente, ce qui caractérise la relation entre le père et le fils, à leur insu. Le discours mythologique si riche en symboles, images et métaphores, expose et exprime avec une grande concision, en allant « droit au but », une thématique universelle fondamentale que l'on aurait beaucoup de peine à illustrer autrement, par le biais d'un discours normal, logique, commun, classique.

Dédale et Icare représentent au fond des portraits cliniques, des personnages intemporels, éternels. Ils nous fournissent le prototype, le modèle emblématique de certains liens inconscients tissés entre le père et son fils à chaque génération, depuis l'aube de l'humanité, au-delà des variations et des particularités des romans. Dédale interpelle tous les pères, chaque père, celui d'hier, celui de demain et celui d'aujourd'hui. Il aurait pu aussi bien s'appeler David, Daniel, Denis, Didier ou Dominique. De même, Icare représente tous les fils, chaque fils, celui d'hier, de demain et d'aujourd'hui. Il aurait pu, lui aussi, se nommer Isaac, Ivan, Isaïe ou Isidore. Ce mythe présente donc l'immense intérêt de familiariser chacun avec le labyrinthe dédalique de la problématique père-fils. Il s'agit là d'un sujet d'une importance capitale, spécialement dans nos sociétés modernes, où le père a tant de difficultés à occuper sa place et à exercer sa fonction légitime à l'égard de son fils, à l'heure actuelle livré à lui-même, sans cadre et sans protection. Les histoires mythologiques font ressortir ce que les hommes ont de plus profondément humain en eux. De plus, ce mythe, ou plutôt ce roman policier, voire ce thriller mythologique, débordant d'intrigues et de rebondissements, passions, jalousies, rivalités, crimes, fuites, trahisons et vengeances, nous conduira dans le royaume fantastique des divinités grecques.

Icare était le fils de Dédale, le concepteur du Labyrinthe dans lequel fut enfermé le Minotaure, mi-homme, mi-taureau. Dédale s'y trouva à son tour enfermé par le roi Minos pour avoir rendu possible l'amour fou de

Pasiphaé pour un taureau que le monarque ne put se résoudre à sacrifier, conformément au vœu de Poséidon. Étrangement, Dédale ne se trouva pas emprisonné seul dans son œuvre, mais en compagnie de son innocent fils, Icare. Voilà déjà posées deux séries de questions fondamentales, passées sous silence par tous les commentateurs et historiens modernes et anciens :

Pourquoi Minos ne put-il pas se résoudre au sacrifice du taureau, ce qui lui aurait pourtant permis de consolider ses droits à la souveraineté crétoise ?

Pourquoi Icare, cet enfant sans histoire et sans faute, fut-il enfermé en compagnie de son père fautif dans le Labyrinthe ? Quelles furent les raisons de ce « scandale judiciaire », de cette injustice flagrante ? En réalité, il n'y avait là aucune « raison », mais seulement un sens. Cette recherche tente de fournir quelques éléments de réponses, de jeter des rayons de lumière sur ces questions restées jusque-là dans l'ombre. Tout le monde connaît également la suite de ces aventures où se confondent inextricablement des éléments historiques, mythiques, légendaires et littéraires.

Dédale réussit parfaitement, inventant des ailes d'oiseau à cette occasion, à s'échapper de sa prison. En revanche, voulant trop s'approcher du Soleil, Icare se brûla les ailes et tomba dans la mer, pour le bonheur vengeur de Poséidon, dieu des Mers. Et cela malgré le « sage » avertissement de son père l'exhortant à ne pas trop s'approcher du Soleil (Hélios) et à ne pas trop s'alourdir les ailes de l'humidité de la mer (Notis). Voici donc encore deux autres séries de questionnements :

Pourquoi Icare ne put-il pas entendre ou tenir compte

de l'intelligence rusée, de la métis de son père, lui indiquant la juste voie du milieu garante de la réussite ?

Quel fut l'impact de la chute tragique de l'enfant Icare sur le devenir de son père ?

La réponse à ces quatre interrogations ne m'a semblé possible qu'à travers, d'une part, une promenade dans l'univers mythologique de l'époque afin de restituer le plus fidèlement possible le texte du « roman familial » des personnages et, d'autre part, dans un questionnement de certains concepts majeurs de la pensée analytique. Les fruits de cette promenade et de ce questionnement semblent mettre tout à fait en arrière-plan le sens donné habituellement à la tragédie icarienne, présentant Icare comme la victime de sa propre mégalomanie, de sa folie des grandeurs, de sa démesure et de son impossibilité à se mouvoir dans la voie du compromis, distante des extrêmes nocifs, à l'image de la « sagesse » de son père. Cela permettra de mettre en lumière une idée centrale, celle du « déplacement substitutif » susceptible de rendre compte, dans une large mesure, d'un fonctionnement économique résultant de la cohabitation et de la rencontre de deux inconscients où l'un « pris pour l'autre » se doit de payer, à la place de cet autre et pour son salut, le tribut que ce dernier se trouve dans l'impossibilité de consentir.

En d'autres termes, Icare occupe et réalise dans le mythe grec une place et une fonction d'« enfant thérapeute ». Il incarne l'ombre de son père, sa part négative. Il se sacrifie par culpabilité à la place et pour le compte paternel afin de sauver Dédale de la mort et de la folie. Mais soyons patients et commençons par le commencement. Écoutons d'abord les péripéties des aventures extraordinaires de l'artisan !

Le roman familial

Quelles sont les origines de Dédale ? Comment peut-on dessiner son arbre généalogique ? Quelle serait la pertinence d'une telle investigation à partir des informations parfois hypothétiques quant aux parents et grands-parents de Dédale aux noms étranges et inconnus : Métiadousa, Eupalamos... Le but ne consiste évidemment pas à satisfaire une soif, une curiosité savante, intellectuelle, encyclopédique pour amonceler le maximum de connaissances dont on ne saurait que faire en définitive. Lorsque le psychanalyste cherche à s'informer sur le passé, c'est pour mieux comprendre le présent. La personnalité d'un patient, la façon dont il vit et fonctionne Ici et Maintenant, ses choix, ses souffrances, ses blocages, ses joies, sa dépression, son élan vital, ses ambitions, dépendent dans une large mesure de son passé, de son Ailleurs et Avant, aussi bien individuel que transgénérationnel. Le prénom d'un enfant par exemple n'est jamais anodin, neutre. Il contient et révèle en concentré le désir et l'idéal inconscients des parents. Il est un miroir qui reflète l'âme de l'enfant, son héritage. Certains portent le prénom d'une petite sœur ou d'un petit frère décédé, précocement arraché à la vie, avant leur propre arrivée sur Terre. Il s'agit là d'une situation trouble et troublante, propice aux confusions. L'enfant ignore dans ces conditions qui est qui, s'il est vivant ou mort, ou plutôt en survie et en sursis. L'épée de Damoclès suspendue au-dessus de sa tête, il craint d'être bientôt touché, contaminé par le même sort que son prédécesseur, puisqu'il a pris sa place et porte son prénom. C'est exactement ce qui est arrivé à Van Gogh et à Dalí, nommés Vincent et Salvador pour combler les places laissées par deux petits frères, nés et morts avant eux.

J'ai connu récemment un homme hyperactif, voire agité, excité, toujours occupé, sans pouvoir lever le pied, ni surtout s'autoriser à se reposer. Le vide, l'arrêt, « ne plus bouger », l'inactivité, le « farniente », déclenchaient en lui une angoisse intense, celle de ne plus être vivant, de ne plus exister. Tout se passait comme s'il devait vivre doublement, intensément, pour deux, pour son propre compte et celui de sa petite sœur défunte, dont il portait le prénom, Dominique, et qu'il se devait donc fidèlement de réincarner, de ressusciter grâce à son hyperactivité.

En donnant des prénoms des deux genres à leurs enfants (Stéphane, Claude, etc.), d'autres trahissent peut-être leur ambivalence, l'ambiguïté de leur désir face au sexe de l'enfant. Le prénom peut refléter enfin l'importance des ambitions des ascendants, leur idéal élevé (Victoire, Moïse, etc.). Cela risque de peser lourdement sur l'enfant qui ne se croit pas à la hauteur du rêve qu'il se faisait le devoir de réaliser pour plaire à ses parents.

On a parfois reproché à la psychanalyse d'attacher trop d'importance au passé, en exagérant son poids et son impact réel sur le présent, d'où ce conseil prodigué par certains comportementalistes d'« échanger sa pelle contre une échelle », ce qui signifie renoncer à creuser l'histoire pour se tourner vers l'avenir, aller de l'avant, grimper. Si les psychanalystes se penchent ainsi sur l'enfance, ce n'est nullement de façon arbitraire, par fantaisie ou en raison d'un *a priori* philosophique passéiste. Il s'agit pour eux d'un constat, d'une évidente conclusion. Le point commun de nos patients concerne précisément leur difficulté à vivre leur présent, de façon sereine et confiante. C'est plutôt eux qui, englués dans leur passé, littéralement prisonniers, ne cessent de le ressasser, de s'y complaire ou de lutter contre lui sans réussir à l'« oublier », à l'« effacer » comme ils disent, à tourner la page. Cela se manifeste surtout par le fait qu'ils s'expriment, se comportent, dans le travail ou en amour, non pas vraiment en adultes, intérieurement libres, mais de façon immature, infantile. Autrement dit, ils se laissent envahir par le petit garçon ou la petite fille blessée en eux, ses émotions volcaniques, son manque de confiance en soi, son impatience, son intolérance à la frustration, sa tendance à la dramatisation et enfin son besoin urgent et continuel d'être rassuré, reconnu et aimé.

Paradoxalement, ce n'est pas leur passé en tant que tel, réel, objectif, avec ses cicatrices et ses carences, qui submerge et occulte Ici et Maintenant. Ce qui les empêche de jouir paisiblement, c'est que ce temps est resté figé, en suspens, immobile, et qu'il n'a pu être surmonté, digéré, assimilé ou, tel un document, classé, archivé. Cela se produit lorsque l'enfant a été empêché de vivre son enfance, dans sa place propre, son sexe et sa génération, avec un minimum de légèreté et d'insouciance, entouré d'amour et de sécurité. Propulsé avant l'âge dans une autre génération, maltraité personnellement ou témoin impuissant de la souffrance de ses parents, il a été dépossédé de son enfance, contraint de l'abréger en s'évadant. Seulement, cette période refoulée ne disparaît pas, elle se transforme en fantôme persécuteur et maintient le sujet dans un état d'immaturité et d'infantilisme permanent.

Ainsi la psychanalyse ne cherche ni à plonger, par sadisme, ses patients, dans les salissures d'antan, ni à noircir leur histoire, ni surtout à culpabiliser les parents. Au contraire, en rendant le passé présent, en encourageant le sujet à s'en souvenir, à le retrouver, à le reconnaître, elle a pour but d'aider le patient à s'en dégager véritablement et, mieux encore, à le transformer en énergie, en ange gardien protecteur, libéré des griffes du fantôme.

Pour en revenir à Dédale, la tradition semble quasi unanime sur la nationalité athénienne de l'artisan Dédale, même si certains lui prêtent la nationalité crétoise, en l'appelant « Dédale le Crétois ». Il n'est d'ailleurs pas impossible que l'attribution de la nationalité crétoise à Dédale provienne de l'importance de ses réalisations en Crète, dans le palais du roi Minos. Les mêmes traditions lui attribuent différents pères, tous semble-t-il athéniens. Il s'agit de Métion, fils du roi d'Érechthée, ou Eupalamos, fils de Métion, ou encore Palamaon. Métion signifie l'homme à la métis, une forme d'intelligence pratique et rusée, s'exerçant dans des domaines différents, mais particulièrement dans celui du travail artisanal. Eupalamos désigne l'habileté manuelle, qualificatif appliqué aux génies de la forge, inventeurs des arts de la métallurgie. Palamaon ne constitue qu'une variante d'Eupalamos. Tous ces noms, quant à la filiation paternelle de Dédale, semblent mettre surtout l'accent sur les qualités de ruse, de débrouillardise, d'adresse, d'habileté plutôt pratique et

manuelle, tout en évoquant une origine royale, c'est-
à-dire l'appartenance de Dédale à la lignée royale
d'Athènes, et plus précisément à la branche cadette des
Métionides (d'où le nom de Métion, père de Dédale). Si
dans la filiation paternelle de Dédale nous voyons alterner
Métion (l'homme possédant cette intelligence astucieuse
et rusée qu'est la métis) et l'habileté manuelle (palamé
qu'incarne Eupalamos), sa filiation maternelle ne semble
insister que sur l'aspect intellectuel des qualités de cette
famille. Métiadousa signifie « celle qui se plaît à la
métis », Phrasimède « celle qui conçoit un plan » et Iphi-
noé traduit « un esprit vigoureux ».

Cette brève lecture sur les origines probables de l'artisan Dédale, père d'Icare, nous familiarise d'emblée avec
une des données les plus constantes et les plus fondamentales de sa légende, qui est celle du double. Comme
nous venons de le voir, le personnage est présenté selon
certaines traditions comme Athénien et selon d'autres
comme Crétois. Athènes et Crète se trouvant en conflit
et rivales à cette époque, il proviendrait d'une source à
la fois royale et artisanale. Ce dernier point semble avoir
beaucoup d'importance lorsque l'on sait qu'il existait, à
l'époque antique, une certaine contradiction, en même
temps qu'une complémentarité, entre ces deux souches.
Contradiction dans ce sens que le travail artisanal et
même l'activité de l'artiste faisaient l'objet, dans l'idéologie de l'époque, d'un jugement dépréciatif, d'un certain
dédain, alors que la lignée royale était hautement valorisée. Les souverains descendaient des dieux ou étaient
eux-mêmes des dieux et entretenaient avec ceux-ci des
liens privilégiés.

Il s'agit d'une des contradictions les plus profondes de
la civilisation grecque aux Ve et VIe siècles, se continuant

peut-être encore et ailleurs aujourd'hui. L'importance effective de la place de l'artisan y contraste, dans l'idéologie de la classe dominante, avec un certain mépris dont il fait l'objet[1]. Il existe une relation de complémentarité entre ces deux contradictions dans la mesure où la conquête, l'exercice et le maintien du pouvoir, à cette époque, n'étaient rendus possibles que grâce à ces mêmes artisans, possédant la métis, mais étant paradoxalement méprisés ou relégués dans l'ombre : « Zeus ne peut conserver le pouvoir sans l'aide de la métis et de ses ruses[2]. » On peut par conséquent constater l'existence chez Dédale de toute une série de contradictions à des niveaux différents, entretenant par ailleurs entre elles des relations de complémentarité : au niveau de sa nationalité, athénienne ou crétoise, mais également de sa filiation paternelle.

L'examen généalogique de Dédale montre par conséquent à quel point il est présenté dans sa légende comme incarnant toutes les valeurs opposées, quoique considérées comme complémentaires. L'artisan n'est donc jamais, ni nulle part, concerné par le manque.

Toutes ces précisions, *a priori* savantes ou rébarbatives, ne sont cependant pas inutiles. Elles nous familiarisent avec l'histoire transgénérationnelle de Dédale, pour nous aider à mieux comprendre sa personnalité et surtout ce qui arrivera à Icare. Dédale est donc double, de souche royale et populaire, artiste et artisan, manuel et intellectuel, athénien et crétois, tout, parfait, complet,

1. Pierre VIDAL-NACQUET, art. « Grèce », *Encyclopædia Universalis*, p. 1017.
2. Hésiode, *Théogonie. Les Travaux et les Jours*, Le Livre de Poche n° 16041.

total, dans la maîtrise. Mais pourquoi ? Afin de satisfaire quel besoin ? Cela représente-t-il vraiment une force ou, au contraire, une fragilité ?

Dédale le sculpteur : « les statues vivantes »

Dédale se présente à Athènes comme un sculpteur génial. Les Grecs le situent à l'origine de leur art, comme inventeur de la statuaire, ou attribuent à son talent tous les progrès décisifs de l'art archaïque. En effet, avant Dédale, les statues avaient les yeux fermés, les jambes jointes et les bras collés au corps. Elles étaient même parfois dépourvues de mains, de pieds et d'yeux. Grossièrement taillées dans la masse du bois, certaines n'étaient constituées que d'une simple planche ou poutre. En revanche, taillées dans le bois poli, la pierre ou le métal, les statues de Dédale figuraient toutes des images divines et imitaient parfaitement la réalité. Elles avaient les yeux ouverts, les jambes écartées et les bras tendus et décollés du corps.

Tous les témoignages insistent sur la perfection de l'illusion qu'elles produisaient et bon nombre de sanctuaires se flattaient de posséder une œuvre de Dédale. « L'impression de vie qui se dégage des statues de Dédale par leur mobilité et leurs yeux ouverts est telle qu'elles semblent marcher et regarder, elles sont comme des êtres vivants[1]. » Apollodore rapporte qu'Héraclès, dont Dédale avait fabriqué une statue, s'y est trompé et a

---

1. Françoise FRONTISI-DUCROUX, *Dédale, Mythologie de l'artisan en Grèce ancienne*, Éditions Maspéro, 1975, p. 100.

frappé sa propre statue, croyant dans l'obscurité avoir affaire à un ennemi. L'apparence de vie dépasse franchement le plan de l'imitation ! Un autre témoignage insiste sur le fait que « le mouvement des statues semble déterminé par une intelligence interne », car « elles se sauvent, sont douées de la vue et même de la parole. Et leur agitation, d'autant plus paradoxale que l'immobilité de la statue était proverbiale, n'évoquait pas la raideur d'un automate. Bref, les statues de Dédale étaient illusoires, trompeuses, mobiles et imitaient la vie[1] ».

Cet aperçu de l'œuvre athénienne de Dédale en tant que sculpteur nous montre tout d'abord à quel point il était maître dans l'art du simulacre, du double, de la tromperie et de l'illusion, grâce à sa capacité extraordinaire de fabriquer des « statues vivantes », doubles de l'homme et des dieux, parfaites imitations de la réalité. C'est là une des caractéristiques que nous retrouvons tout au long de ses aventures, entre autres dans la construction de la vache de Pasiphaé, ou encore lors de la fabrication des ailes d'oiseau pour lui-même et pour son fils Icare, dans l'intention de s'échapper du Labyrinthe. Il faut retenir deux autres éléments des activités de sculpteur de Dédale à Athènes. Il s'agit d'abord de son pouvoir caractéristique de rassemblement, d'unification des contraires. Les « statues vivantes » sont assurément la résultante, le produit, de cette conjugaison des impossibles, entre l'inanimé et l'animé, le mobile et l'immobile, le vrai et le faux, le haut et le bas, l'homme sur terre et le dieu dans le ciel, dont la statue avait pour fonction

---

1. *Ibid.*, p. 101.

de symboliser la présence, en l'incarnant dans une matière, bois ou métal, sans pour autant lui enlever son caractère surnaturel. Dans l'esprit des Athéniens de l'époque, la possession de ces idoles, de petite taille, transportables donc, était censée procurer à son propriétaire un privilège religieux, un pouvoir surnaturel contenu dans la divinité représentée. Dédale apparaît là encore comme le maître des compromis réussis, l'artisan créateur des œuvres ambiguës. Un autre trait fondamental de ses activités athéniennes est constitué par le thème, jamais explicitement revendiqué par lui-même, d'une certaine accointance entre sa personne et Dieu, créateur de la vie et de l'homme, ou plus modestement entre lui et une puissance divine et surnaturelle à laquelle il s'identifiait, car celui qui donne la vue et le mouvement est en même temps celui qui souffle la vie. En effet, la fabrication des « statues vivantes », mobiles, dotées d'yeux, douées d'intelligence et même de la parole, évoque avec force la cosmogonie biblique relatée dans le livre de la Genèse de l'Ancien Testament où il est écrit que : « L'Éternel Dieu forma l'homme de la poussière de la terre, il souffla dans ses narines un souffle de vie et l'homme devint un être vivant[1]. » Cela signifie qu'à ce stade de sa trajectoire, moment qui se répétera, Dédale aidé par son génie de création artistique et poussé par l'émerveillement de ses admirateurs n'a pu résister à la tentation féconde et dangereuse d'une certaine identification ou confusion entre le pouvoir technique et la toute-puissance magique et transcendantale. Dans une terminologie plus analytique, il n'a pu s'empê-

---

1. Ancien Testament, Genèse II, 7.

cher d'opérer une sorte d'assimilation entre le moi conscient et le soi inconscient ; le soi comme source de la créativité, mais aussi comme berceau de l'inflation et de la toute-puissance narcissique.

Cette hypothèse semble être attestée par un passage de Diodore : « Dédale, lors de son séjour en Égypte, se serait illustré à Memphis par des travaux d'architecture et de sculpture, ce qui lui aurait valu d'être honoré à l'égal d'un dieu. » Il ajoute : « Dans une île près de Memphis se trouve encore un temple de Dédale[1]. » Cet élément paraît, au même titre que d'autres déjà évoqués quant à la personnalité de Dédale, très significatif, car il permet de mieux comprendre et de mieux saisir les raisons et le sens profonds de la chute mortelle de son fils Icare, proie de Poséidon, dieu des Mers. Sens et destin du fils seraient à jamais restés dans l'ombre s'ils n'étaient éclairés par certaines particularités de la psyché et de la personnalité de son père.

Le meurtre du neveu Circinus

Dédale poursuivit ses activités à Athènes où, en plus de ses œuvres de sculpteur, possédant des caractéristiques fabuleuses, il se révéla un inventeur de génie. On lui attribue certaines inventions utiles à son art : le fil à plomb, la hachette, le cordeau, l'herminette, l'équerre, la glu, la colle de poisson (ces deux dernières mettent l'accent sur l'importance de l'adjonction et de l'ajustage) et de façon plus incertaine la scie. Le mérite de cette

---

1. DIODORE DE SICILE, Éditions Les Belles Lettres, Paris, 2002.

dernière invention est en effet souvent contesté à
Dédale. Il serait dû à l'ingéniosité de son neveu, fils de
sa sœur, que l'artisan avait pris comme élève en appren-
tissage. Ce neveu, en double lien avec Dédale, familial et
pédagogique, précocement doué, nommé Talos, ou Kalos,
ou Perdix, ou Circinus, aurait inventé le compas, la roue
du tourneur, le tour de potier et la scie, en examinant un
jour l'arête d'un poisson ou, d'après d'autres témoignages,
la mâchoire d'un serpent. Nous verrons plus loin que ces
détails et ces noms n'ont rien d'arbitraire et qu'ils sont
au contraire très chargés de significations. Il n'est pas
très difficile de remarquer d'emblée un certain rapport
d'opposition et de complémentarité entre les inventions
de ces deux personnages. À travers les trouvailles qu'on
lui attribue, Dédale apparaît en effet comme l'incarnation
des valeurs de linéarité, de rectitude ; à l'opposé, Talos
symboliserait les valeurs de circularité, inventant des ins-
truments qui tous décrivent un cercle (compas, tour de
potier...). Le compas se dit *circinus* en latin. La découverte
ingénieuse de la scie par le neveu suscita la jalousie du
maître qui le tua en le précipitant du haut de l'Acropole.

Ce thème de la chute, que nous voyons apparaître ici
pour la première fois, comporte bien entendu un rapport
de similitude avec la chute d'Icare. Il est par ailleurs
intéressant d'évoquer ici l'existence d'un autre Talos, un
homonyme crétois. Il s'agit d'une créature fantastique de
bronze, mi-homme, mi-automate, l'œuvre d'Héphaïstos,
offerte à Minos qui l'affecta à la garde de la Crète, le
chargeant d'interdire l'accès de la mer pour empêcher
tout étranger d'y pénétrer ou d'en sortir, fonction de
garde qu'il remplissait parfaitement, d'une démarche précise, réglée et circulaire. Ce Talos intervint d'ailleurs dans

le récit des aventures de Dédale, qui, emprisonné dans le Labyrinthe, se vit contraint de s'échapper par la seule issue possible, celle des airs ; la voie de la mer étant contrôlée et interdite par la vigilante garde de cet automate, œuvre d'Héphaïstos.

Quant au destin final de Talos/Perdix/Circinus, les témoignages divergent. Selon certaines traditions, juste avant de toucher le sol, Perdix aurait été transformé en perdrix par les soins d'Athéna, fille de Zeus. Selon d'autres, il aurait touché le sol, ce qui aurait entraîné sa mort. Lors de l'enterrement clandestin du neveu, Dédale, surpris, aurait déclaré qu'il était en train d'enterrer un serpent. Réflexion intéressante lorsque l'on sait que c'est précisément à partir de la mâchoire d'un serpent que Talos aurait inventé la scie, ce qui provoqua la jalousie de son oncle et, en conséquence, sa précipitation mortelle. Dédale lui-même serait mort dans une ville libyenne nommée Daïdala suite à la morsure venimeuse d'un serpent. Étrange, cette série d'enchaînements !

Comme on le voit ici, l'analyse du mythe progresse pièce par pièce, étape par étape, à l'image de la construction d'un puzzle. Le travail consiste à relier certaines données apparemment futiles et éparses, disséminées et déconnectées les unes des autres, mais profondément unies dans une continuité et solidarité de sens. Celui-ci ne tient jamais à un ou à quelques éléments séparés, isolés du contexte, mais à la globalité du mythe, à la combinaison de ces éléments et à leur cohérence. La généalogie de Dédale nous a montré à quel point sa personnalité, avant même sa naissance, s'inscrivait dans le thème du double, du compromis, de l'adjonction, du collage des valeurs supposées contraires à l'époque. Dédale était présenté comme l'artiste et l'artisan, c'est-à-dire qu'il détenait à la fois la métis (intelligence féminine rusée) et la palamé (habileté technique manuelle masculine). L'analyse de ses rapports avec son neveu Circinus, inventeur de la circularité, montre également la récurrence de ce thème. Concepteur de la rectitude, Dédale a cherché là aussi, en précipitant son neveu du haut de l'Acropole, à s'approprier ses qualités afin de devenir l'unification de toutes les valeurs opposées (la rectitude et la circularité). À ce propos, l'invention de la colle de poisson dans le contexte d'une paternité ambiguë, c'est-à-dire double, paraît fortement significative.

Derrière ce masque de toute-puissance et de perfection, il se comporte au fond comme un petit garçon jaloux et profondément égoïste. Non seulement, il refuse de partager avec générosité ce qu'il possède, mais il s'ingénie à accaparer perversement le bien d'autrui, à le voler. Ne se contentant pas de sa place, il usurpe celle de son neveu et élève. Loin d'encourager celui-ci à s'épanouir, il « l'enfonce » pour le faire échouer. Nous utilisons la même démarche au cours d'une psychothérapie individuelle. Le psychanalyste ne serait en mesure de comprendre la souffrance actuelle de son patient (un blocage ou une dépression par exemple) qu'en mettant les symptômes, les attitudes et les émotions du sujet en lien les uns avec les autres, dans les domaines variés de sa vie quotidienne : corps, amour, travail, amitié... Cependant le portrait ainsi dépeint ne devient vraiment vivant et parlant que s'il est mis en connexion avec le passé du patient, à la fois personnel et transgénérationnel, son Ailleurs et Avant. Toute souffrance prend racine et sens dans un écosystème familial, dans un passé parfois lointain. Le sens et le dénouement apparaissent lorsqu'on fait se croiser hier et aujourd'hui. De même, analyser un rêve ne pourrait s'effectuer qu'en tenant compte du récit entier, de son agencement d'ensemble, sans laisser de côté certains détails qui paraissent, à première vue, absurdes, ou qui refusent de coller à l'interprétation que l'on propose.

Les éléments qu'on pourrait retenir quant à l'épisode des relations de Dédale avec son élève-neveu, épisode marquant d'ailleurs la fin de ses activités athéniennes, semblent se grouper autour de deux thèmes majeurs qu'on a déjà pu identifier : ses prodigieuses créations d'artiste sculpteur et sa situation dans l'ordre des filiations, avant même le jour de sa naissance. Le premier élément a trait à sa volonté ou à son désir de toute-puissance lorsqu'il précipite, par jalousie, son neveu talentueux du haut de l'Acropole, jaloux d'une invention qu'il n'avait pu lui-même réaliser. On peut facilement imaginer que Dédale s'est trouvé dans l'incapacité d'accepter, d'assumer, ou même de concevoir qu'un autre puisse l'égaler et encore moins le surpasser : plus exactement, il n'a jamais pu admettre qu'une certaine création, invention ou découverte puisse voir le jour sans que son intelligence, sa métis, en soit la source. Il s'est trouvé dans l'impossibilité radicale de ne pas être le créateur de tout. Circinus devait rester à ses yeux un éternel disciple, c'est-à-dire celui qui suit son maître dans l'obéissance et la discipline. Dédale ne voulait pas d'un « élève » susceptible de s'élever vers le haut, de se hisser, avec le risque de dépasser le maître. Cela lui était insupportable !

Le second élément majeur, constamment présent dans le cycle de ses aventures, est relatif à cette capacité exemplaire, ou à cette nécessité intérieure, de rassembler en son sein l'ensemble des valeurs contradictoires, bien que par ailleurs complémentaires. Dans cet épisode du meurtre du neveu, c'est le désir de conjuguer la rectitude, lui revenant par le biais de ses inventions propres (la hache, le fil à plomb...), et la circularité, provenant du génie du neveu (le tour de potier, la scie...). C'est d'ailleurs la première fois que l'artisan Dédale, l'homme de la synthèse des opposés, de la voie médiane, se laisse emporter par un comportement passionnel extrémiste, aboutissant à un assassinat. On pourrait presque dire que le fabricant des « statues vivantes » se présente ici comme le prototype de l'homme incastrable. Il apparaît comme l'être se voulant tout, parfait, plein, sans défaut, sans faille, sans manque, autrement dit autoritaire, dominant, despote, écrasant, ne laissant aucune place aux autres, nulle possibilité de briller, ni même d'exister tout simplement.

Nous connaissons tous autour de nous certains pères de ce genre, à l'image de Dédale. Ils cherchent ainsi dans le triangle à incarner à eux seuls les fonctions paternelle et maternelle, à occuper les deux places de père et de mère en dénigrant l'importance de la mère aux yeux de l'enfant. Il existe aussi des mères androgynes, dites phalliques, hyperprotectrices, « portant la culotte » comme on dit, qui s'installent dans un rapport fusionnel avec l'enfant, en éjectant le père du triangle. La toute-puissance s'enracine toujours dans l'impossibilité de mettre en place les séparations et les différences. Elle est synonyme de confusion et de mélange, ainsi que du refus du manque. Pourquoi le sujet s'épuise-t-il dans la quête insensée de la perfection et de la brillance ? À quoi cela lui sert-il ? C'est sans doute une manière pour lui de compenser ses sentiments d'infériorité, mais surtout ses fantasmes de « mauvaiseté », ceux de son enfant inté-rieur, plus exactement, la petite fille ou le petit garçon en lui, l'image négative qu'il a de lui-même, la tristesse de n'avoir pas été aimé, ni reconnu, personne ne faisant attention à lui. Lorsqu'on a été privé d'une vraie place étant petit, on a alors tendance, à l'âge adulte, en tant que parent, soit de s'effacer, de se mettre à l'écart, répé-tant ainsi les traumatismes du passé, soit, à l'inverse, par revanche, d'envahir tous les espaces. La toute-puissance ne reflète pas une force, mais une profonde fragilité, une déchirure interne que l'on s'épuise à camoufler. Les extrêmes se touchent. Ils constituent l'envers et l'endroit de la même médaille.

La vache vivante et le Minotaure

Après la mort de Talos, Dédale, soit pour fuir le juge-ment, soit à la suite d'une condamnation à l'exil, fut contraint de se réfugier en Crète et de se placer sous la protection du roi Minos, dans l'entourage duquel il était fort apprécié pour ses talents de sculpteur. En Crète, il réalisa d'abord une œuvre pour Ariane, la fille de Minos, sans que l'on en connaisse précisément la forme architecturale : piste de danse, bas-reliefs ou encore une statue d'Ariane ? Cet ouvrage était en tout cas suffi-samment parfait pour être comparé au travail d'un dieu. Mais l'essentiel de ses aventures en Crète réside dans le rôle qu'il joua auprès de la femme de Minos, la reine Pasiphaé, et dans la construction du fameux Labyrinthe.

Pasiphaé s'éprit d'un amour passionné pour le taureau – Tauros – que Poséidon avait offert à Minos. Le monarque devait le sacrifier, comme symbole de la royauté, pour affirmer ses droits à la souveraineté. Le taureau était si beau que Minos ne put se résoudre à son sacrifice et Poséidon accomplit sa vengeance en inspirant à la reine une passion aveugle pour le taureau ainsi épargné. C'est à ce moment que Dédale intervint, par complaisance, auprès de la reine, en lui fabriquant une vache en bois, par assemblage de divers morceaux, revêtue de cuir, ressemblant à un animal vivant, et montée sur des roues – roues inventées par son talentueux neveu Circinus. Dédale installa Pasiphaé dans cette machine (encore une statue vivante) qu'il poussa lui-même jusqu'au taureau. Victime de la ressemblance, celui-ci se comporta avec la statue comme avec une véritable vache. Le résultat de cette union fut un monstre, le fameux Minotaure, mi-homme, mi-taureau.

Ce subterfuge ressemble d'ailleurs, par sa caractéristique d'imiter la vie de façon parfaite, mais sous une forme trompeuse, illusoire et artificielle, au cheval de Troie, œuvre d'Épeios, qui, comme Dédale, recevait l'assistance d'Athéna. On y voit une fois encore cette extraordinaire capacité de Dédale à réussir la synthèse de toute une série de contradictions, d'oppositions majeures, non pas uniquement, comme ce fut le cas par le passé, entre l'artificiel et le vivant, l'extérieur et l'intérieur, le visible et l'invisible, l'apparence et la réalité, le vrai et le faux, mais cette fois entre la femme et l'animal.

Il put donc tenter et réussir cette impossible union, portant un fruit, entre la bête et l'humain. Un autre élément, que nous voyons apparaître pour la première fois, mais que nous retrouverons par la suite, est constitué par cette complicité et complaisance dont l'artisan fit preuve envers Ariane d'abord, en lui dédiant une piste de danse, puis à l'égard de Pasiphaé dans un mouvement, pour ne pas dire une intention, déstructurant vis-à-vis de Minos dont il était pourtant le protégé.

Par-delà sa volonté consciente de gouverner et maîtriser, Dédale se faisait en fait manipuler, tel un petit garçon, par toutes ces femmes qu'il avait l'illusion de dominer. Après la naissance du Minotaure, Minos ignorant encore le rôle d'intermédiaire et d'instigateur de Dédale dans cette affaire l'employa aussitôt à trouver une solution pour enfermer le monstre et, avec lui, la trahison de Pasiphaé et la honte du couple royal. L'artisan talentueux parvint facilement à résoudre ce problème en réalisant le Labyrinthe. Dédale devint donc curieusement le détenteur d'un secret dont il avait induit la procréation, secret risquant de mettre en danger le trône et la puissance de Minos. Sur l'architecture de cette construction, il existe très peu de précisions. Il est souvent décrit par référence au Labyrinthe égyptien, renfermant le tombeau du roi d'Égypte, Mendès, dont Dédale aurait pris le modèle lors d'un séjour dans ce pays. Le labyrinthe dédalique est décrit comme comportant des détours, des tours et des retours inextricables, ayant des formes sinueuses, des courbes, des entrelacements conduisant aux errances, à l'impossibilité de s'en sortir sans l'assistance d'un guide expérimenté. C'est un lieu énigmatique. Il n'est d'ailleurs pas impossible qu'« il s'agisse d'une forme symbolique sans référent structural... À peine matériel, le labyrinthe de Dédale, loin de se présenter comme un bâtiment, apparaît surtout comme l'expression spatiale de la notion d'aporie, de problème insoluble, de situation particulièrement périlleuse[1] ». Cette hypothèse semble d'autant plus fondée que les adjectifs décrivant le Labyrinthe se situent à mi-chemin entre le concret et l'abstrait : « sinueux », « tortueux », « aux nombreux plis ». Selon toute vraisemblance, il s'agit non pas d'un édifice architectural, d'un lieu géographique, mais d'une image symbolique, initiatique, renvoyant aux notions d'égarement et de retrouvailles de soi, à la mort et à la renaissance psychologique. Le Labyrinthe représente la trajectoire, le chemin que chacun doit parcourir dans la quête de son moi profond, pour devenir soi, adulte.

Le monstre se trouva ainsi enfermé dans ce lieu énigmatique et, chaque année, on devait lui jeter en pâture sept jeunes filles et sept jeunes hommes qu'il réclamait selon certaines traditions. C'est alors que Thésée, futur roi, destructeur de monstres, comme Héraclès, s'embarqua à Athènes à destination de la Crète avec les quatorze victimes à bord, dans l'intention de supprimer le monstre. Il prévint son père que, suivant que son bateau porterait, au retour, une voile noire ou une voile blanche, il serait vaincu ou victorieux. En Crète, Thésée se présenta comme le fils de Poséidon. Pour contrôler son dire, Minos jeta sa bague d'or à la mer et pria le héros de la lui rapporter. Thésée plongea et rapporta, en plus de la bague, une couronne lumineuse que lui avait donnée Amphitrite. Selon certaines traditions, cette couronne lumineuse avait été forgée et ciselée par Héphaïstos,

---

1. Françoise FRONTISI-DUCROUX, *Dédale, Mythologie de l'artisan en Grèce ancienne, op. cit.*, p. 133.

dieu du Feu, et Ariane, la fille de Minos, l'aurait reçue de Dionysos. Ariane, qui s'était éprise du héros, lui remit alors un peloton de fil – le « fil d'Ariane » – obtenu de Dédale, afin de faciliter les pas de Thésée dans le Laby-rinthe et de l'aider ainsi à tuer le Minotaure. C'est donc Dédale qui favorisa l'amour de la princesse pour Thésée (comme il avait facilité et rendu possible l'amour de la reine pour le taureau), en apportant au futur roi un complément indispensable, l'intelligence astucieuse, à sa vigueur physique légendaire. Après cette victoire, impos-sible sans l'aide de l'artisan, seul à connaître la trajec-toire de son œuvre sinueuse, Thésée quitta la Crète et emmena avec lui Dédale ainsi qu'Ariane et sa sœur Phè-dre. Il abandonna Ariane sur l'île de Naxos. La princesse se livra alors à un violent désespoir, rapidement consolé par Dionysos, qui l'épousa solennellement de son vivant – ou après sa mort provoquée par Artémis d'après la tradition homérique.

Dans l'euphorie de sa victoire, Thésée oublia de chan-ger la voile noire de son navire. Croyant son fils mort, Égée se jeta dans la mer. C'est également la mer qui engloutira plus tard Thésée, lorsqu'il y sera jeté traîtreu-sement par Lycomède, roi de Scyros, envieux de sa force et de sa gloire. Le roi Minos finit par apprendre la com-plaisance de Dédale envers Pasiphaé et l'aide qu'il avait apportée à Thésée et Ariane. Il poursuivit donc l'artisan de sa vengeance. Dédale serait alors tantôt retenu en Crète, tantôt emprisonné puis délivré par Pasiphaé. Selon les témoignages d'Apollodore, il fut enfermé, avec son fils Icare, dans le Labyrinthe qu'il avait lui-même conçu et réalisé. Pris à son propre piège, il se vit acculé à une nouvelle initiative pour s'en sortir. C'est là un des traits de cet artisan talentueux, de cette intelligence retorse, sinueuse, à l'image de son labyrinthe. Il réussit à trouver une solution immédiate à chaque problème, tout en en générant un nouveau.

On peut rappeler ici, concernant la construction du Labyrinthe, que certaines caractéristiques étaient déjà à l'œuvre dans la légende du fabricant des « statues vivantes », légende où se succèdent les notions opposées de « montrer et cacher » et de « faire apparaître et faire disparaître ». On se rend également compte, encore une fois, à l'occasion de cette séquence, du rôle d'intermédiaire ou de fomentateur que Dédale s'assigne afin de rendre possible l'amour et la rencontre de la fille du roi Minos, Ariane, avec le prince athénien Thésée, destructeur du Minotaure, comme il l'avait fait jadis entre Pasiphaé et le taureau. Le fruit de cette rencontre constitue véritablement un malheur, une œuvre tragique dans tous les sens du terme. Minos, désolé de perdre sa fille, morte de chagrin d'amour à Naxos, Égée, se noyant par désespoir, destin que son fils chéri partagera dans d'autres circonstances.

Dédale apparaît ici comme une figure négative, distributrice de morts et de larmes. Chacune de ses œuvres, apparemment destinée à aider les autres, aboutit à des drames, provoquant des difficultés encore plus grandes Voulant trop bien faire, il sème la désolation. Tout lui échappe en réalité, alors même qu'il s'épuise à tout contrôler !

Le dernier élément, à mon sens le plus important, relatif à l'emprisonnement de l'artisan, consiste dans le scandale qu'Icare, qui n'était jusque-là intervenu d'aucune façon dans le cycle des aventures de son père, dont le

nom n'avait même pas été cité, se voit enfermé avec ce
dernier dans le Labyrinthe. Tous les documents se référant
à l'emprisonnement du fils innocent avec le père coupable
n'ont fait que mentionner cet événement, sans aucun
commentaire, sans aucune interrogation sur le pourquoi
de cette incohérence, de cette injustice, pourtant flagrante. Tous les auteurs anciens et les commentateurs
modernes se comportent à l'égard de cet apparent détail
comme si cela allait de soi, comme confrontés à une
évidence, sans autre forme de procès. C'est précisément
cette incohérence, ce scandale, que je me propose d'élucider. Ce sera donc la réponse apportée à cette étrangeté
et la lumière dirigée vers cette obscurité qui constituera,
en même temps que le thème, le pivot essentiel de notre
enquête.

Dans une psychothérapie individuelle, les découvertes
et les prises de conscience importantes se réalisent souvent de la même manière, à partir de l'écoute, de la prise
en compte d'un « détail » passé inaperçu jusque-là,
apparemment insignifiant, anodin, mais qui suscite
néanmoins la surprise, la curiosité, ainsi que le désir d'en
savoir davantage. Il peut s'agir d'un acte manqué, d'un
lapsus, d'une phrase que le patient prononce ou plutôt
qui lui échappe lorsqu'il serre la main pour dire au
revoir ! Le trésor se découvre parfois grâce à un détail
dérisoire, ou même souvent une erreur, là où l'on s'y
attendait le moins. Il fonctionne comme un fil d'Ariane
conduisant au sens latent.

L'envol et la chute : la mort d'Icare

Emprisonné dans le Labyrinthe avec son fils Icare, Dédale se vit contraint de trouver une issue à cette nouvelle difficulté. Le Labyrinthe était pourtant à l'origine une solution au problème du Minotaure, lui-même la résolution d'un autre problème, celui de l'amour de Pasiphaé pour le taureau. Étrange cercle vicieux, pourrait-on dire, où chaque dénouement devient à son tour une nouvelle énigme à résoudre. L'artisan prit rapidement conscience que la voie des airs était la seule possibilité de libération. « Minos a beau gouverner toutes choses, il ne gouverne pas les airs, le ciel reste du moins ouvert[1] », fait dire Ovide à son héros. Tous les témoignages ne sont toutefois pas unanimes concernant l'épilogue inventé par Dédale afin de s'échapper de son propre Labyrinthe, de ce piège refermé sur lui-même ! En effet, cette affirmation d'Ovide contredit d'autres versions selon lesquelles Dédale se serait échappé par la mer. Il aurait inventé la voile grâce à l'aide de Pasiphaé et se serait enfui avec son fils à bord d'un même navire selon Diodore, ou à bord de deux embarcations séparées. Pilote maladroit et inexpérimenté, Icare se serait alors noyé en abordant l'île qui, depuis, porte son nom. Compte tenu du fait que Minos avait pris la précaution de mettre l'embargo sur tous les bateaux, chargeant même Talos, l'œuvre d'Héphaïstos, de surveiller l'entrée et la sortie de la Crète, il est plus probable que Dédale ait cherché à s'évader par les airs. C'est ainsi qu'il inventa

---

1. Ovide, *Les Métamorphoses.*

des ailes, assemblage de plumes et de cire, imitant parfaitement celles des oiseaux.

Il est intéressant de remarquer que les historiens ont imaginé non pas une, mais deux possibilités, deux issues opposées, concernant l'évasion : la mer et le ciel, le haut et le bas. Une fois de plus, Dédale est présenté comme capable de maîtriser pareillement les éléments eau et air, le vol et la navigation, pour se placer avec aisance entre les extrêmes, dans la voie du compromis. Toujours est-il qu'une fois les ailes construites et juste avant l'envol du père et du fils, l'artisan fait un certain nombre de recommandations à Icare : « Maintiens ta course sur une route médiane, veille à ne pas alourdir tes plumes d'eau, en descendant trop bas, à ne pas les brûler au feu, si tu t'élèves trop. Vole entre ces deux éléments. Ne regarde ni le Bouvier, ni la Grande Ourse, ni l'épée nue d'Orion, parcours ta course sous ma direction[1]. »

Tout le monde connaît la suite de l'histoire. Icare ne tint pas compte de l'avertissement paternel, s'éleva trop haut, la cire de ses ailes fondit, il tomba dans la mer et s'y noya, à la grande joie de Talos/Circinus/Perdix son cousin, transformé en perdrix par les soins d'Athéna, et se vengeant ainsi, de façon posthume, de sa propre mort provoquée par son oncle jaloux. En revanche, Dédale, l'homme de la rectitude et de la voie médiane, réussit parfaitement son envol et donc son évasion, capable de se mouvoir à égale distance entre les deux excès également nocifs, dans la pensée grecque de cette époque, à savoir l'extrême sécheresse du Soleil - Hélios - et l'extrême humidité de la mer - Notis. Ovide attribue

---

1. *Ibid.*

cette imprudence à la jeunesse d'Icare : « Icare, à cause de sa jeunesse, s'éleva trop haut en volant et tomba dans la mer, le soleil ayant fait fondre la cire qui assemblait les ailes. » Cet épisode de la chute d'Icare dans la mer rappelle évidemment la précipitation de son cousin Talos/Circinus/Perdix du haut de l'Acropole. Si Perdix mourut car il risquait de surpasser son maître et oncle en inventant la scie, en revanche, Icare perdit la vie car il se situait bien au-dessous de son maître-père. Protégé par Apollon, Dédale vint curieusement encore une fois s'inscrire entre ces deux comportements contradictoires que sont l'excès de métis chez Perdix, son neveu ingénieux, et l'absence de métis chez Icare, son fils médiocre, pitoyable, ce qui lui valut la réussite de son vol.

Il est extraordinaire, étrange, qu'un homme aussi génial que Dédale, artiste et artisan hors de pair, détenteur de la métis et de la palamé, prudent, vigilant, équilibriste entre la prévoyance et la hardiesse, ait un fils aussi niais, aussi gauche, gourd et maladroit qu'Icare. On verra plus loin le sens qu'un tel décalage entre le père et le fils pourrait abriter.

Il existait, par ailleurs, dans le contexte mythologique, deux catégories d'oiseaux, la perdrix et l'épervier. Et si nous nous interrogeons sur les représentations que les Anciens se faisaient de ces deux oiseaux, représentations basées sur les éléments de réalité et les croyances mythiques, nous découvrons des précisions très intéressantes sur les points qui les distinguent et les rapprochent en même temps. La perdrix est censée être un oiseau rusé et débrouillard. Ses petits sont capables de sortir de l'œuf sans l'aide de leur mère, en cassant seuls leur coquille. Elle masque son nid à l'approche des assaillants éventuels, qu'elle attire en feignant d'être boiteuse, ce qui lui permet d'éloigner les ennemis de ses petits et de les égarer. Pour leurrer le chasseur, la perdrix se présente face à ses ennemis et les entraîne en décrivant des cercles, comme le tourbillon d'un essaim d'abeilles ou encore comme le déroulement sinueux des anneaux d'un serpent. Cette démarche circulaire de la perdrix rappelle les valeurs de circularité portées par Talos/Circinus/Perdix, l'inventeur du compas. La perdrix serait donc un oiseau faible mais astucieux, victime éventuelle, ne supportant pas les rayons du soleil et volant par conséquent à basse altitude. Il n'en va pas de même pour l'*accipiter*, comme l'épervier, le vautour et le faucon, caractérisés par leur aptitude particulière à regarder le soleil en face et par la rapidité de leur vol. Les hierax sont des oiseaux de force, belliqueux, volant à très haute altitude et effectuant un vol circulaire avant d'attaquer leur proie – peut-être une perdrix – dont la représentation s'identifiait et s'opposait en même temps, dans l'esprit des Anciens, à celle d'*accipiter* (épervier). Ces deux oiseaux constituent donc deux modèles unis par un rapport de similitude (le vol circulaire) et d'antagonisme (le vol au ras du sol pour la perdrix victime et le vol à très haute altitude et belliqueux pour l'*accipiter*).

Ces deux modèles aident à définir l'entreprise de Dédale, ainsi que les causes de son succès. « Son vol régulier, à mi-hauteur, s'inscrit à égale distance entre deux types nettement opposés : le vol au ras du sol, lourd et saccadé, de la perdrix, et celui, rapide et puissant, à très haute altitude, du hierax. Leurs évolutions circulaires qui se répondent, dans l'espace et à terre, mettent peut-être en relief la rectitude de la traversée

de Dédale, mais plus encore, semble-t-il, le tournoie-
ment fatal d'Icare, dont la démesure ne se satisfait pas
d'être un oiseau à bonne distance : voulant s'élever vers
le soleil, il aspire à réaliser ce qui apparaît comme le
privilège exclusif d'une seule espèce d'oiseaux, du hierax,
qui vole très haut dans le ciel, en regardant le soleil, et
précipité plus bas encore que la perdrix, il va se noyer
dans la mer. C'est donc entre les figures opposées et
complémentaires d'un oiseau maître du ciel et d'un volatile terrestre qui pallie par la ruse sa vulnérabilité, que
se situe la traversée exemplaire de Dédale, faite d'un
heureux équilibre de hardiesse et de prudence, et de son
contraire, la démarche désordonnée et excessive de cet
oiseau raté, qui se révèle en Icare[1]. »

Au terme de son voyage aérien, Dédale atterrit, selon
certaines traditions, à Cumes, où il dédia ses ailes au dieu
Apollon et édifia un temple en son honneur. Temple dont
les portes représentent, gravé dans le bronze, le récit non
pas des aventures d'Apollon mais celles de Dédale lui-
même. De là, continuant son errance, le constructeur du
Labyrinthe se réfugia en Sicile, à Camicos, auprès du roi
Cocalos, où il fut aussi bien accueilli et admiré que lors
de son exil crétois chez Minos. Il est intéressant de remarquer que la construction technique des ailes démontre
l'étrange pouvoir d'assemblage de Dédale, inventeur de
la colle de poisson, dans la réunification de matériaux
aussi éloignés et hétéroclites que les plumes et la cire,
ou le bois et le cuir pour la fabrication de la vache de
Pasiphaé. Tout cela dans un contexte d'imitation parfaite

---

1. Françoise Frontisi-Ducroux, *Dédale, Mythologie de l'artisan en
Grèce ancienne, op. cit.*, p. 165-166.

de la nature, rendant indistinctes, confondues, les limites entre le réel et l'illusoire, le vrai et le faux. Nous reconnaissons ensuite, dans les recommandations signifiées à Icare : « Maintiens ta course sur une route médiane, veille à ne pas alourdir tes plumes par l'extrême humidité de la mer – Notis – ni par l'extrême chaleur du soleil – Hélios –, vole entre les deux éléments », la capacité fantastique du fabricant des ailes de tenter et de réussir l'unification des contraires, son aisance à se mouvoir au milieu, à égale distance des extrêmes opposés, également nocifs. Acrobatie périlleuse qu'Icare n'a pu réussir, en raison, disait-on, de son immaturité, de la non-prise en compte de l'avertissement paternel, de sa démesure, de son incapacité à s'inscrire dans la voie du juste milieu. Bref, de son refus de la limite.

C'est encore Dédale, et non cet oiseau raté d'Icare, qui viendra reprendre sa juste place du milieu, au sein de cette contradiction opposant son neveu Circinus habité par l'excès de métis et son fils séquestré dans l'excès inverse, c'est-à-dire l'absence de métis. Enfin, c'est toujours l'homme-oiseau Dédale, anonyme et indifférencié, qui incarne le troisième modèle médian, entre ces deux autres modèles naturels, à la fois parallèles, mais nettement opposés dans leur extrême, que sont la perdrix, faible, victime et volant à basse altitude, et l'épervier, féroce, belliqueux et volant au voisinage des lumières divines.

À la cour du roi Cocalos, suite et fin

Poursuivons notre thriller mythologique. La Sicile, où l'artisan se rendit à la suite de son atterrissage légendaire à Cumes, constitue à la fois la suite et le terme de son voyage. Il s'y réfugia auprès du roi Cocalos où, comme à la cour de Minos, il suscita la protection et l'admiration des gens et surtout des filles de Cocalos. Dédale s'employa essentiellement à des travaux d'ingénieur hydraulique et d'architecte, sans réaliser de statue. Il fabriqua d'abord un barrage de retenue d'eau, puis s'évertua à construire, à la demande et au bénéfice du roi, une citadelle, sur un rocher, à Camicos. Le chemin labyrinthique qui y menait la rendait inexpugnable, sauf peut-être par la ruse, à l'exclusion de toute force brutale. Une poignée de gardes suffisait à la protéger. Le roi fit de ce nid d'aigle sa capitale et y installa son trésor.

Dédale réalisa également à Sélinote un établissement thermal, pour tempérer et adoucir la chaleur brûlante, à des fins curatives. Enfin, près d'Eryx, il édifia un mur, au bord d'un rocher abrupt et très haut, élargissant du coup d'une manière extraordinaire la plate-forme surplombant l'à-pic. Ce travail génial permit la construction d'un temple dédié à Aphrodite où l'on plaça une œuvre de Dédale, « un rayon de miel en or, d'un travail remarquable et ressemblant de façon irréprochable à un vrai ».

Nous reconnaissons ici encore, de façon tout à fait cohérente, l'ensemble des caractéristiques fondamentales de l'artisan, précédemment évoquées. Toutes ces réalisations (barrage, nid d'aigle inexpugnable sur un rocher, établissement thermal, élargissement d'une plate-forme surplombant l'à-pic) révèlent son talent à concilier les contraires, son ingéniosité à rassembler les opposés, son caractère d'homme du juste milieu. Le dénominateur commun de l'ensemble de ces œuvres (non plus sur le plan de la conception ou de celui de la technique de réalisation, c'est-à-dire hormis la métis et la techné, que l'artisan incarnait et dominait parfaitement) réside dans leur aspect utilitaire, dans leur dimension humaine, absente jusque-là du cadre de ses réalisations. Qu'il s'agisse des « statues vivantes », de la fabrication de la vache de Pasiphaé, de la construction du Labyrinthe, de la conception des ailes, ou même de l'édification du temple d'Apollon, cet aspect altruiste n'était nullement présent dans le champ des préoccupations de l'artiste. Son talent et son énergie étaient utilisés dans des réalisations artistiques dépourvues de but ou d'utilité, directe tout au moins, comme dans l'ensemble des « statues vivantes », ou qui avaient pour but de saboter indirectement, de détruire insidieusement la royauté et le pouvoir de Minos, pourtant son protecteur, à la suite de son exil en Crète. Il dépensa en effet beaucoup de temps et d'énergie à se gonfler narcissiquement, à séduire Pasiphaé et Ariane, et surtout à déstabiliser perversement Minos.

En revanche, à Camicos, il construisit un barrage, résolvant ainsi l'un des problèmes les plus importants se posant aux ingénieurs de l'époque. Il installa un établissement thermal afin de soigner les maladies. Il édifia une forteresse inexpugnable pour abriter le roi et son trésor, l'aidant ainsi à renforcer son pouvoir, ce qu'il n'avait jamais fait pour Minos, bien au contraire. Enfin, il construisit un temple à la gloire d'Aphrodite, femme d'Héphaïstos le boiteux, déesse des forces irrépressibles de la fécondité et des plaisirs de l'amour. Dédale se présente ici sous une figure plutôt positive, il semble avoir effectué un certain virage quant au sens et à la finalité de ses œuvres, lors de cette dernière phase de son exil. Il cesse d'être destructeur. Il devient humain, un être bon ! Une question se pose néanmoins : Dédale a-t-il véritablement changé à la suite de son évasion du Labyrinthe et après la chute mortelle de son fils Icare ?

Écoutons la suite de l'histoire. Apprenant la fuite de son prisonnier, Minos ne renonça pas pour autant à sa vengeance et continua à le poursuivre de sa haine. Il finit par apprendre sa présence en Sicile. Pour s'en persuader, il utilisa un stratagème original : il proposa partout une forte récompense à celui qui pourrait faire passer un fil à travers une coquille d'escargot. Cocalos soumit le défi à son protégé Dédale. Celui-ci y parvint aisément. Il perça un trou au sommet du coquillage, il attacha un fil à une fourmi qu'il introduisit dans le trou percé et vit la fourmi, et donc le fil, sortir de l'autre côté.

C'est ainsi que Minos sut que Dédale se trouvait bel et bien chez le roi Cocalos, reconnaissant facilement le motif du peloton d'Ariane dans la solution du problème de l'escargot, comme figure du labyrinthe. Il demanda son extradition à Cocalos qui refusa, en l'invitant néanmoins à se rendre en Sicile. Une fois Minos en Sicile, dans le but de punir son ennemi, Dédale chercha à supprimer le roi, non pas directement, comme il l'avait fait avec son neveu Talos, mais grâce à sa complicité avec les filles de Cocalos. Ces princesses complaisantes suivirent alors les ordres de Dédale et noyèrent leur pauvre invité de marque en l'ébouillantant dans son bain, opération rendue possible par l'inversion du sens des canalisations. Grâce à son talent technique, l'artisan put réaliser le contraire de ce qu'il avait effectué dans l'installation de Sélinote où la vapeur brûlante était captée et tempérée dans le but de guérir les maladies. Cet épisode mit ainsi un terme définitif aux démêlés de Minos et Dédale.

L'essentiel de cette séquence, outre les accointances perpétuelles de Dédale avec le monde féminin, en l'occurrence avec les filles du roi Cocalos comme naguère avec Pasiphaé et Ariane, est constitué par le second acte meurtrier qu'il commit. Il convient toutefois de distinguer ces deux comportements meurtriers qui, bien qu'apparemment identiques dans leur aboutissement, se distinguent par leur sens psychologique. En supprimant son neveu, Dédale voulait supprimer l'élève qui, par la précocité et l'excès de son talent, risquait de le surpasser. Il ne pouvait se permettre d'être incomplet, puisque dès sa conception, avant même sa naissance, il était et se voulait l'incarnation de toutes les oppositions et de toutes les valeurs contradictoires. Cohérent avec lui-même et avec sa légende, il a dû supprimer Talos, qui représentait des valeurs de circularité, non pas pour supprimer ces valeurs, mais au contraire, pour les accaparer.

Le meurtre de Minos s'inscrit sur un autre plan. Se situant après sa sortie du Labyrinthe et après la chute d'Icare, il représente plutôt un comportement pur qui met un terme à un contentieux ancien, débuté lors de la fabrication de la vache de Pasiphaé. C'est la première fois que l'on voit Dédale abandonner sa fonction de synthétiseur des contraires, de conciliateur des extrêmes, pour enfin s'engager dans un seul terme des oppositions et produire un acte excessif, contrastant avec ses comportements antérieurs. C'est la première fois que l'on voit Dédale renoncer à sa prudence légendaire, à son obsession de se situer dans la voie du juste milieu de l'acte parfait, distant des extrêmes. Dédale se comporte enfin d'une manière somme toute humaine, claire, imparfaite, adulte. Évidemment, cela ne signifie nullement que l'assassinat de Minos représente du point de vue moral un acte juste et irréprochable.

Le séjour de Dédale en Sicile et l'assassinat du roi Minos constituent les dernières informations que l'on possède sur les péripéties de Dédale. Tout se passe comme si son histoire s'arrêtait là, ou comme si les historiens anciens ou les commentateurs modernes ne jugeaient plus nécessaire de continuer leur récit ou n'y trouvaient plus d'intérêt ou d'éléments significatifs, comme si le message essentiel, dont la légende était le véhicule, était définitivement signifié, épuisé. Le seul détail que l'on pourrait ajouter à ce cycle, en guise de conclusion, est relatif à la mort de Dédale survenue, d'après la seule tradition qui y fait allusion, dans une ville libyenne nommée Daïdala, par suite de la morsure d'un serpent.

Tout cela semble étrange et suscite une série d'interrogations auxquelles il serait difficile d'apporter des réponses exhaustives satisfaisantes. En effet, si l'artisan est mort et enterré dans une ville libyenne, cela voudrait dire que la Sicile ne constituait pas le terme de son voyage et qu'il aurait pu quitter ce pays et vivre dans d'autres lieux avant de mourir. La seule façon d'éclairer cette obscurité serait de comprendre le terme du voyage non pas dans le sens de la réalité, à savoir dans l'acception d'un déplacement géographique dans l'espace, mais bien au niveau d'un voyage intérieur symbolique. Cela voudrait dire que les aventures de Dédale seraient la représentation dramatique des événements, non pas existentiels, réels ou historiques, mais d'une trajectoire intérieure et inconsciente ayant un sens profond et renfermant un message, à la manière d'un rêve. D'où le désintérêt des historiens quant à la suite logique ou anamnestique des péripéties existentielles de l'artisan grec après le meurtre de Minos, événement lui-même postérieur à l'évasion du père et du fils du Labyrinthe et à la chute mortelle d'Icare.

Une autre curiosité réside dans les modalités de sa mort, nous rappelant avec force un détail consécutif à la chute de Talos du haut de l'Acropole. Lors de l'enterrement de son neveu, Dédale aurait été surpris en train d'enterrer furtivement le cadavre de Talos. Interrogé à ce sujet, il aurait répondu mensongèrement qu'il enterrait un serpent.

Commentaires

Que signifie ce mythe ? Quels messages contient-il ? Comment le comprendre, l'interpréter ? Prudemment, j'emploie le terme « interpréter ». Une création émanant de l'âme humaine, notamment lorsqu'elle est collective, culturelle, c'est-à-dire qu'elle a déjà traversé les siècles, colportée d'une contrée à l'autre, sans frontières, ne peut se plier à une seule grille de lecture. Elle doit sans cesse être lue et relue, commentée, approchée, caressée, tel un diamant à multiples facettes. En revanche, dès qu'elle se contracte, coincée dans le piège du sens unique et de la vérité exclusive, elle dépérit à l'image d'un papillon pris sous un verre, d'un poisson échoué sur le rivage. Pour demeurer vivant, un mythe ne doit jamais signifier de manière exhaustive seulement ceci ou cela, mais encore et toujours autre chose, en fonction du désir de son lecteur, ainsi que des valeurs honorées de l'époque. Je défends exactement la même approche concernant l'étude des textes sacrés, qui contiennent eux aussi une richesse et une multiplicité de sens, multicolore tel l'arc-en-ciel après l'averse. Ainsi, je recours aux récits des aventures d'Icare et de Dédale, d'Œdipe et de Laïos, d'Isaac et d'Abraham, comme à des supports, des prétextes, des outils, servant à étayer, à illustrer certaines idées.

Voici donc mon interprétation de ce mythe. Ce qui arrive au jeune Icare ne peut se comprendre qu'en fonction et qu'en rapport avec la personnalité de son père, de son être profond, inconscient et caché. Icare n'a jamais vraiment été lui-même, dans son identité propre. Il n'était que l'envers, l'ombre, le négatif de son père, le symptôme de son mal-être qu'il reflétait tel un miroir grossissant. Nous procédons toujours de la même manière dans le cadre d'une psychothérapie individuelle, notamment lorsqu'il s'agit d'un enfant. Il serait en effet impossible de comprendre le sens et l'origine des tourments d'un patient, dans le but de l'aider à opérer certains changements, sans tenir compte du bain familial affectif dans lequel il baigne, d'où il puise aussi bien la sève nourricière nécessaire à sa croissance que les impuretés qui le contaminent et hypothèquent sa marche en avant. La mort d'Icare, physique ou psychologique si l'on songe à la schizophrénie, ou, peut-être même son suicide, puisqu'il n'a tenu aucun compte de l'avertissement de son père lui recommandant « de ne pas monter trop haut ni de descendre trop bas », représente au fond une expiation, un autosacrifice. Tout se passe comme si Icare, en tant qu'enfant-thérapeute, cherchait à guérir son père, en aspirant tel un aspirateur, en gobant telle une sangsue, son mal-être intérieur, sa souffrance, pour le sauver, le délivrer de la mort et de la folie. Il hérite ainsi, prend à son compte une problématique paternelle non résolue, comme s'il s'agissait de la sienne. Icare figure la maladie et le remède !

« À père avare, fils prodigue ! » Ce dicton signifie justement que le fils cherche inconsciemment à compenser l'avarice paternelle, corrigeant son excès, son occlusion, sa parcimonie par des dépenses et des largesses inconsidérées, exagérées. Se comportant de la sorte, le fils n'est plus vraiment lui-même, libre et acteur de son destin et désir. Il ne fait que révéler et agir le refoulé paternel, afin de l'en décharger dans une optique thérapeutique. Il se sacrifie pour le salut du père, en payant les pots qu'il n'a pas cassés et les dettes qu'il n'a jamais contractées. Lorsqu'il règne dans une famille un ordre extérieurement parfait, lorsque tout se passe en apparence comme sur des roulettes, propre, réglé, ordonnancé, harmonieux, il y a le risque qu'un jour l'un des enfants se mette à incarner, par le sacrifice de son âme, le refoulé exilé, en ramenant à la surface le désordre, le chaos et la tourmente, l'ombre si longtemps évacuée. Le désordre est consubstantiel à la vie, contrebalançant l'excès inverse, étouffant, mortifère. Aucun bien ne peut exister sans le mal, son contraire, pas de lumière sans les ténèbres, pas de roses sans épines. C'est ainsi qu'un père d'une probité excessive, d'une droiture et d'une conscience morale exemplaires se lamente d'avoir engendré un fils immoral, pervers, égoïste et débauché.

Il est tout à fait possible aussi de rencontrer le schéma inverse, un fils qui cherche inconsciemment à corriger les travers, les défauts, les lacunes, les anomalies du psychisme paternel, entourés de non-dits, par une intégrité et une rectitude parfaites.

Ainsi, Icare, pris pour l'autre, prend sur ses épaules la dépression de son père pour l'en délivrer. Il paye, à sa place et pour son salut, le tribut que ce dernier se trouve dans l'impossibilité de consentir. Il représente par son ascension démesurée la mégalomanie, la folie des grandeurs de son père. Il sert simplement d'écran où se projette et se résout une problématique héritée, qui n'est donc nullement la sienne.

Dédale n'avait en effet jamais voulu connaître d'échec. Il réussissait sans cesse à s'en sortir, à retomber sur ses pieds, à résoudre les énigmes qu'on lui présentait, sans se laisser prendre au piège, sans se faire châtier, sans sacrifice, sans perte. Icare représente justement son échec, le piège, le châtiment, la perte, le sacrifice refusé. Dans cette perspective, le fils a parfaitement entendu, non pas les mots prononcés par son père dans leur littéralité première, mais sa parole vraie : « Monte trop haut et descends trop bas ! » Qu'est-ce qui prouve dans la légende de Dédale que celui-ci, malgré et par-delà sa toute-puissance, son génie, son dynamisme et son invulnérabilité, était profondément déprimé ? Qu'est-ce qui démontre que la chute mortelle de son fils a eu un impact positif sur lui et qu'elle l'a transformé, changé, guéri ? Interpréter ne dispense pas de la rigueur, cela n'autorise pas à dire impunément n'importe quoi !

Dédale déprimé

Par référence aux critères repérables, il existe deux sortes de dépression. La première, classique, s'accompagne d'un certain nombre de symptômes touchant le déprimé dans les divers pans de son existence. Il n'a pas le moral. Son humeur est triste. Il ne s'intéresse à rien. Il s'ennuie et broie du noir. Il a une mauvaise image de lui. Il se déprécie, se trouve nul, moche et bête, incompétent et inutile, quelle que soit, par ailleurs, sa réalité objective, santé, jeunesse, beauté et fortune. Il se replie sur lui-même, s'isole, désinvestit son travail, les amis et les sorties. Son élan vital s'effondre. Il se sent épuisé, batteries à plat, sans énergie, las. Tous les orifices de son corps se bouchent aussi : constipation, anorexie, impuissance et frigidité, bref l'envie de rien. Enfin, conservant une conscience aiguë mais douloureuse de son état, il se considère comme mauvais, indigne, voire nocif et incurable. Il se reproche tout de surcroît, se dénigre, s'accuse de tout ce qui va mal, coupable surtout de gâcher le bonheur de son entourage. Cette douleur morale devient parfois si intense et insupportable que le déprimé ne voit plus d'autre issue que celle de se donner la mort pour se soulager, mais surtout pour débarrasser les autres. On pourrait résumer le syndrome dépressif en le comparant à une mort psychique, à l'extinction, l'hibernation du désir, à la fermeture, à l'arrêt de la vie. D'emblée, il paraît évident que Dédale, ne présentant aucun de ces symptômes, ne correspond aucunement à ce portrait.

Il existe un second modèle de dépression latente, masquée, cachée. Pourtant profondément déprimé, le sujet ne manifeste aucun des troubles mentionnés et exhibe même un spectacle diamétralement opposé. Il méconnaît et dénie donc sa dépression, qui peut passer aussi aux yeux de l'entourage totalement inaperçue. Il se montre en effet constamment actif, voire hyperactif. Toujours en forme, il déborde de punch et d'énergie. Il ne s'arrête vraiment jamais, ne s'accorde aucun moment de répit, qu'il assimile péjorativement à de la paresse ou de la fainéantise. Il bouge constamment, se dit toujours occupé. Il s'active, va et revient, travaille ou bricole, dans un contexte d'excitation. Il s'avoue rarement fatigué, bien que son entourage le trouve fatigant, épuisant même, sans oser le lui dire. En outre, soucieux de maîtriser les choses de la vie, il a horreur de perdre, d'échouer dans une quelconque entreprise ou de se tromper même s'il s'agit de sujets futiles. Il a du mal à supporter la critique, le fantasme d'avoir éventuellement tort, ou celui d'avoir commis une bêtise. La moindre faille risque de le déstabiliser. L'opération dix moins un se solde par zéro pour lui. Dédale semble bien correspondre à ce tableau dépressif, en apparence imperceptible puisque inversé, retourné complètement en son contraire, pour brouiller les pistes. Nous connaissons tous autour de nous des hommes et des femmes, chefs d'État, hommes d'affaires ou simples citoyens, atteints de la dépression masquée. Ils sont hyperactifs, entreprenants, dynamiques, combatifs, surnageant dans un état de fébrilité ! C'est en fait l'arbre qui cache la forêt, c'est-à-dire un mécanisme de lutte et de défense contre l'écroulement de l'élan vital, l'apparition des parties dévitalisées de l'âme, les branches séchées.

Pour l'enfant, la mort est un vocable incompréhensible, un concept vide qui ne correspond à aucune réalité dans son esprit. En général, il découvre la mort lorsqu'il trouve pour la première fois un cadavre inanimé, celui d'une bête (mouche, souris, chat, chien, oiseau...). Être mort signifie alors ne plus bouger, ne plus parler, ne plus réagir. L'hyperactif fuit la dépression/mort psychique en s'élançant dans une surenchère d'activités pour se sentir vivant et se rassurer. Cependant, agissant de la sorte, il ne satisfait nullement un désir gratuit, celui légitime de créer, de construire ou de s'amuser, mais le besoin addictif d'apaiser ses craintes, en se mettant à distance de ses parties intérieures inanimées.

Certaines personnes qualifiées de maniaco-dépressives, atteintes de troubles bipolaires, se balancent ainsi entre ces deux phases, ces deux séquences. Elles sombrent de l'exaltation euphorique dans l'extinction dépressive, de l'été à l'hiver et vice versa, parfois sans transition. Dédale s'ingéniait ainsi à se mettre à l'abri de sa dépression en développant et en affichant un personnage omnipotent, omniscient et omniprésent. N'oublions pas qu'il était maître dans l'art du double, du simulacre, de l'illusion, de la tromperie. Artiste et artisan génial, il était capable de rendre floues et indistinctes les limites entre le réel et l'illusoire, le faux et le vrai. Ses œuvres ambiguës semblaient visiblement vraies, grâce à sa métis et sa techné, alors qu'elles étaient fausses, telles ses statues vivantes ou la vache de Pasiphaé. Il existait chez lui plus qu'un décalage, une véritable rupture, césure ou opposition entre le visible et le caché, l'apparence et la réalité, le dehors et le dedans, l'écorce et le noyau, le manifeste et l'intime, les premiers ayant pour fonction de camoufler les seconds, leurs exacts contraires.

Cette duplicité ne se limite évidemment pas à ses créations. Elle s'applique aussi à son être profond. Elle reflète notamment sa fracture interne, l'antinomie, l'opposition entre son intériorité délabrée, déprimée, dévitalisée, et son apparence illusoirement vivante, énergique. Pourquoi fallait-il qu'il soit tout, sans manque, de citoyenneté athénienne et crétoise, alors que celles-ci représentaient deux puissances politiques ennemies et rivales, chacune cherchant à écraser l'autre ? Pourquoi se voulait-il de souche royale, hautement valorisée et aussi artisanale, plutôt dépréciée, artiste et artisan à la fois ? Pourquoi se devait-il d'incarner la métis, l'intelligence rusée et astucieuse, mais également la palamé, l'habileté manuelle, son contraire ?

Parce que s'il ne réussissait pas, dans une logique dépressive de tout ou rien, à être tout, il ne serait plus rien, n'existerait plus, dix moins un étant égal à zéro ! Pourquoi avait-il tant besoin de créer, d'engendrer, d'inventer à « l'égal d'un dieu » ? Ses « statues vivantes » représentaient toutes des images divines, « dans une imitation parfaite de la réalité ». Elles se caractérisaient par leur « prodigieuse mobilité » et « leur intelligence interne ». Douées de la vue et de la parole, elles avaient les yeux ouverts et les jambes écartées, les bras décollés du corps et tendus. Dédale était honoré à l'égal d'un dieu. Un temple était érigé en son honneur à Memphis en Égypte. Pourquoi a-t-il voulu faire engrosser, féconder Pasiphaé par le taureau de Poséidon interposé ? Pour démontrer d'abord à lui-même puis aux autres qu'il était bel et bien vivant, enceint de vie, empli d'Éros, afin de contrecarrer le Thanatos, la mort qui le minait, le rongeait et le désagrégeait de l'intérieur, sa dépression masquée.

Pourquoi avait-il inventé la colle ? Pourquoi s'épui-
sait-il à incarner la totalité des valeurs opposées, la
rectitude (le pénis, le masculin) et la circularité (le vagin,
le féminin) ? Cette dernière découverte revenait pourtant à son neveu, qu'il assassina pour s'arroger sa place,
dérober son mérite et sa gloire. Pourquoi se voulait-il
donc androgyne, à la fois homme et femme ? Pourquoi
s'ingéniait-il à marier la femme et la bête en fabriquant
la « vache de Pasiphaé » par l'association du bois et du
cuir ? Quel sens donner à son génie d'inventer des ailes,
par l'adjonction des plumes et de la cire, pour s'envoler
comme homme-oiseau, entre deux modèles naturels
antagonistes : la perdrix volatile, proie volant à basse
altitude, et l'épervier, oiseau prédateur, maître du ciel
et capable de s'approcher des lumières divines ? Dédale
excellait donc dans toutes ces activités de collage, de
juxtaposition, d'accouplement, d'alliage et de soudage,
nullement pour se divertir au fond, mais par nécessité
vitale de réparer sa fissure interne, sa faille, sa déchirure,
le schisme de son identité, la cassure de son être. Pourquoi fallait-il enfin qu'il soit absolument dans le contrôle
et la maîtrise pour se croire capable de tout dominer et
réussir sans subir de perte ni de manque, ni surtout que
nul ne parvienne à le surpasser ? Parce qu'en perdant
quelque chose ou quelqu'un, comme tout déprimé, il
risquait de se perdre lui-même, s'effondrant tel un châ-
teau de sable ou de cartes. Cependant, cette volonté de
puissance et de mainmise sur les objets ou les êtres,
cette attitude d'agitation et de lutte vis-à-vis de la vie,
de la mort en lui, loin de l'apaiser, l'enfonce davantage,
comme pris dans les sables mouvants. Chaque « solution » qu'il conçoit (la vache de Pasiphaé) engendre un

problème encore plus épineux à résoudre (la naissance du monstre Minotaure), comme dans un cercle vicieux. Il s'agit d'une attitude très fréquente chez les déprimés.

Au lieu d'accueillir leur dépression pour essayer d'en comprendre le sens et le message, certains s'épuisent d'emblée à la combattre pour s'en sortir avec empressement. Comment sortir d'un lieu si on a refusé d'y pénétrer d'abord ? Ils ont recours à toute une gamme de bouées de sauvetage, notamment chimiques, qui ne fait paradoxalement que les enfoncer davantage. Plus on appuie sur un ressort et plus, en lui communiquant son énergie, on augmente sa force. Le combat contre son intériorité, pour chasser les démons et les fantômes, n'aboutit qu'à épuiser le Moi, en revigorant les symptômes. Il vaut mieux, faisant preuve d'un minimum de passivité, que la dépression puisse être ressentie consciemment pour se transformer en nourriture et ainsi booster le psychisme.

Chez Dédale, comme chez tout déprimé, Daniel ou Donald, la toute-puissance comme stratégie défensive, destinée à procurer un masque fallacieux de vitalité et de courage, se voit vouée à l'échec. Le combat dessert au bout du compte le sujet, l'empêchant de grandir pour devenir adulte dans la sérénité. Il ne fait qu'entretenir ses angoisses. Ainsi Dédale, dépensant la quasi-totalité de son énergie vitale à lutter contre sa dépression latente, la dévitalisation de son âme, par l'artifice, la ruse et la toute-puissance utilisés comme cache-misère, ne disposait plus guère de temps, ni de force pour s'occuper de son jeune Icare, abandonné, privé d'une présence sécurisante. Afin de se préserver de sa dépression, Dédale, personnage torturé et tortueux, à l'image de son labyrinthe, utilisait un mécanisme de défense pervers qui lui permettait de se décharger de son mal-être sur les autres. Il a non seulement tué, d'une façon amorale et froide, et sans nulle culpabilité, son neveu Circinus, mais il se comportait aussi à l'égard de Minos son protecteur d'une manière machiavélique, sabotant les bases de son autorité. Ces quelques traits pervers ne dévoilent pas chez Dédale l'existence d'une structure franchement perverse, comme ce sera le cas chez Laïos, mais fondamentalement dépressive. Elle constitue la conséquence et le reflet d'une carence, d'une béance narcissique abyssale de son enfant intérieur, libidinale-ment anémié.

Comme nous l'avons déjà vu, dans ces circonstances, Icare ne pouvait jouir d'aucune identité, d'aucune his-toire ni de place propre. Son nom n'apparaît d'ailleurs, pour la première fois, qu'en tant que prisonnier du Laby-rinthe, sans qu'il ait commis quoi que ce soit de mal, ni de bien d'ailleurs, en compagnie de son père fautif. Ainsi, nous ne pouvons rien connaître de son passé, de son enfance, rien, comme s'il ne les avait pas vécus. Il a donc cruellement manqué de père digne de ce nom, c'est-à-dire adulte, capable d'occuper sa place et d'exer-cer sa fonction. Paradoxalement, c'est l'omniprésence, l'omnipotence et l'omniscience de Dédale, révélant et dissimulant à la fois sa dépression, qui prouvent son absence, sa carence, sa défaillance, physique, mais sur-tout symbolique.

Une relation père-fils saine et épanouie se caractérise certes par la capacité du premier à occuper pleinement sa place, à exister physiquement, mais surtout psycho-logiquement, en intervenant de façon adulte et engagée dans l'édification et la gestion du triangle, auprès des deux autres membres. Cependant, cette présence saine, c'est-à-dire aérée, non étouffante, féconde et heureuse, ne devient possible que si le père peut faire en même temps preuve de distance, de retrait, se retenant ainsi d'envahir tous les espaces, ceux de son fils et de sa femme, pour jouer médiocrement les rôles de petit garçon ou de mère *bis* qui ne sont pas du tout les siens. C'est bien cette capacité à se retirer, s'éclipser, s'éloigner, en sacrifiant ses côtés de petit garçon et de mère, pour dégager des aires de vie et de désir à ceux-ci, qui institue le père. C'est cette aptitude au retrait qui le fait authentiquement exister en lui procurant l'énergie nécessaire. S'engager activement dans la paternité (opération positive) n'est possible que si, paradoxalement, mais en toute logique, le père cède (première opération négative) sa place d'enfant à son enfant auprès de la mère, tout en renonçant (seconde opération négative) à se substituer à celle-ci en ne jouant plus le rôle de « papa poule » ou de la mère parfaite.

Le vrai père se définit donc par sa discrétion, sa retenue et son retrait, sa réserve, sa conscience d'être imparfait et manquant, son aptitude à se donner des limites, pour ne pas faire d'ombre à l'enfant, ni à la mère, respectant leur place de vie. Dédale, lui, occupait toute la scène, s'arrogeant la totalité des espaces, dans la mesure où il n'habitait aucune place. Pauvre Dédale ! Étant partout, il ne se trouvait en réalité nulle part. Ce qui différencie un extrême d'un autre n'est jamais plus gros que l'épaisseur d'un cheveu ! Tout excès sert à refléter et à contrebalancer un manque, un blocage, l'excès inverse. Savez-vous pourquoi le tambour résonne-t-il si fort ? C'est parce qu'il est creux ! La nymphomane et le don juan ne sont nullement traversés par une sexualité enflammée/enflammante. Au contraire, ils luttent, l'un comme l'autre, contre une froideur profonde, frigidité ou impuissance, une mort dans l'âme, une extinction dépressive. La boulimique n'a pas plus d'appétit qu'une autre. Elle ne « s'empiffre pas parce qu'elle crève de faim », mais pour combler un vide, compenser un manque, une soif d'amour. Il s'agit également, chez certaines, d'étouffer la femme en elle, de se déformer et de s'enlaidir pour qu'aucun homme ne puisse plus s'intéresser à elles et les désirer.

Un père psychologiquement absent a tendance à envahir tout l'espace, empêchant les autres de respirer. Dans ce contexte, non seulement Dédale maintient la place du père vacante mais, de surcroît, en raison de sa toute-puissance, il prive la mère d'Icare, comme membre fondamental et légitime du triangle, d'exister pour assumer sa fonction. Icare apparaît ainsi comme orphelin de père et de mère. C'est bien cela qui constitue la caractéristique première du triangle. Il existe entre ces trois éléments, tels les organes d'un même corps, une solidarité de destin. Le grossissement démesuré de l'un ou, au contraire, son effacement ne s'opère pas au détriment ou à l'avantage des deux autres seulement. Il n'y a point de perdant ou de gagnant. Flottant sur la même barque, ils se noient ou prospèrent, main dans la main, tous les trois, ensemble ! Nous disposons de très peu d'informations concernant la mère d'Icare, nulle trace significative de sa présence, ni de son importance affective. On a supposé qu'elle s'appelait Neucraté, l'une des esclaves de Minos. Ces lacunes ne sont évidemment pas fortuites. Il ne s'agit, à mon avis, nullement d'amnésie ou de pertes d'informations historiques. Elles sont plutôt révélatrices d'un dysfonctionnement familial, d'une inégalité et d'un déséquilibre dans la répartition des places et du pouvoir. Elles signifient que la présence de la mère et de la femme s'avère ici inutile, superflue, ou fortement péjorée (« l'une des esclaves de Minos »). Dédale, inventeur de la colle, conjugue en son sein la totalité des valeurs opposées, masculines et féminines, comme naguère la circularité et la rectitude, symboles des organes mâles et femelles. D'une certaine façon, il apparaît donc androgyne, père et mère à la fois, parfait, sans manque, complet, total, incastré, incastrable, affranchi de tout besoin ou désir de l'autre. Cette volonté de toute-puissance, par le biais de la confusion des différences et de leur cumul, dans le déni du manque, afin de lutter contre sa dépression masquée, ne se traduit finalement par aucun retentissement positif.

Comme nous l'avons vu, depuis l'arrivée de Dédale à la cour du roi Minos jusqu'à son atterrissage à Cumes, après la chute d'Icare, auprès du roi Cocalos, les puissances qui règnent sont massivement de l'ordre de la haine, de la jalousie et de la mort. Dédale apparaît comme une figure négative, diabolique, machiavélique. Camouflé derrière le masque d'un ange gardien bienfaiteur, il fait semblant de secourir Minos, Pasiphaé, Ariane et Thésée. En réalité, il démolit froidement ses victimes innocentes, sans jamais se laisser démasquer, ni coincer. Chaque solution qu'il invente pour « leur venir en aide » engendre des catastrophes supplémentaires, plus embarrassantes encore que les précédentes. C'est un phénomène normal. Contrairement à ce que l'on serait tenté de croire, la toute-puissance, l'obsession du contrôle et de la maîtrise, le cumul des fonctions et places, le déni du manque et de la perte ne peuvent produire que des dégâts, en multipliant les difficultés. La libido, l'énergie vitale a besoin, pour nourrir le psychisme, de circuler, tel un ruisseau, de manière libre et fluide, sans trop de crispation, ni d'entraves, grâce à un minimum de souplesse et de lâcher-prise. C'est ainsi seulement qu'elle pourra arroser les diverses pièces de la maison/soi, les différents pans de l'identité plurielle. Le mieux est l'ennemi du bien !

Malgré ses apparences, la toute-puissance n'est jamais l'expression d'une personnalité adulte et solide. En tant que bouclier dans le but de se protéger contre une dépression masquée, elle est révélatrice, au contraire, d'une personnalité infantile qui souffre d'une grande fragilité, en raison de la présence des confusions et mélanges, faute de différenciations intrapsychiques. Plus le sujet va mal et plus il ressent l'impérieux besoin qu'au-dehors tout aille bien, que tout soit parfait, impeccable. Sinon, la moindre contrariété risque, en faisant sauter les blindages, de laisser envahir à nouveau le Moi par les fantômes, la détresse refoulée. Toute la croissance affective est tributaire dès la naissance de la possibilité pour le petit humain, nourri par l'amour et enveloppé dans la sécurité, d'intégrer toute une série de différenciations/distinctions. Il vit justement à sa sortie de la matrice dans un état de fusion absolu, comme s'il faisait encore partie intégrante du corps maternel. À l'opposé de nombre d'animaux presque autonomes dès leur expulsion du ventre, chez le nourrisson, l'accouchement ne met point fin à la grossesse. Celle-ci perdure de façon « extra-utérine » encore quelque temps. Le bébé ne jouit à ce stade ni d'un corps, ni d'une identité, ni d'un désir et d'une conscience propres. Il est tout et tout est lui. Il participe indistinctement à tout et tout participe en lui. C'est bien ce phénomène que l'on qualifie de toute-puissance, de personnalité océanique, dépourvue d'imperfection, de faille ou de manque. Cette toute-puissance reflète en réalité une faiblesse qu'elle a, en même temps, pour fonction de compenser. Il s'agit à ce stade d'un processus constructif positif. Si l'enfant n'est pas bercé à l'aube de son existence par l'illusion grandiose et réconfortante d'être tout et de se trouver au centre du monde et au sommet du firmament, sa constitution narcissique se trouvera compromise. Il aura beaucoup de mal plus tard, à l'âge adulte, à devenir quelqu'un parmi les autres. Manquant de confiance en lui, en la vie et les autres, il aura plutôt la conviction de n'être pas grand-chose. Ainsi, la toute-puissance amortit et protège de la détresse originaire.

À partir de ce chaos premier, toute son évolution ultérieure consistera, dans la voie de devenir soi, à intégrer toute une série de séparations/différenciations, afin de se forger une image nette de son corps, comme forme unique, entière et pleine, et surtout vivante, à l'intérieur de limites sécurisantes précises. Il intériorisera ensuite la différence des sexes et des générations, du fantasme et de la réalité, du dehors et du dedans, du bon et du mauvais, du présent et du passé, de l'interdit et de l'autorisé, etc. Il se construira progressivement une identité propre, non cumulable, non confondable, non réversible et non interchangeable avec celle d'un autre, un Moi subjectif, un désir, ainsi qu'un destin personnels, non prisonniers de l'idéal inconscient de ses parents, ni sous l'emprise des normes sociales.

La quasi-totalité de nos angoisses, notamment celles qui sont vagues, confuses, ineffables, qu'on peine à mettre en mots, renvoie à la difficulté de savoir qui on est vraiment, ce qu'on pense et désire, d'où l'on vient et où l'on va. Devenir soi signifie pouvoir désirer, choisir et croire, aimer et agir en son nom propre, comme sujet libre, acteur de son destin, différent des autres bien que relié à eux, confiant dans ses capacités, mais aussi conscient de ses limites. Cette différenciation ne peut s'opérer que grâce à l'acceptation de certains manques permettant de renoncer au fantasme infantile de perfection et de complétude. Nul ne pourrait appartenir, en effet, aux deux sexes, masculin et féminin, être père et mère à la fois. Nul ne peut s'inscrire dans une autre génération que la sienne, en désertant sa place, en l'échangeant avec celle d'un autre ou en cumulant les deux, jeune et vieux, enfant et adulte. À titre d'exemple, la perturbation la plus grave affectant durablement le psychisme d'une petite fille abusée sexuellement concerne l'avortement, l'interruption brutale de son enfance non vécue. Elle se voit parachutée dans une autre génération, celle de femme adulte « sexuellement consommable » pour laquelle elle n'est nullement disponible encore, vu son immaturité biologique et psychologique. Ainsi, ces deux opérations, la différenciation et l'acceptation du manque, vont de pair, sont concomitantes et interdépendantes. Reconnaître la différence des sexes, s'accepter homme ou femme, père ou mère, induit certes le renoncement au corps et à l'âme que le sujet ne possède pas, mais il l'établit, en récompense, dans sa maison/soi, dans une identité précise source de bien-être et de joie. La perte s'avère paradoxalement régénérante.

De toute évidence, la séparation/différenciation psychique dont il est question ici n'est nullement synonyme de rupture avec les autres, de désunion ou du divorce. Bien au contraire, elle est la condition première et garante de la rencontre, du lien, de l'union. Cela signifie simplement que c'est en réussissant à intégrer la différence des sexes, pour me reconnaître et m'aimer dans ma place et fonction d'homme, en renonçant à la femme que je ne suis pas, que je parviens à m'éveiller au désir de connaître l'autre, l'étrangère, pour me lier sans crainte à elle et l'aimer. De même, c'est parce que je peux différencier les générations, l'adulte que je suis aujourd'hui, du petit garçon ou de la petite fille que j'étais hier, que je m'établirai avec confiance dans le présent pour tisser de vrais liens d'amour et d'échanges avec mes enfants. Grâce à ces distinctions, je n'aurai plus besoin de les ériger dans une fonction aliénée de « papa » ou de « maman », dont je me croyais privé dans mon Ailleurs et Avant. Je bâtirai, de même, avec eux une communication saine, à distance des deux excès nocifs, la démission ou l'exigence d'obéissance. Je ne jouerai ni le rôle d'un petit garçon, ni celui d'un tyran.

Voilà pourquoi l'homogénéité, l'abrasement des différences de sexes, de générations, d'époques, de désirs, de pensées, de places, de fonctions, etc., ne peut aboutir qu'à la fracture, à la haine et à l'intolérance. La différenciation favorise au fond non pas l'éloignement, mais le rapprochement et le dialogue, entre l'homme et la femme, entre les parents et leurs enfants, tel un pont séparant et reliant à la fois. Dans cette perspective, l'ambition du tiers symbolique, cet ensemble culturel de règles, de rites et de rituels, d'essence laïque ou religieuse, injustement décrié dans notre modernité, ne consiste point à réprimer ou à culpabiliser le désir et sa réalisation. Il a pour ambition essentielle de favoriser la double opération différenciation-manque. Ce n'est au fond jamais la joie et les plaisirs, sexuels ou autres, qu'il vise sadiquement à travers l'ensemble de ses interdits, parfois rébarbatifs, mais la confusion et le cumul des fonctions et des places, l'assemblage comme chez Dédale de toutes les valeurs opposées, ainsi que le refus de tout sacrifice. L'interdit de consommer le fruit de l'arbre de la connaissance signifié dès l'origine dans l'Éden à nos premiers parents Ève et Adam représentait dans ce sens une mise en garde contre la tentation de tout être, avoir, garder, prendre. De même, les rituels sacrificatoires relatifs à l'huile, au bouc, au blé ou à la dîme comportaient la même signification symbolique. Un tronc d'arbre ne devient chaise ou table, une étoffe ne se transforme en robe, un bloc de pierre n'évolue en statue qu'au terme d'un travail de découpage, élagage, modelage, ponçage, etc., donnant forme à l'informel, nom à l'innommable, sens et beauté à l'absurde. Toutes ces opérations nécessitent la soustraction, la perte, le sacrifice de certaines parties de la matière, de la masse, de la totalité, bois, tissu, pierre. Je reconnais que le terme de sacrifice peut être susceptible de choquer certains esprits. Il évoque des croyances obscurantistes, obsolètes, notamment des pratiques archaïques et barbares, des rituels d'offrande, de présents ou d'une victime humaine à une divinité, dont on chercherait à se concilier les faveurs, pour qu'elle exauce les vœux ou renonce à sa colère. Cependant, au-delà de cet aspect certes rebutant, c'est vraiment le mot qui convient, à condition de ne pas le prendre au premier degré, mais dans sa signification psychologique et symbolique, mettant l'accent sur l'acceptation du manque et de la perte, comme prix à payer pour devenir soi.

En psychanalyse traditionnelle, c'est le vocable de castration qui a depuis toujours été utilisé. Pour ma part, ce mot est inapproprié. D'abord parce qu'il renvoie explicitement au corps physique, charnel et, plus crûment encore, aux organes génitaux, par référence aux animaux de boucherie dont l'ablation des testicules et des ovaires avait pour but de les rendre dociles et de faciliter leur engraissement. La castration comporte, en outre, l'inconvénient d'accorder au pénis la fonction d'organe de référence, la femme ne se définissant ainsi que par rapport au mâle, comme un non-homme, un homme châtré ! Freud soutenait curieusement que la petite fille ignorait l'existence chez elle de sa cavité vaginale comme pour se protéger de l'angoisse de réaliser qu'elle est dépourvue de pénis. Elle en viendrait ensuite, afin de compenser son manque, à considérer son clitoris comme un vestige du pénis, ou comme un petit pénis qui pourra grandir. La primauté pour les deux sexes, c'est donc le pénis. « La libido, de façon constante et régulière, est d'essence mâle », soutenait Freud dans *Trois essais sur la théorie sexuelle* ! La petite fille parviendrait à se consoler en investissant les objets comme puissance phallique, par exemple sa beauté, son corps, à commencer par son père dont elle aurait envie de s'approprier le pénis en l'incorporant oralement. Même plus tard, le

désir d'avoir un enfant (pénis = enfant) et celui de posséder l'homme et d'en jouir, en tant « qu'appendice du
pénis », se mettraient au service de la satisfaction de son
opiniâtre et inassouvissable « envie du pénis ». Comme
on le constate, le terme de castration s'intègre dans le
dogme principal selon lequel la sexualité, considérée
injustement comme synonyme de la libido, préside en
tant que moteur exclusif à l'évolution et à l'épanouissement du psychisme dans sa totalité à travers les différents domaines de la vie. La libido doit désigner, d'une
façon globale, l'énergie vitale. Elle arrose, telle une
rivière répartie en multiples bras, les divers pans de
l'identité plurielle, amour de soi, travail, création, amour
de l'autre, gain d'argent, spiritualité, enfantement, quête
de la puissance, engagement citoyen, etc. Aucun de ces
domaines ne devrait être jugé comme supérieur ou inférieur à un autre, plus noble ou subalterne. La libido n'est
d'essence ni purement sexuelle, ni artistique, ni religieuse. Elle ne se réduit à aucune de ses émanations.
Elle est simplement désir, en-vie, énergie vivifiante et
créatrice, revêtant des formes variées en fonction de
l'objet sur lequel elle s'investit.

Pour toutes ces raisons, Dédale incarne donc le prototype du père absent, manquant, démissionnaire et
infantile, en raison de sa toute-puissance justement, destinée au fond à combattre sa dépression masquée. Débordant en apparence de vitalité, hyperactif, envahissant
toutes les places dans l'objectif de se rassurer d'être
vivant et reconnu, il empêche les deux autres membres
du triangle, Neucraté et Icare, d'exister dans leur identité
et de se relier. Cependant, dans la réalité quotidienne
familiale, l'absence psychologique du père, en raison

paradoxalement de son omniprésence, absorbant les deux places de mère et d'enfant, est susceptible de se manifester de nombreuses autres manières visiblement différentes. Tous les pères manquants modernes ne ressemblent pas à Dédale. Ils ne se conduisent pas à son image toute-puissante. Ils ne se recrutent pas forcément parmi les êtres exceptionnels, des artistes/artisans, doués d'une intelligence et d'un génie créateurs remarquables, hyperdynamiques, capables de concilier les contraires et de réussir à résoudre, en un tour de main, toutes les difficultés. Ils ne sont pas tous des surhommes comme Dédale. Ils peuvent apparaître, au contraire, sous certains traits, diamétralement opposés, c'est-à-dire faibles, effacés, malades, handicapés, socialement en échec, déprimés, pauvres ou financièrement assistés, en résumé, narcissiquement dégonflés et blessés, contrastant avec l'inflation orgueilleuse et arrogante dédalienne.

D'autres s'évertuent à camoufler leur absence et leur faiblesse psychologiques en tant que père sous le masque fallacieux et trompeur de sévérité, de rigidité, de dureté, d'autoritarisme, voire de maltraitance et de brutalité. Dans tous ces cas, il s'agit également de pères écrasants, occupant la totalité des espaces du triangle au détriment de la mère et de l'enfant, même si, dans les apparences, ils diffèrent du portrait flatteur qui est donné de Dédale.

Face à un père alcoolique, déprimé ou violent, le fils se trouve frustré dans ses besoins primordiaux d'amour et de sécurité. Pis encore, il se voit coupable de cette privation et entreprendra, en enfant-thérapeute, de le guérir, dans l'espoir qu'il puisse, une fois rétabli, assumer sa fonction de père. Se conduisant de la sorte, il sacrifie

son enfance, cessant d'être enfant, pour s'ériger en infir-
mier, en gardien, en protecteur, en parent de son parent,
au sein d'une inversion générationnelle étonnante. Les
parents rabâchent sans cesse les soucis qui les tourmen-
tent relatifs à la santé, au travail ou aux amours de leurs
enfants, ignorant l'inquiétude encore plus cuisante que
ceux-ci éprouvent au sujet de leurs parents, en silence.
Ainsi, le père manquant prend bien trop de place dans le
triangle. Il s'impose en grosses lettres, à la première page
de l'esprit des enfants, qu'il obsède en permanence.
Ceux-ci ne pensent et ne rêvent plus qu'à « papa ». Ils
ont peur de lui, mais aussi pour lui notamment, pour sa
santé et son bonheur. Ils veulent l'aimer, mais se l'inter-
disent, le fuient au lieu de l'approcher. Il leur arrive certes
d'éprouver de la colère ou de la haine, mais se sentant
coupables d'emblée de telles émotions négatives, ils
retournent l'arme acérée de la culpabilité contre eux-
mêmes. Évidemment, l'enfance ainsi extorquée, sacrifiée
du père, blanche puisque non vécue pour soi, avortée, ne
s'efface pas à jamais, évaporée, dissoute. Elle se transforme en fantôme persécuteur, hantant désormais les
ruelles dédaliques de l'inconscient. Elle empêche le sujet
d'être lui-même, adulte et psychiquement libéré, pour
pouvoir s'aimer en ayant confiance dans la vie et les
autres. Poursuivi par le fantôme, le sujet se montre infantile, à fleur de peau, impulsif et impatient, passant de la
dramatisation excessive des menus faits de l'existence à
l'aveuglement ou à l'excitation euphorique face aux
enjeux autrement plus sérieux et importants[1].

---

1. Pour un exposé plus complet de ce sujet : Moussa NABATI,
Guérir son enfant intérieur, Le Livre de Poche n° 31506.

L'infantilisme de Dédale, son immaturité mentale en raison de la présence d'une dépression masquée peut se démontrer en outre à travers l'examen des rapports étranges et ambigus qu'il entretient avec le monde féminin. Il s'assigne, avec Pasiphaé et Ariane, un rôle de médiateur, de favorisateur, voire d'entremetteur, dans la concrétisation de leur amour, pour le taureau et pour Thésée. Il fabriquait des poupées animées en bois, ainsi que de beaux jouets pour les séduire, prenant ainsi spontanément le parti des femmes contre celui du détenteur du pouvoir. Ces accointances n'aboutissaient toutefois jamais à l'instauration d'un lien d'amour et de sexualité avec elles. Si Dédale cherchait à les flatter, c'était dans une intention machiavélique et perverse, dans le but de saboter de façon sournoise les bases de l'autorité et du pouvoir de Minos.

Dédale n'est donc jamais parvenu à devenir un homme et à se comporter en adulte, au sein d'un vrai couple. S'il dérobe Pasiphaé et Ariane à leurs « propriétaires légitimes », c'est pour les offrir à d'autres mâles, le taureau et Thésée, qui était pourtant en tant qu'Athénien l'ennemi juré de la Crète et de Minos. Il manipulait certes ces femmes, mais il était aussi manipulé par elles, n'obéissant qu'à leurs caprices, tel un petit garçon incapable de leur dire non par crainte de déplaire. Il se conduisait surtout en fils ingrat vis-à-vis de son roi/père symbolique qui lui avait accordé naïvement sa protection et sa confiance. Dédale lui faisait croire qu'il mettait sa métis et sa techné à son service, alors qu'il les utilisait pour le ruiner. Comment aurait-il pu, dans ces conditions, jouer un quelconque rôle paternel envers Icare, orphelin de père et de mère, s'il n'avait pas été lui-même fils ?

Perdre ou se perdre

Ce qui est très touchant dans cette histoire, c'est que d'une certaine façon Minos et Dédale se ressemblent, ils sont tous les deux dans le refus, voire le déni, de la perte et du manque. Rappelons-nous un détail, pourtant fondamental, tous ces drames trouvent leur origine dans l'opposition originaire de Minos d'accomplir le vœu de Poséidon, de sacrifier le taureau, dans le but précis d'affirmer ses droits à la souveraineté. De toute évidence, si le monarque avait accepté ce sacrifice, pourtant en vue d'un gain supérieur, s'il n'avait pas refusé de perdre pour évoluer et grandir, cette avalanche de catastrophes aurait été évitée. Il n'aurait ainsi rien perdu d'autre que la bête, c'est-à-dire ni sa femme, ni sa fille, ni son trône et ni sa vie.

Examinons les raisons probables pour lesquelles Minos ne put se résoudre au sacrifice du taureau. Que représentait cet animal pour lui ? La réponse à cette question, que Minos lui-même ignorait, est à rechercher dans son histoire transgénérationnelle, les événements concernant ses origines parentales, à savoir Zeus, son père, et Europe, sa mère, l'une des innombrables épouses du dieu des dieux. Un jour, la jeune Europe s'amusait près d'un rivage à cueillir des fleurs, entourée de ses compagnes, quand son regard fut attiré par un taureau au pelage brillant qui paissait paisiblement parmi les troupeaux de son père et dont l'air majestueux la frappa. Elle ne pouvait pas se douter du tout que ce bel animal n'était autre que le maître des dieux, Zeus, qui s'était donné cette forme pour duper la jeune fille dont il s'était épris. Europe s'approcha, sans méfiance, et caressa l'animal. Mais, soudain, le taureau se redressa et d'un bond s'élança dans les flots emportant à travers la vaste mer la vierge éplorée. De cette union naquirent Minos et deux autres enfants adoptés plus tard par Astérion, roi de Crète, devenu, par la suite, l'époux d'Europe. Le refus de Minos de sacrifier le taureau signifie donc son incapacité à se dégager de l'emprise de son père écrasant, de cesser d'être un petit garçon pour s'affirmer, récupérer sa place d'homme adulte et s'établir dans son identité propre. Il y a donc eu chez cet enfant attardé une impossibilité à se libérer de son passé, ce qui le rend précisément prisonnier, en l'empêchant de sacrifier le taureau-père, dont l'union avec Pasiphaé ne produira qu'un monstre aux conséquences désastreuses.

Cette histoire démontre encore une fois que le présent ne peut s'éclaircir et se comprendre que s'il est mis en connexion de sens avec le passé. Ainsi, Minos et Dédale se ressemblent dans leur refus de perte et de manque. Curieusement, les ancêtres de Minos étaient eux aussi confrontés à cette difficulté.

L'histoire raconte que Géa, la divinité toute-puissante, déesse à « large poitrine », s'unit à son fils Ouranos. Celui-ci considérait ses enfants avec horreur. Il les enfermait à mesure qu'ils naissaient dans les profondeurs de la Terre. Très éprouvée, Géa médita une vengeance terrible contre son époux. Une nuit, alors qu'Ouranos vint rejoindre son épouse dans le lit, Cronos, posté par sa mère en embuscade, s'arma de la faucille qu'elle avait fabriquée et mutila atrocement son père en lui tranchant d'un seul coup les testicules. Il jeta ensuite ses sanglants débris dans la mer. Il en jaillit une écume blanche, d'où naquit Aphrodite, la plus séduisante des déesses. Ouranos devenu impuissant, Cronos libéra ses frères, puis épousa sa sœur Rhéa qui lui donna trois filles et trois fils, dont Zeus, le dernier. Comme il redoutait, suivant la prédication d'un oracle, d'être supplanté à son tour par un de ses enfants, Cronos renouvela le geste de son père Ouranos en engloutissant les enfants qui naissaient dans son propre sein. Accablée de douleur, Rhéa, enceinte de Zeus, supplia ses parents Ouranos et Géa de l'aider à sauver cet enfant. Elle s'enfuit en Crète pour accoucher de Zeus, recueilli et élevé par Géa. Elle enveloppa dans les langes une énorme pierre et la présenta à Cronos qui l'engloutit aussitôt sans méfiance. Zeus grandit donc, soustrait à la cruauté paternelle. Il médita ensuite pour châtier son père. Avec l'aide de la métis, il administra un breuvage à Cronos qui lui fit vomir la pierre qu'il avait avalée et rendit à la lumière tous les dieux issus de son sang. Avec l'aide de ses frères, il enchaîna Cronos et le mutila. Cronos devint plus tard Chronos, jouant un rôle identique à celui du temps, détruisant ce qu'il engendre, dévorant sa propre création. Avant sa mutilation, Cronos rejetait l'idée de la succession des générations. Il ne concevait pas une autre société ni un autre ordre que les siens. Il dévorait précisément sa progéniture par crainte que celle-ci, comme des êtres nouveaux enceints des potentialités d'innovations, mais aussi de conflits, ne trouble la perfection immobile, stagnante, de son univers sur mesure. Après sa castration par Zeus, il évolue de manière positive. Il apparaît désormais délivré de ses chaînes, réconcilié avec son fils et habitant en bon roi sur les îles des Bienheureux. Cette trajectoire initiatique est la même que celle parcourue par Dédale. Avant la chute mortelle d'Icare, c'est-à-dire durant la période de sa toute-puissance à la cour de Minos, il apparaît sous un visage démoniaque, sombre, malfaisant. Après cette épreuve, il se transforme en un être humain réalisant des œuvres positives et utiles. Le sacrifice s'avère toujours régénérant.

Plus tard, Zeus, ayant épousé Métis, fut pris à son tour par la même angoisse que ses ancêtres d'être dépassé par sa progéniture. Il avala donc son épouse enceinte de peur, comme le lui avait prédit son grand-père Ouranos, que l'enfant à naître ne sache plus de choses que tous les dieux réunis. Par cet acte, Zeus supprima le risque d'une postérité gênante. Il enfanta plus tard seul, par une fente pratiquée sur sa tête, d'Athéna, déesse de la sagesse et de la protection. Après son mariage avec Sémélé, Zeus se retrouva une nouvelle fois face au risque d'une descendance embarrassante. Il extraya cette fois du ventre de Sémélé l'enfant qu'elle portait et le plaça dans sa cuisse pour accoucher au terme de la gestation de Dionysos, dieu de l'enthousiasme et des désirs amoureux.

Pour en revenir à Minos, fils de Zeus, et à son refus de sacrifier le taureau de Poséidon, son comportement ne peut se comprendre qu'à la lumière de cet ensemble d'événements mythologiques, par référence à cet héritage transgénérationnel. Il s'agit continuellement et de manière cohérente de la transmission du même schéma, c'est-à-dire d'une volonté infantile semblable de toute-puissance et d'un refus identique de perte, de sacrifice et de manque, chez Ouranos, Cronos, Zeus et Minos, étalé sur, au moins, quatre générations. Il est extraordinaire de remarquer à quel point dans le mythe grec, reflet de notre inconscient collectif, subsistant chez tout homme moderne, les pères mus par la jalousie rivale infantile et l'inquiétante obsession d'être devancés par leurs fils tentent de les éliminer. La légende de Laïos et d'Œdipe ne fait que mettre à nouveau en scène exactement la même jalousie mortifère paternelle. Étrangement, « le complexe d'Œdipe » tel qu'il a été présenté dans le discours psychanalytique officiel, a scotomisé cette violence, en la retournant en son inverse, à savoir le désir chez le fils de tuer son père pour s'unir à sa mère. La relation père-fils s'avère ainsi un pari, une gageure incertaine. L'amour entre le père et son fils, certes toujours existant, ne peut éclore que si le premier réussit à grandir, en évoluant du statut de petit garçon jaloux, hanté par la crainte de perdre sa place auprès de la mère, à celui de véritable père, adulte, digne de ce nom. Le père se caractérise par sa présence, mais aussi par sa capacité à se retirer pour laisser les deux autres places de vie aux autres membres du triangle, la mère et l'enfant. L'omniprésence et l'omnipotence reflètent son immaturité, son infantilisme psychologique et son absence.

Icare, l'enfant-thérapeute

Intéressons-nous à l'impact de la chute sacrificielle d'Icare dans l'évolution psychologique de Dédale. Celui-ci a-t-il vraiment changé à la suite de ce drame ? Tout semble répondre par l'affirmative à cette interrogation et converger vers l'hypothèse d'une transformation, d'une incontestable rupture. Le premier événement, la séquence de l'atterrissage à Cumes, pourrait d'emblée servir de confirmation à cette mutation. L'histoire raconte que Dédale dédie aussitôt ses ailes à Apollon et édifie un temple en son honneur sur les portes duquel il grave, dans le bronze, le récit de ses propres aventures. C'est la première fois que l'on surprend l'artisan à accomplir un geste « religieux », spirituel, culturel, à travers l'hommage qu'il rend au dieu Apollon, son protecteur. Cette démarche suppose la reconnaissance d'un principe transcendant, d'une force supérieure, dont il accepte l'allégeance. Il serait possible de repérer là les indices d'une capacité émergente de sublimation, d'une symbolisation absente jusque-là dans le champ de ses préoccupations. Ce qui est saisissant dans cet épisode est l'étrange ressemblance entre Dédale et son dieu/patron Apollon concernant leur cheminement intérieur. L'un comme l'autre ont réussi à évoluer, à grandir d'une manière positive, à s'humaniser.

Durant une première étape de sa vie, Apollon apparaît comme un dieu de nuit à l'arc d'argent. Il est le dieu vengeur aux flèches meurtrières, irascible, maître des fauves, enceint de la violence et d'un fol orgueil. Il s'apparente plus tard au symbolisme solaire, lumineux, positif, pour représenter un idéal de sagesse et de bonté. Il devient alors le berger secourable qui protège les troupeaux, les moissons et les hommes. Voici l'image apollinienne vertueuse à laquelle Dédale s'identifie suite à son atterrissage à Cumes, postérieurement à la chute de son fils. Chez Dédale, le désir d'écrire le récit de ses aventures, son autobiographie en quelque sorte, sur la porte du temple qu'il dédie à Apollon constitue également un signe positif. Cela témoigne d'une capacité naissante de recul et de distance vis-à-vis de son inconscient et de son passé. Parler de soi et de son histoire s'accompagne inévitablement d'un mieux-être et par conséquent d'un besoin moins fort d'agir et de se défendre.

Cependant, ce qui atteste sans ambiguïté l'avènement d'une évolution positive au sein de sa psyché renvoie à son nouvel état d'esprit dans le palais du roi Cocalos, à son comportement inhabituel, ainsi qu'à la réalisation d'œuvres contrastant avec les précédentes. Il existe d'abord ce détail, d'une importance capitale, selon lequel Dédale ne fabriqua plus, lors de son séjour sicilien, aucune statue. Cela montre qu'il avait bien dépassé son stade infantile du miroir, afin de maîtriser désormais sa propension narcissique à n'admirer que lui-même. Sous l'emprise de sa toute-puissance imaginaire, les « statues vivantes » lui permettaient de rivaliser avec Dieu, créateur, donneur de vue et de vie, et de gonfler son narcissisme présomptueux pour se représenter comme le dieu sur Terre, l'objet d'un culte, voire d'une adoration. Souvenez-vous qu'un temple était dédié à Dédale à Memphis, en Égypte.

Le fait de ne plus fabriquer de statue révèle aussi que Dédale ne dépense plus la totalité de son énergie à se croire et à se vouloir tout, dans le but de lutter contre sa dépression masquée. Il n'est plus artiste et artisan, mais seulement artisan. Ce vieil inventeur de la colle ne ressent plus le besoin impérieux de rassembler en son sein l'ensemble des valeurs contradictoires, contrairement à l'épisode de son séjour chez Minos. Il devient ainsi capable de lâcher prise, de se différencier, en intégrant le manque et l'imperfection. Par sa chute sacrificielle, Icare avait gobé la dépression de son père dissimulée derrière l'écran trompeur de la toute-puissance, du génie et de la vitalité.

Dédale s'évertue ensuite à concevoir et à réaliser, en ingénieur hydraulique, un barrage. Cette construction revêt également une importance fondamentale en raison de son aspect utile et humanitaire et au niveau de ce qu'elle contient comme symbole d'une évolution interne. Comme la plupart des symboles, l'eau comporte une double signification, positive et négative, vivifiante et mortifère. La différence dépend uniquement de sa forme, de son aspect, de la présence ou non d'un contenant, d'un cadre, d'une limite. Elle devient source de mort si elle est dépourvue de forme, si elle échappe à tout contrôle, comme le déluge au temps de Noé, sans bornes, illimitée. En revanche, elle est source de vie et de bienfaits si elle se trouve contenue, endiguée, retenue, maîtrisée. Tous les points d'eau, puits et fontaines, ont de tout temps et partout symbolisé les lieux sacrés d'émerveillement et de joie, où il se produit des rencontres et des échanges, où notamment se nourrissent des passions amoureuses. Ainsi en est-il de la rencontre entre Isaac et Rebecca, entre Moïse et Séphora. Cette bivalence symbolique, positive s'il existe un contrôle ou négative si celui-ci fait défaut, n'est nullement spécifique à l'élément eau. Elle est valable pour tout autre symbole. L'eau désaltère si elle est canalisée sinon elle inonde et détruit, comme le feu qui réchauffe ou brûle, le poison qui guérit ou tue, le vin qui égaye ou rend fou, le vent qui rafraîchit ou souffle en tempête, la lumière enfin qui éclaircit ou aveugle. « Trop de lumière obscurcit », disait Pascal.

Cette bivalence s'applique notamment à la pulsion qui, sans le contrôle de l'interdit, sans l'intervention de la loi, tue et se meurt, au lieu de sustenter la vie et l'Éros. Si l'énergie libidinale a besoin de liberté pour créer le bonheur, elle nécessite aussi la présence d'un cadre, des repères et des limites, pour être protégée, afin de ne pas sombrer, comme l'eau et le feu, dans les excès nocifs, la sécheresse ou la submersion, l'extinction dépressive ou l'embrasement pervers. Contrairement à une certaine croyance manichéenne répandue, dans l'éternel combat entre les lumières et les ténèbres, le bien et le mal, rien n'est par essence bon ou mauvais en soi, par nature et de façon irréversible. Il serait absurde de diviser le monde, les humains, les objets, les substances, les principes ou les émotions en « positifs » ou « négatifs ». Un « poison » guérit ou tue en fonction de la justesse de l'indication, de la quantité prescrite ainsi que de son mode d'utilisation. L'altruisme par exemple, tant applaudi et encensé de nos jours, ne constitue pas forcément un dévouement, une noble vertu, sublime et généreuse. Il est susceptible de camoufler le pire des égoïsmes, lorsqu'il est pratiqué de façon inconditionnelle et qu'il implique masochistement le sacrifice de soi, de ses désirs et besoins. Il représente alors non pas un don authentique dans la gratuité du désir mais une quête, une façon de quémander la reconnaissance, l'estime et l'amour de l'autre, en arborant une bonne image de soi, gentille, aimable, digne d'être aimé. Il risque ainsi d'aboutir au résultat inverse de ce qui était affiché. Au lieu de secourir son prochain, l'altruisme exagéré finit par lui nuire en entretenant son côté infantile, passif et assisté, en l'empêchant de miser sur ses propres capacités d'autonomie et sa combativité naturelle, lui permettant de voler de ses propres ailes. Il n'est possible d'aimer autrui que si l'on s'aime aussi. Le véritable amour requiert la réciprocité et le partage, donner et recevoir.

Pour en revenir à Dédale et à son barrage hydraulique, il est certain que cette construction est révélatrice d'une transformation intérieure. Les puissances invisibles, jadis destructrices car illimitées et chaotiques, se muent en forces d'amour et de création grâce à l'avènement de la forme, du cadre, de la limite et du contrôle. Le négatif devient positif, l'obscurité, la lumière et la mort, la vie ! Le séjour de Dédale dans le palais de Minos se déroulait dans un contexte de haine, de manipulation, de sabotage et de démolition insidieuse. En revanche, la séquence de ses rapports en tant qu'architecte auprès du roi Cocalos s'inscrit sous le signe de la loyauté, de l'intégrité et de la fidélité. Entre les deux épisodes, le premier obscur et le second lumineux, il s'est produit... la chute d'Icare ! Celui-ci, grâce à son sacrifice expiatoire, sauva son père de la folie et de la mort, de sa dépression masquée qui le contraignait à lutter sans cesse pour se protéger par l'hyperactivisme. Nous assistons donc incontestablement à l'humanisation de Dédale. Il renonce à son besoin de perfection et devient bon en accomplissant des œuvres utiles et bénéfiques. L'artisan construit ensuite, sous l'ordre et au bénéfice du roi Cocalos, une citadelle imprenable à Camicos, où le roi installe son trésor. Cette construction caractérisée par une dimension positive remet enfin Dédale dans sa place et fonction véritable, celle d'auxiliaire indispensable à la conquête et au maintien du pouvoir grâce à sa métis, dans un registre de subordination. Il s'approprie ainsi enfin une place de fils qu'il n'avait certainement jamais habitée, ce qui l'empêchait de s'ériger en père d'Icare. Voici pourquoi, à Camicos, il ne revendique plus, comme par le passé en Crète, auprès de Minos, à la fois la métis et la puissance,

mû par son ambition constante de saboter machiavéli-
quement l'honneur, le pouvoir et le trône de son père
symbolique, protecteur, mais pourtant victime de sa traî-
trise. L'autorité est reconnue ici comme appartenant à
Cocalos, dont il affermit la souveraineté. Lui-même
n'incarne plus désormais que la seule métis. Les rôles,
les pouvoirs paraissent ainsi clairs, non fusionnés, les
places et les fonctions différenciées, départagées. Le
règne du tout ou rien est révolu. De même, la construction d'un établissement thermal à Sélinote nous rensei-
gne sur la nouvelle dimension des œuvres de l'artisan.
Cet établissement se caractérise certes par le génie de
son fabricant capable de se mouvoir au milieu des principes opposés, le chaud et le froid, l'humide et le sec.
Mais, ici, contrairement à ce qui se passait naguère, il
ne s'agit plus d'une démarche perverse, comme lors de
la construction de la vache de Pasiphaé, par l'assemblage
du bois et du cuir, matériaux hétéroclites, mais d'une
œuvre thérapeutique pour soulager et guérir certaines
maladies par la vapeur tempérée. Ce qui diffère fondamentalement dans les deux situations est l'intention, le
vœu secret. L'énergie psychique se met désormais au
service de la vie. L'artisan ne procède plus par la juxtaposition des contraires, mais par leur synthèse. La logique interne n'obéit plus à la toute-puissance mais à
l'élaboration symbolique d'une morale, d'une « éthique »
qui tient compte de l'existence d'autrui, de ses besoins
et intérêts, en cherchant à le secourir.

   La construction d'un temple pour Aphrodite semble
également très significative. C'est la seconde fois que
Dédale accomplit un acte « religieux », spirituel, pour
honorer un dieu. Cependant, Aphrodite n'est pas une

déesse quelconque. L'édification de ce temple n'est certainement pas due au hasard ou à l'absurde. Comme pour Apollon, il représente le symbole de ce qui s'élabore à l'intérieur de cet ancien apprenti sorcier, dans la voie de son devenir soi, de son humanisation.

Qui était Aphrodite ? Assimilée à la Vénus des Romains, elle était la plus belle et la plus séduisante des déesses et dont le culte se célébrait partout en Grèce. Issue de la semence ensanglantée d'Ouranos répandue sur l'Océan à la suite de sa castration par son fils Cronos, elle était la mère d'Éros, l'épouse d'Héphaïstos le boiteux qu'elle trompa et ridiculisa à maintes reprises, entre autres avec Arès son beau-frère. Elle symbolise les forces irrésistibles de l'amour, de la fécondité, du désir et du plaisir des sens, d'où le qualificatif « aphrodisiaque » attribué à certaines substances censées doper le désir sexuel. Cette déesse incarne l'amour charnel affranchi de toute contrainte, orienté vers la joie de vivre, sans tabou, ni interdit. C'est le motif pour lequel elle est souvent représentée entourée de fauves, loups, lions, ours, qui l'escortent dans son cortège séducteur.

Cet hommage rendu à Aphrodite, l'incarnation de la pulsion érotique plutôt extrême, peut servir aussi de preuve à l'évolution intérieure de Dédale. L'artisan n'a plus comme unique moteur de comportement la toute-puissance, ni l'obsession permanente de se placer dans la voie médiane, dans le juste milieu des extrêmes. Sa dépression a été résorbée, gobée par Icare. Il semble donc désormais plus vrai, plus humain, habité par des sentiments divers, des actes variés, voire contradictoires. Avant le sacrifice d'Icare, il cherchait à dominer ses émotions qui maintenant lui échappent. Il devient capable de concevoir l'amour, de le fantasmer (même s'il ne le concrétisera jamais dans une union sexuelle) et aussi de commettre clairement un meurtre en se débarrassant de Minos. Il se balade entre le bien et le mal, l'amour et la haine franche, sans les cacher sous l'empaquetage pervers de la dévotion, comme auparavant. Il se prépare à mener une existence humaine, imparfaite forcément, sans épuiser toute son énergie vitale à trouver la solution idéale, arrondissant les angles et conciliant les inconci-liables. Il s'agit là encore d'une autre preuve attestant de l'amélioration de sa dépression masquée. En effet, ce qui caractérise essentiellement le dérèglement psycho-logique, ce n'est point l'écart par référence à des normes sociales collectives, somme toute relatives, changeantes dans l'espace et le temps, mais la rigidité, l'absence de souplesse et de variété, l'uniformité des réponses et des comportements. Le sujet a tendance à réagir systéma-tiquement de la même manière, quels que soient les problèmes posés. Certains réagissent ou agissent systé-matiquement de façon timide, craintive, défaitiste, pes-simiste. D'autres se croient méthodiquement persécutés, interprétant tout ce qu'on pourrait leur dire de façon négative, méfiante, comme intentionnellement dirigé contre eux, pour les humilier ou leur nuire. D'aucuns se comportent sans cesse en égoïstes, ne se souciant que de leurs propres confort et intérêt, incapables d'empa-thie, etc. Le psychisme est donc mal en point lorsqu'il fonctionne tel un automate, toujours selon le même modèle et la même grille de vision et de réaction, quelles que soient les circonstances, quoi qu'il arrive. Le sujet peut ainsi se dire sain, non pas parce qu'il est « comme tout le monde », « normal », mais parce que, ouvert à son identité plurielle, il dispose d'une palette, d'une gamme de réponses, dans la diversité multiforme et multicolore, nuancée et ondoyante de sa sensibilité, de ses émotions. Dédale va donc mieux, dans la mesure où, suite au sacrifice de son fils, il est devenu plus sain, en se comportant de façon hétérogène, élastique, variée.

Tous ses comportements, toutes ses créations servent d'indicateurs, de miroir pour refléter son âme. Jadis obscure, celle-ci semble plus lumineuse aujourd'hui. Ses œuvres constituent des signes attestant d'une évolution intérieure dans le sens de devenir soi, vrai, imparfait, avec désormais plus de continuité et de cohérence entre le visible et l'invisible, son dehors et son dedans. Naguère, sa face extérieure n'était pas le reflet exact, mais l'envers, l'opposé de son intériorité délabrée, noire.

Il existe deux autres éléments susceptibles de confirmer cette transformation. Il s'agit de l'œuvre d'art que Dédale plaça dans le temple dédié à Aphrodite, un rayon de miel en or, et le meurtre de Minos. Le miel symbolise la douceur, opposée à l'amertume du fiel, de la bile des animaux de boucherie, signifiant au sens métaphorique l'acrimonie, l'aigreur, l'animosité et la haine. Substance presque de la même couleur que l'or, lumineuse, élaborée par les abeilles à partir du nectar des fleurs, le miel constitue un symbole riche et positif. Le symbolisme de l'or semble plus hétérogène[1]. Il peut signifier parfois négativement l'accumulation pervertie et l'avarice. Il incarne cependant très souvent une dimension positive. Son éclat rappelle la lumière du soleil. Métal noble et inaltérable, d'autant plus précieux que rare, il représente

---

1. *Dictionnaire des symboles*, Éditions Seghers, 1973.

la richesse, d'où son association à l'une des étapes de
l'évolution de l'humanité, l'âge d'or, après ceux d'argent,
d'airain et de fer, où les hommes vivaient dans la joie et
l'abondance, la prospérité et le bonheur. Ce rayon de miel
en or rassemble donc deux symboles positifs, l'un relatif
à ce qu'il y a de mieux sous la terre et l'autre dans
l'espace, le ciel, le nectar des fleurs, leur quintessence,
un concentré de douceur et d'énergie d'une exquise
saveur. Cette œuvre signe donc le mariage, l'harmonie
naissante entre le visible et l'invisible, le ciel et la terre,
la douceur et la force. Concernant le meurtre de Minos
réalisé avec la complicité des filles de Cocalos qui ébouil-
lantèrent leur invité de marque dans son bain, en inversant le sens des canalisations, il faut noter que la
responsabilité de l'artisan dans cette affaire ne paraît pas
totalement engagée, contrairement à la séquence de
l'assassinat de Circinus/Perdix. Là, ce fut en quelque sorte
Minos lui-même qui chercha et provoqua sa fin par un
comportement presque suicidaire, en poursuivant l'artisan de sa haine, sans pouvoir renoncer à sa vengeance,
comme il ne put à l'origine se résigner à sacrifier le
taureau de Poséidon en vue pourtant de consolider ses
droits à la souveraineté crétoise. Il s'agit encore une fois
de l'impossibilité pour lui de céder, d'abdiquer, d'abandonner, de laisser tomber. Le refus de sacrifier le taureau
ébranla les bases de son autorité et le non-renoncement
à sa revanche contre Dédale lui fit perdre la vie. Étrangement, ce n'est pas la première fois que Minos échoue
à dominer sa colère et à renoncer à la loi du talion.

  L'histoire rapporte qu'à la suite du meurtre de son fils
Androgée par les Athéniens, Minos mit le siège devant
Athènes. Auparavant, il avait triomphé du roi Nisos,

grâce à la trahison de la fille de celui-ci, Scylla, qui, par amour pour Minos, avait accepté de détacher de la tête de son père un cheveu d'or, duquel dépendait magiquement le salut de la ville. Minos, en acceptant le bénéfice de cette trahison, en punit l'auteur, comme pour aller au bout de sa vengeance et laisse se noyer dans la mer la jeune et belle Scylla, métamorphosée en alouette par les dieux !

On pourrait imaginer sans peine que si le monarque avait immolé le taureau selon le vœu de Poséidon, il n'y aurait eu ni la vache de Pasiphaé, ni le monstre Minotaure et ni, par conséquent, tous les drames ultérieurs. On pourrait supposer que s'il avait apaisé son ressentiment en ne s'ingéniant plus à piéger son ennemi, celui-ci ne se serait pas vu contraint de le supprimer, dans un contexte à la frontière de la légitime défense. Au terme de son expédition punitive, Minos retrouva assurément Dédale, mais aussi son dépérissement. Le second argument étayant l'hypothèse d'un comportement suicidaire de Minos, semblable à Dédale dans le refus du manque et de la perte, est relatif au stratagème génial qu'il inventa afin de s'assurer de la présence de l'artisan auprès de Cocalos : comment faire passer un fil à travers un escargot ? Le monarque eut recours ici à une ruse de la métis, relevant plutôt du champ des compétences de son ennemi, ruse qui se retourna finalement contre lui-même.

Ainsi Minos, cette autre figure « incastrable » du récit, chercha à totaliser en son sein les deux places, les deux dimensions contradictoires, à savoir la puissance et la métis, la force et la ruse. Confusion qui l'amena fatalement à sa perte, au moment où Dédale avait justement réussi à disjoindre, à séparer clairement ces deux valeurs, reconnaissant Cocalos comme le détenteur légitime d'une autorité qu'il décida de conforter grâce à ses réalisations, en se limitant lui-même dans sa place et fonction d'auxiliaire du pouvoir, détenteur de la seule métis. Dans ce contexte, le comportement meurtrier de Dédale n'obéit plus au désir de la toute-puissance, comme ce fut le cas lors de l'assassinat de l'innocent Talos/Circinus. L'objectif de Dédale en se débarrassant de son neveu talentueux consistait à s'approprier pour les cumuler en son sein les deux valeurs opposées de la rectitude et de la circularité, le masculin et le féminin, afin que rien ne puisse lui échapper. En revanche, le meurtre de Minos, comportement extrémiste, s'inscrit dans le registre du choix, de la décision d'exclure l'un des deux termes, ma peau ou la tienne !

Guéri suite à la chute mortelle d'Icare, Dédale n'avait plus besoin de se défendre contre sa dépression masquée par le biais de la toute-puissance et de la perfection. Il est vrai, en outre, que lors de son séjour athénien auprès du roi Minos, Dédale, sans faire apparaître sa colère ou son agressivité, se comportait comme un être ignoble et destructeur. Le blocage de l'agressivité naturelle, mais surtout son inversion en amour et compassion, aboutit toujours, en raison de son accumulation progressive, à la violence et à la perversion. Or, ce qui semble plus sain dans le meurtre de Minos, par-delà son aspect moral, certes condamnable, concerne sa clarté, sa franchise, sa non-ambiguïté, mais également son caractère réactionnel de légitime défense et non plus totalement gratuit et injustifié, comme par le passé. Il en va de même pour l'arme du crime : l'eau bouillante, comme autre signe de l'excès, de la colère. Elle était tempérée jusqu'ici dans l'établissement thermal de Sélinote et utilisée dans un projet thérapeutique. On a le sentiment que ces événements mythologiques cherchent à nous livrer un message, un enseignement relatif aux risques de non-renonciation à la toute-puissance et au refus du sacrifice et du manque. Autrement dit, ils exhortent le sujet à se contenter d'occuper sa place sans s'épuiser à envahir celle des autres, pour se croire vivant et costaud, à l'abri de la dépression.

Le meurtre de Minos constitue non seulement la fin du séjour sicilien de Dédale, ou le terme du cycle de ses aventures, mais surtout, et d'une manière brutale, l'aboutissement de sa vie. Tout se passe comme si le mythe avait déjà livré l'essentiel de son message et qu'il recherchait par cet arrêt brusque à signifier le désintérêt ou la non-importance de ce qui, probablement, allait encore suivre. Le texte n'établit pas directement un rapport de causalité entre le meurtre de Minos et la mort de Dédale, par la morsure venimeuse d'un serpent. Cependant, l'absence de causalité événementielle explicite n'interdit peut-être pas l'existence d'une autre logique, celle de l'inconscient. Cela signifie que la justice de l'inconscient a fait supporter cette fois par Dédale lui-même et non plus par procuration le poids du meurtre de Minos, celui de la chute d'Icare ou encore celui de l'innocent Perdix/Circinus/Talos.

Minos n'était-il pas, précisément, celui qui, tel un écran protecteur, un paratonnerre, empêchait que Dédale soit châtié pour l'homicide de son neveu, dont au moment de l'enterrement clandestin l'oncle prétendait curieusement qu'il était « en train d'enterrer un serpent » ? Nous assistons par conséquent à la cessation d'un des mécanismes les plus constants du récit, à savoir celui du double, du substitut, de la personne interposée, de la victime émissaire, de l'un pris pour l'autre et puni pour ses fautes. Ce n'est plus désormais Talos ou Icare ou Ariane ou Thésée qui seront chargés de subir dans leur âme et leur chair, à la place et pour le compte de Dédale, le châtiment qu'il mérite, mais que sans cesse il réussit à désamorcer, mais l'artisan lui-même, en personne, responsable de ses actions et puni pour elles. Tout est redevenu clair, limpide ! Auparavant menacé intérieurement par la mort, la dépression masquée, il projetait celle-ci au-dehors, la faisait porter par les autres pour s'en décharger lorsqu'il ne la retournait pas en son contraire sous forme de vitalité débordante et de génie. La mort de l'autre remplissait jusque-là pour lui une fonction salvatrice, revitalisante, empêchant la sienne propre d'advenir.

Il a toujours existé dans l'Histoire, et cela perdure de façon identique encore de nos jours, l'impérieuse nécessité de désigner une personne ou un groupe pour concrétiser, par obligation ou complaisance pour nous, le rôle du fou, du bouc émissaire, payant par son sacrifice nos dettes, nos fautes, notre ombre, nos manques et tout ce que nous refusons par lâcheté d'assumer en notre nom propre ! Le psychisme du fils, son identité, son destin, ce qu'il deviendra ou fera plus tard dépendent, par-delà l'éducation consciente qu'il reçoit (« ne monte pas trop haut – ne descends pas trop bas »), du message qu'il intercepte de l'inconscient paternel, auquel il est branché. Ainsi, Icare meurt par amour pour son père, afin de sauver celui-ci de la mort. Il sombre dans la folie pour guérir son père porteur de la dépression masquée, inversée dans son contraire, et déchargée sur les autres d'une façon perverse. Icare, pris pour l'autre, prend sur lui, aspire la dépression et la culpabilité du père. Il les porte sur ses épaules et se fait châtier en perdant « ses plumes » pour les maux et les fautes qui ne sont pas les siens. Il avale, éponge en quelque sorte, la négativité de Dédale que celui-ci déniait, pour l'en délivrer. Il règle ainsi un contentieux pour le compte et à la place de son père. « Les pères ont mangé des raisins verts et leurs enfants ont eu les dents agacées », disait Ézéchiel. Cela paraît certes scandaleux, injuste et révoltant au regard de notre raison consciente. Pourquoi le fils serait-il chargé de subir dans sa chair et son âme une punition si sévère, alors qu'il n'a rien commis de mal et jouit même d'une innocence totale ? Pourquoi cette substitution de place, cette inversion entre le bourreau et la victime ? Pourquoi Icare cherche-t-il à protéger Dédale en s'érigeant au rang du père de son père, intervertissant les générations ?

L'inconscient n'est pas régi et ne fonctionne pas selon les mêmes lois et mécanismes que le conscient. Il n'opère pas ce genre de distinctions qui relèvent de la raison et de la conscience. Pour lui, le fils n'est d'abord que la continuation, le double, le prolongement de son père, son appendice. Il pourra certes devenir lui-même, en se différenciant, pour réussir à construire son identité et occuper sa place, mais cela demande du temps et un certain travail sur soi. Il faudrait distinguer en réalité deux formes de culpabilité. La première nous est familière. Elle apparaît lorsque le sujet craint d'avoir dépassé une limite extérieure, en transgressant un interdit, une règle, un code de conduite. Cette infraction a pu se réaliser de façon délibérée ou par inadvertance, en actes ou en pensées. De même, elle a pu léser ou pas, peu importe, autrui, lui causant un préjudice moral ou matériel.

Cette culpabilité liée à la violation d'une limite extérieure se manifeste et s'éprouve au niveau du conscient sous forme d'émotion, d'une sensation parfois assez vague et confuse, mais renvoyant pêle-mêle à la faute, la honte, le dégoût de soi, les regrets et remords ainsi qu'à l'appréhension des représailles et, enfin, à la résolution de ne plus jamais réitérer. Échappant à la conscience, la seconde forme de culpabilité n'est pas ressentie clairement à travers des sentiments de faute. Contrairement à la précédente, elle n'est pas consécutive au dépassement ou à la violation d'une barrière extérieure, d'un tabou. Elle est déclenchée lorsque le sujet se trouve personnellement victime d'une maltraitance ou témoin d'une épreuve frappant ses proches. Cette culpabilité s'avère bien plus toxique et perturbante que la première qui, en raison de son caractère conscient, est susceptible d'être prise en charge, dédramatisée par le Moi voire pardonnée après repentance ou le paiement d'une amende[1].

La tragédie icarienne correspond parfaitement à ce second modèle, la culpabilité de la victime innocente. Icare s'est en effet trouvé privé de père durant son enfance, de sa présence psychologique sécurisante, de son amour et de sa protection. Rappelez-vous que le nom du fils n'apparaît pour la première fois dans cette légende que lors de l'emprisonnement du père dans le Labyrinthe, sans nulle explication, comme si auparavant il n'existait pas ou qu'il ne comptait point. Or un enfant

---

1. Moussa NABATI, *La Dépression, une épreuve pour grandir ?*, *op. cit.*

délaissé, victime d'inattention et de désamour, est convaincu que ce qu'il subit est purement de sa faute, c'est-à-dire que s'il n'est pas aimé, c'est parce qu'il n'est pas aimable, indigne donc de toute affection. « Si je suis rejeté, c'est que je le mérite bien, je suis mauvais, je ne vaux rien ! » De plus, le fait de se trouver à l'adolescence, sans motif déclaré, ni de raison évidente, enfermé dans le Labyrinthe, ne peut qu'amplifier et confirmer cette culpabilité, comme s'il s'agissait d'une punition. Ensuite, le choc d'assister passivement, sans pouvoir réagir, à la séquestration de Dédale, embrase aussi le fantasme, certes imaginaire, selon lequel la maltraitance subie par mon père est de ma faute, due à ma « mauvaiseté », d'autant plus que j'ai été incapable de le sauver. Encore une fois, l'inquiétude des enfants relative à leurs parents s'avère bien plus intense, comparée à celle éprouvée par les ascendants à l'égard de leurs descendants. Une dernière couche de culpabilité concerne enfin ce que l'enfant hérite de ses ancêtres et parents, étant donné la non-étanchéité de son âme et les risques d'une trans-mission contaminante. Icare a dû ainsi capter les fautes que son père se trouvait dans le refus d'assumer, en son propre nom et à son compte. Il se trouvait d'autant plus exposé à la nocivité paternelle qu'il était privé de la présence attentive et attendrissante d'une mère capable de barrer ou de diminuer, un tant soit peu, la contagion.

Dédale ne s'était-il pas acharné durant son séjour crétois à déstabiliser d'une façon gratuite et perverse, c'est-à-dire affranchie de toute culpabilité, les bases de l'autorité de Minos, pourtant son protecteur, au lieu de le servir en fils loyal pour pouvoir s'occuper à son tour de son fils en tant que père ? Il est impossible en effet de s'ériger en père, si l'on n'a pas, d'abord, été fils ! L'innocent Icare devient ainsi porteur d'une lourde culpabilité, celle d'avoir été maltraité personnellement, celle d'avoir assisté en témoin impuissant à la souffrance, sans avoir rien commis de mal ! Comment serait-il possible de soutenir, ne serait-ce que la possibilité d'une telle idée, si choquante pour notre sens de justice et d'équité, si éloignée de nos valeurs conscientes ? Comment démontrer l'existence de la culpabilité de la victime innocente, si de surcroît, elle est qualifiée d'inconsciente, c'est-à-dire échappant par définition à toute mise en forme émotionnelle et verbale franche ? Ce qui révèle son existence tout en faisant deviner son importance est relatif à ses effets, à ses manifestations indirectes, celles-ci parfaitement repérables en revanche. Le moi du sujet qui a été témoin passif de la souffrance de ses parents ou personnellement victime de maltraitances se voit contraint, pour se protéger contre le rouleau compresseur de la culpabilité, de développer deux séries de mécanismes de défense, l'expiation et la quête d'innocence. Le sujet se croyant mauvais, nuisible et par conséquent fautif de tout ce qui se produit de négatif autour de lui cherche sans cesse à se punir, à se faire du mal, à se maltraiter en s'infligeant des châtiments de façon masochiste pour se faire justice et expier ses fautes imaginaires. Cela varie de l'obligation de s'interdire le bonheur en se privant des petits plaisirs de la vie, jusqu'à l'obsession de mettre fin à ses jours, en passant par le besoin inconscient de se placer répétitivement dans des situations d'échecs, de maladies, de rejets, ainsi que de toutes sortes d'ennuis et de harcèlement. Il représente la victime idéale attirant le mécontentement et l'agressivité générale. D'une façon parallèle, le Moi s'exposant à toutes ces souffrances dans le but de trouver l'absolution cherche aussi, à travers la quête de la perfection et de l'innocence, à se racheter. Il s'évertue alors à se montrer gentil, bon, serviable, thérapeute des autres, irréprochable, dans l'oubli et le sacrifice de soi, de ses propres désirs et besoins taxés péjorativement de futiles et d'égoïstes. Loin d'apaiser la culpabilité, ces deux mécanismes de défense ne font en fait que l'entretenir et l'intensifier, puisqu'il n'existe pas de pire péché que celui de se mortifier, se négliger, se manquer d'amour et de respect.

Nous retrouvons invariablement chez tous les déprimés ces deux processus en œuvre, à des degrés divers d'intensité. Ils cherchent comme Icare à se faire punir, en s'interdisant le droit de vivre en paix et heureux, en raison de la présence toxique d'une forte culpabilité, celle de la victime innocente. La culpabilité la plus corrosive se trouve toujours du côté de l'innocent, le pervers malfaiteur ne se sent nullement concerné par elle. La psychanalyse classique ne méconnaît, ni ne dénie cette idée. Son défaut consiste à ne pas lui accorder l'importance qu'elle mérite, dans le champ théorique, aussi bien que dans celui de la pratique clinique. L'orthodoxie psychanalytique ne se réfère en général qu'à la première forme de culpabilité, celle consécutive à un acte répréhensible, à la violation d'un tabou, au dépassement d'une limite externe. La culpabilité désigne ainsi, pour elle, l'aptitude de la conscience morale à se reconnaître dans une faute accomplie et à éprouver le besoin de la réparer. C'est le surmoi, reliquat et héritier du complexe d'Œdipe, par l'intériorisation de l'autorité, des exigences et des interdits parentaux, qui est considéré comme étant le quartier général de la culpabilité. Il remplit vis-à-vis du moi un rôle de juge, de censeur, de critique et de justicier redresseur.

Dans la mesure où elle évoque l'exorcisme, la magie noire ou la sorcellerie, l'idée de pomper le mal d'autrui, de le prendre sur soi pour le guérir, constitue une notion choquante pour notre rationalité et notre éthique. Elle est pourtant clairement accréditée dans ces deux modèles de vision de la vie et de l'homme que représentent la Bible et la pensée grecque. Certains passages de l'Ancien Testament renvoient à cette question d'hérédité psychologique où l'un pris pour l'autre se doit en tant que suppléant ou substitut de régler un contentieux, d'acquitter une dette qu'il n'a pas contractée personnellement, d'expier des fautes qu'il n'a point commises, mais dont, étrangement, il a souffert. C'est le cas notamment lorsque l'Éternel s'écrie : « L'Éternel, l'Éternel, Dieu miséricordieux et compatissant, lent à la colère, riche en bonté et en fidélité, qui conserve son amour jusqu'à mille générations, qui pardonne l'iniquité, la rébellion et le péché, mais qui ne tient point le coupable pour l'innocent et qui punit l'iniquité des pères sur leurs enfants et sur les enfants de leurs enfants jusqu'à la troisième et la quatrième génération » (Exode, XXXIV, 7). Ou encore : « Ceux d'entre vous qui survivront seront frappés de langueurs pour leurs iniquités, dans le pays de leurs ennemis, ils seront frappés de langueurs pour les iniquités de leurs pères (Lévitique, XXVI, 39). Enfin : « L'Éternel ton Dieu te frappera miraculeusement, toi et ta postérité, par des plaies grandes et de longue durée, par des maladies graves et opiniâtres » (Deutéronome, XXVIII, 59).

Il est évidemment question ici de la seconde forme de culpabilité ; celle refoulée, inconsciente, non assumée par le parent lui-même, que l'enfant comme prolongement gobe, résorbe, éponge, en tant que thérapeute de ses géniteurs. En revanche, lorsque l'Éternel préconise la justice aux humains, entre eux, dans l'horizontalité de leurs rapports, et non plus verticalement entre Lui-même et ses créatures, Il prend soin de préciser, en des termes on ne peut plus explicites, qu'« on ne fera point mourir les pères pour les enfants et on ne fera point mourir les enfants pour les pères, on fera mourir chacun pour son péché » (Deutéronome, XXIV, 16). Il s'agit ici de la première forme de culpabilité, celle consciente, éprouvée normalement par le sujet lorsqu'il brise un interdit, transgresse une loi, commet un délit, occasionne un préjudice matériel ou moral, en fait dès qu'il franchit une limite, une barrière externe. La légende christique déjà relatée curieusement dans l'Ancien Testament, avant même l'avènement de Jésus-Christ, dans le Nouveau Testament, renvoie également à ce mécanisme, où la mort de l'un restitue la vie aux autres, où « le malheur des uns fait le bonheur des autres », où le sang versé par l'un lave les péchés des autres. Nous découvrons dans Ésaïe : « Méprisé et abandonné des hommes, homme de douleur et habité par la souffrance, semblable à celui dont on détourne le visage, nous l'avons dédaigné, nous n'avons fait de lui aucun cas. Cependant, ce sont nos souffrances qu'il a portées. C'est de nos malheurs qu'il s'est chargé. Et nous l'avons considéré comme puni. Frappé de Dieu et humilié. Mais il était blessé pour nos péchés, brisé par nos iniquités. Le châtiment qui nous donne la paix est tombé sur lui, et c'est par ses meurtrissures que nous sommes guéris. Et l'Éternel a fait tomber sur lui l'iniquité de nous tous » (Ésaïe LIII). Le Nouveau Testament reprend d'ailleurs cette même idée, la confirme et la développe, à travers ses divers Évangiles, notamment celui de Paul dans l'Épître aux Romains où le sacrifice du fils sert à racheter l'humanité pécheresse.

Pourtant si éloignée par nombre d'aspects de l'Ancien et du Nouveau Testament, la pensée grecque met aussi l'accent sur le fonctionnement apotropaïque, c'est-à-dire qui détourne les maux d'une personne pour les orienter et les faire porter par une autre, qui doit les absorber tel un buvard, de façon magique, les sucer comme une sang-sue, produisant ainsi purification et réconciliation chez les autres. Les Athéniens de l'époque classique avaient mis au point une méthode de guérison par « décontamination », utilisant le sacrifice humain. Ils entreposaient et entretenaient tout au long de l'année de pauvres gens, esclaves et de basse extraction, dans leur cave. Lorsqu'une calamité se présentait (une épidémie, une sécheresse, une famine, une stérilité, une maladie, etc.), ils luttaient contre elle de la façon suivante : ils menaient en procession deux des esclaves (l'un pour les hommes, l'autre pour les femmes) à travers les rues de la ville. Ceux-ci étaient ainsi censés drainer les impuretés, endosser les maux accablant les Athéniens pour les en débarrasser. Ensuite, ils sacrifiaient ces victimes émissaires ou ils les chassaient hors des limites de la cité afin de purifier et de guérir la communauté tout entière. Et comme il vaut mieux toujours prévenir (en grec prophylaxie) que guérir (en grec thérapeutique), ces Athéniens avaient institué ce rituel sacrificiel apotropaïque (qui détourne les maux) à date annuelle fixe en l'incorporant dans leur calendrier festif.

Ainsi, une fois l'an, en plus des périodes de crises, le six du mois de mai, calamité ou pas, ils procédaient à cette cérémonie purificatrice. Celle-ci permettait de rétablir l'ordre et le cours normal et naturel de la vie, par le sacrifice non pas du coupable, inconnu, mais d'un coupable, quelconque, anonyme, interchangeable, chargé seulement d'aspirer le mal. Comment ces victimes émissaires se nommaient-elles ? Pharmacos, « homme remède », de la même famille que pharmacie. On les nommait aussi katharma, « homme purificateur », de la même famille que catharsis.

Ce genre de sacrifices humains par substitution de l'un à l'autre a été pratiqué longtemps et de façon tout à fait « normale », sans susciter la moindre indignation ou révolte, dans d'autres cultures et à diverses époques. Le roi scandinave Aun aurait ainsi sacrifié la plupart de ses fils, à intervalles réguliers, afin d'obtenir du dieu Odin de vivre plus longtemps. Il pratiquait sa cure de jouvence en transférant sur ses fils la maladie, le vieillissement et même la mort qui le menaçaient, en leur reprenant la vie et la jeunesse que, croyait-il, il leur avait prêtées en les concevant ! Dans le code Hammurabi, du nom du roi de Babylone, dix-huit siècles avant J.-C., lorsqu'une maison nouvellement construite s'écroulait et tuait le fils du propriétaire, on pouvait décider de mettre à mort le fils du maçon qui l'avait construite. Autrement dit, lorsqu'une obligation était due ou une faute avait été commise, peu importe par qui elle était remplie ou réparée, pourvue qu'elle soit couverte. L'essentiel n'était point de trouver le coupable, mais de désigner seulement un coupable quelconque. De nos jours, le fonctionnement et la réussite d'un tel mécanisme inconscient sont soumis à deux conditions. L'existence d'un sujet pervers, c'est-à-dire réfractaire à la culpabilité, refusant de porter lui-même sa souffrance, de reconnaître en son nom propre ses fautes, ses manques et ses dettes, cherchant donc à déplacer son mal au-dehors, pour les transférer et les faire supporter par un autre, désigné comme supplément ou substitut. Il est nécessaire ensuite que cet autre se prête, se conforme par complaisance mais surtout par masochisme inconscient à cette désignation, en acceptant d'endosser le rôle funeste du bouc émissaire, de l'enfant-thérapeute, du pharmacos, occupant ainsi la place de la victime expiatoire qu'on lui octroie. Évidemment, cela n'est possible qu'en raison de la présence d'une forte culpabilité de l'innocent chez la victime.

En revanche, si le père accepte de porter lui-même sa souffrance, ou si le fils refuse ou se révolte, cette opération devient nulle, inutile et capote. Ces sacrifices humains, propitiatoires, thérapeutiques et prophylactiques, pratiqués un peu partout, au cours d'une longue période de notre histoire, ont été remplacés peu à peu par le sacrifice animal. C'est celui-ci qui a été appelé à occuper la place du substitut et du pharmacos, chargé de recevoir le mal dont les humains cherchaient à se débarrasser en le transférant sur autrui. Le sacrifice non advenu d'Isaac, parce que consenti d'avance, signe précisément le passage du sacrifice humain à celui symbolisé par l'animal, le bouc remplaçant le bouc émissaire humain ! Dans le judaïsme, Y.H.W.H. avait prescrit au grand prêtre Aaron de transférer tous les péchés de la communauté des fils d'Israël sur la tête d'un bouc, qui était expulsé ensuite dans le désert, plus exactement chez « Azazel ». L'animal emportait ainsi vers une terre inféconde toutes les fautes des fidèles. De nos jours, ces pratiques archaïques et barbares, avec sacrifice humain notamment, ont disparu.

On pourrait se demander cependant si elles ne subsistent pas quelque part dans les catacombes de notre inconscient collectif, dépositaire en chaque individu moderne de l'humanité antique, de la mentalité primitive. En raison de leur effacement du champ visible des rituels et des croyances, n'ont-elles pas été intériorisées, redoublant ainsi d'intensité ? Ne continuons-nous pas aujourd'hui, peut-être encore plus qu'hier, à nous sacrifier par expiation pour autrui ou à immoler perversement les autres sur l'autel de notre égoïsme ? Rien ne s'anéantit définitivement. Tout change de forme et d'apparence. La mentalité sauvage et la pensée magique archaïque demeurent plus que jamais vivantes en nous, nonobstant l'indéniable évolution de la logique et de la raison. Je ne cherche évidemment pas à prôner ici la nécessité du retour aux sacrifices humains, ni à celui substitutif de l'animal, pauvre bête innocente ! J'essaie plus simplement de souligner l'intérêt et la valeur structurante et régénératrice du sacrifice, symbolique et psychologique bien sûr, du manque, de la castration, pour reprendre le concept classique de la psychanalyse. En hébreu, « je » se dit *ani.* L'interversion des trois lettres de ce mot donne *ain* qui veut dire « rien », « le néant ». Cela signifie que toute identité est fondée sur le manque. C'est donc le manque du manque qui mettrait l'identité en péril, n'être plus rien ni personne, parce que se voulant tout, comme le constructeur du Labyrinthe ! Autrement dit, je ne peux tout être, devenir, avoir, gagner, garder, réussir et savoir, comblé, rassasié, parfait, plein. Il est très important, voire vital, que je puisse perdre aussi parfois, échouer, me tromper, ignorer, ne pas pouvoir, renoncer, tomber malade ou donner et me donner un peu aux autres, de mon temps, mon attention, amour et argent, avec générosité. Si j'oublie la Némésis ou si je la défie, sa colère vengeresse risquera de me perdre !

Connaissez-vous la Némésis ? La Grèce antique, défendant le principe de l'équilibre immuable de la condition humaine, postulait que les hommes pouvaient mécontenter les dieux de deux manières. En offensant la loi morale, ils risquaient d'attirer leur colère ou exciter leur jalousie s'ils atteignaient un excès de richesse et de bonheur. Dans un cas comme dans l'autre, le mortel imprudent sera en butte à la vengeance de Némésis. Il devra alors pour apaiser éventuellement la déesse et obtenir son pardon pour ses péchés d'excès, consentir à lui sacrifier une partie de son bonheur. On raconta que Polycrate, tyran de Samos, effrayé de la chance inouïe qui le suivait, tenta de prévenir la jalousie et la colère de Némésis en jetant dans la mer un précieux anneau auquel il tenait beaucoup. Mais quand le bijou lui fut rapporté par un pêcheur qui l'avait découvert dans le ventre d'un poisson, il comprit que la déesse n'avait pas voulu agréer son sacrifice et que le malheur allait bientôt s'abattre sur sa maisonnée. Le langage mythique cherche à transmettre certains messages par recours à des métaphores, un style et un vocabulaire symbolique, imagé. La psychanalyse utilise d'autres mots et un autre langage pour défendre en fin de compte les mêmes idées maîtresses. Le premier parle du sacrifice, la seconde de la castration !

Dédale se trouvant dans l'impossibilité d'accéder à sa dépression latente, pour la vivre en son nom propre et la dépasser, celle-ci a été refilée, avec encore davantage de nuisance, à Icare, enfant-thérapeute, dont l'existence ne comportait nulle autre légitimité, finalement, que celle de servir d'agneau sacrificiel pour guérir la pathologie de son père, le sauvant de la mort et de la folie !

3

Œdipe, fils de Laïos

Le complexe d'Œdipe constitue la clef de voûte de l'édifice psychanalytique orthodoxe, de la doctrine classique. Il signifie pour elle que l'enfant souhaite inconsciemment la disparition du rival qu'est à ses yeux le parent du même sexe pour pouvoir s'unir au parent du sexe opposé. Ce complexe a été conçu et élaboré par Sigmund Freud à partir de l'histoire riche, émouvante et tragique d'*Œdipe roi* de Sophocle. Cette légende, quoique célébrissime, nécessite tout de même qu'on s'y arrête et qu'on y réfléchisse, peut-être autrement.

Laïos était le fils de Labdacos, lui-même petit-fils de Cadmos, le frère d'Europe. Cette dernière avait été enlevée par Zeus, qui s'était présenté à elle pour la tromper, sous la forme d'un beau taureau. De cette union naquit, entre autres, Minos. Laïos et Minos proviennent, par conséquent, des mêmes souches. Ils entretiennent certains liens de parenté. Arrivé en Boétie, Cadmos décida d'y fonder la ville de Thèbes dont il devint le roi, sous la bienveillante protection d'Athéna. Zeus, de son côté, lui accorda une « vierge », Harmonie. Les deux époux coulèrent ensemble de longs jours heureux. On attribue à Cadmos, considéré en Grèce comme un législateur divin, la découverte de la fonte des métaux ainsi que l'invention de l'alphabet. Laïos perdit son père Labdacos, roi de Thèbes, alors qu'il n'avait qu'un an. La régence fut assurée alors par son grand-oncle Lycos. Cependant, à sa majorité, au lieu de monter comme prévu sur le trône, il fut chassé traîtreusement de Thèbes par son oncle et trouva alors asile auprès du roi Pélops, qui lui confia son jeune fils Chrysippos, pour qu'il lui apprenne l'art de la conduite des chars. Peu après, Laïos s'éprit de son jeune et bel élève, l'enleva au cours d'une course de chars et en fit son amant ; il le viola plus vraisemblablement. Accablé de honte, Chrysippos se pendit. Selon d'autres versions, il fut assassiné par ses demi-frères à la demande de leur mère. Le pauvre Pélops, trahi, le cœur brisé d'avoir perdu son jeune et cher fils dans des conditions si horribles, implora Apollon de frapper Laïos de malédiction. Pour se défendre, Laïos ne nia pas les faits qu'on lui reprochait, mais les justifia comme la conséquence d'un irrésistible désir pour le jeune homme.

Après la mort d'Amphion, Laïos retrouva le trône qui lui avait été injustement dérobé et devint roi de Thèbes. Il épousa Jocaste, jeune vierge de 13 ans. Un oracle venu de Delphes l'avertit que, s'il avait un héritier mâle, celui-ci le tuerait pour épouser sa femme et prendre possession de son royaume, en punition de ses fautes. Épouvanté par cette prédiction, Laïos se garda de toute relation sexuelle avec son épouse. Un soir, Jocaste, lassée d'être négligée, enivra son mari qui, sous l'emprise de la boisson, s'accoupla à elle et conçut Œdipe. Laïos, dans l'intention de conjurer la malédiction de l'oracle, décida de se débarrasser du nourrisson. Âgé d'à peine 3 jours, celui-ci fut arraché sans pitié à sa famille biologique et porté, par un serviteur, sur le mont Cithéron pour y être exposé. C'est de cette façon que l'on procédait dans l'Antiquité, sans que cela fût soupçonné de meurtre, normalement et en dehors de toute culpabilité, pour se débarrasser des enfants malformés, non désirés ou considérés en surnombre. Avant de l'exposer, le serviteur de Laïos attacha solidement les pieds de l'enfant, encore sans nom, lui perça les chevilles par une pointe de fer et le suspendit à un arbre, pour hâter sa mort. Un berger, en pâture à cet endroit, découvrit l'enfant et le délivra, par pitié pour lui. Il l'emmena aussitôt à Corinthe au palais du roi Polybos. Celui-ci ainsi que sa femme Méropé, en mal d'enfant car inféconds tous les deux, acceptèrent de l'adopter. Ils décidèrent de le nommer Œdipe, en référence à ses chevilles percées et à ses pieds enflés. Ils l'aimèrent et l'élevèrent comme leur propre fils, sans jamais lui révéler le secret de ses origines.

Devenu adulte, Œdipe a par l'oracle Phoebos à Pythô la révélation de sa destinée, qu'il tuera son père et épousera sa mère. Il s'imagine pouvoir échapper à cette lugubre fatalité en s'exilant à jamais de Corinthe et en quittant définitivement ceux qu'il considère comme ses véritables parents, Polybos et Méropé, qu'il aime. Cette fuite constitue curieusement le point de départ de tous ses malheurs. Arrivé en Boétie, il se disputa, sur un chemin étroit, avec un inconnu, un vieillard qu'il prit pour le chef d'une bande de voleurs et qui, s'étant mis en travers de son chemin, l'empêchait de passer. De surcroît, il lui avait commandé, d'une manière impérative, de s'écarter de la route pour lui laisser le passage. Œdipe, paraît-il un peu impulsif de tempérament, tua l'insolent vieillard de son bâton, ainsi que tous ses accompagnateurs, sauf un qui réussit à s'échapper au cours d'un violent et sanglant accrochage. La victime n'était autre que Laïos, son père. Œdipe accomplit ainsi, sans le savoir, la première prédiction de l'oracle ; prédiction que le père comme le fils s'étaient acharnés, mais en vain, à déjouer. Poursuivant sa route, il parvint à Thèbes. Il y apprit alors que la région était dévastée par un monstre sanguinaire fabuleux, au corps de lion, aux larges épaules d'aigle, à la queue de dragon, mais au visage et au buste de femme, le Sphinx. Bloquant l'accès de Thèbes, celui-ci proposait aux passants des énigmes et dévorait, après les avoir mis en pièces, ceux qui ne pouvaient les résoudre.

Créon, le frère de Jocaste qui depuis la disparition de Laïos assurait la régence, promit d'offrir sa sœur et la couronne à celui qui réussirait à délivrer Thèbes de ce fléau. Œdipe décida de tenter l'aventure et sortit vainqueur de l'épreuve. Le Sphinx lui avait demandé : « Quel est l'animal qui a quatre pattes le matin, deux à midi et trois le soir ? » Œdipe répondit sans hésiter : « L'homme, qui se traîne à quatre pattes dans son enfance, se tient sur deux pieds à l'âge adulte et s'appuie sur une canne dans sa vieillesse. » Vaincu, le Sphinx se jeta aussitôt pour se tuer dans les flots. Œdipe devint ainsi, malgré lui, un héros adulé, le sauveur de Thèbes, acclamé par les foules. Créon honora sa promesse en donnant la main de Jocaste au vainqueur. Œdipe devint ainsi, sans le savoir, le mari de sa mère, réalisant le second volet de la prédiction de l'oracle. Les deux époux, ignorant évidemment les vrais liens de parenté qui les unissaient, menèrent une vie heureuse et paisible durant de longues années. De cette union naquirent deux garçons, Étéocle et Polynice, ainsi que deux filles, Antigone et Ismène. Œdipe fut honoré par son peuple, considéré comme un souverain bon et dévoué au bien de ses administrés.

Une terrible épidémie de peste s'abattit sur le pays, décimant la population. Une sécheresse sans précédent provoqua aussi une horrible famine. Consulté, l'oracle de Delphes déclara que ces maux ne cesseraient que lorsque le meurtrier de Laïos serait découvert, châtié et chassé de Thèbes. Œdipe, ignorant totalement que c'était de lui qu'il s'agissait, proféra d'énormes malédictions contre l'assassin de Laïos et entreprit de le rechercher. Il interrogea Tirésias, le devin aveugle, l'oracle officiel de la cour, qui refusa d'abord de parler, mais il se trouva finalement contraint, sous l'instance et les menaces, de répondre. Il révéla alors qu'Œdipe était le meurtrier de Laïos, l'assassin recherché, mais aussi « le père et le frère à la fois des fils qui l'entouraient, époux et fils ensemble de la femme dont il était né, rival incestueux aussi bien qu'assassin de son propre père » !

Œdipe ne voulut évidemment pas croire à ce discours qu'il interpréta comme la manifestation d'un complot ourdi contre lui par Tirésias et Créon, pour le chasser du pouvoir. Cependant, ébranlé, voire épouvanté par l'exposé de l'aveugle devin, il questionna celle qu'il croyait sa femme, Jocaste, puisque la reine Mérope, qu'il prenait pour sa vraie mère, ne lui avait jamais révélé la vérité de ses origines. Jocaste chercha à rassurer son époux, ignorant évidemment elle-même la nature des liens qui les unissaient. Finalement, le témoignage d'un Corinthien venant annoncer la mort, paisible et dans son lit, du roi Polybos sema, après une brève accalmie, encore plus de trouble et d'inquiétude dans les esprits. Le voyageur révéla qu'Œdipe n'était point le fils de Polybos, mais bel et bien ce bébé, aux chevilles percées et aux pieds enflés, qu'il avait lui-même sauvé, il y a bien longtemps, de la mort sur le mont Cithéron, et qu'il avait fait adopter par Polybos et Méropé, à Corinthe ! Jocaste réalisa enfin ce qui lui arrivait. Elle devina qui était véritablement son mari, Œdipe, son fils. Elle se pendit de honte et de désespoir dans sa chambre. Tout de suite après, Œdipe, découvrant cet horrible spectacle, se creva les yeux avec les deux agrafes d'or qui servaient à draper les vêtements de Jocaste. Il renonça à la royauté, puis s'exila – il fut plus exactement chassé – de Thèbes. Errant, accompagné d'Antigone sa fille qui lui servait de guide, il se réfugia à Colone, dans un bois, près d'Athènes, où, purifié de ses crimes, il disparut mystérieusement de la surface de la Terre.

Ses fils, victimes de la malédiction de leur père, se tuèrent l'un l'autre, lors d'un duel sanglant, en raison d'une très forte rivalité, Étéocle refusant de partager le pouvoir avec son frère Polynice. Quant à ses filles, Antigone fut condamnée à être enterrée vive, supplice que partagea sa sœur Ismène.

Le complexe d'Œdipe

La notion du complexe d'Œdipe a été conçue et élaborée par Freud à partir de la pièce de théâtre de Sophocle, *Œdipe roi,* et par référence à certains éléments de son histoire. Il écrit à Fliess en 1897 : « J'ai trouvé en moi comme partout ailleurs des sentiments d'amour

envers ma mère et de jalousie envers mon père, sentiments qui sont, je pense, communs à tous les jeunes
enfants... Le pouvoir d'emprise d'Œdipe roi devient intel-
ligible... Le mythe grec met en valeur une compulsion,
que chacun reconnaît pour l'avoir perçue en lui-même,
des traces de son existence. Tout être humain se voit
imposer la tâche de maîtriser le complexe d'Œdipe[1]. »
Celui-ci revêt assez rapidement une importance extraordinaire pour s'ériger en clef de voûte de la psychanalyse,
son mythe fondateur en quelque sorte. L'histoire de l'un
et celle de l'autre deviennent coextensives, inséparables,
interdépendantes, voire synonymes.

D'une prévalence incontestée, le complexe d'Œdipe a
été qualifié de « complexe nucléaire de la névrose ». Il est
censé jouer un rôle primordial, pratiquement exclusif,
dans la structuration de la personnalité et de l'orientation
du désir humain. C'est là où la sexualité adulte germe, se
dessine et se décide. C'est lui qui oriente le choix amoureux du sujet, « hétérosexuel, homosexuel, ou bisexuel »,
vers tel ou tel partenaire, en fonction des attirances, des
répugnances et des fixations infantiles anciennes vis-
à-vis du père et de la mère. Il devient ainsi l'axe de
référence majeur de toute la psychopathologie, névroses
et psychoses. Cela signifie que tout dysfonctionnement,
tout trouble psychique névrotique, angoisse, culpabilité,
ambivalence, etc., correspond, découle des aléas de ce
complexe, de la façon particulière, heureuse ou malheureuse, dont il a été abordé, vécu et résolu dans l'histoire
du sujet.

---

1. Sigmund FREUD, *Trois essais sur la théorie sexuelle*, Éditions
Gallimard, 1962.

De même, les psychanalystes « classiques », les kleiniens par exemple, avec leurs « stades précoces du complexe d'Œdipe », débutant dès la phase orale, mais notamment les lacaniens, définissant la psychose comme le symptôme majeur de la non-accession du sujet à cette problématique, faute de triangulation, en raison de la carence de la fonction paternelle symbolique différenciante, de la forclusion du nom du père. C'est en lui également que se trouvent concentrés, cette fois sur le plan culturel et collectif, « les commencements de la religion, de la moralité, de la société et de l'art[1] ». Enfin, comme pour prouver son importance et son incontournabilité, sa présence au sein des cultures les plus diverses, et non seulement dans la famille conjugale bourgeoise occidentale, son universalité a été, dès l'origine, énergiquement déclarée. Il est intéressant de signaler que Freud, souhaitant démontrer l'universalité de ce complexe, en lui donnant une base phylogénétique héréditaire, a imaginé le mythe de la « horde primitive ». Il devait exister à l'origine de l'humanité une horde comme une grande famille gouvernée par un père tout-puissant, mâle autoritaire, fort et brutal, qui possédait seul toutes les femmes. Un jour, les fils, malheureux, jaloux de ne pouvoir jouir d'elles et minés par la frustration, s'associèrent, se rebellèrent contre lui et l'assassinèrent. Ils le mangèrent lors d'un repas totémique. Après le festin, envahis par le remords et la culpabilité, ils décidèrent, afin d'apaiser leurs sentiments pénibles et de se prémunir contre les représailles éventuelles, d'ériger un totem à l'image du père et en son honneur. De surcroît, pour qu'un tel

---

1. Sigmund FREUD, *Totem et tabou*, Éditions Payot.

événement ne se reproduise plus et se mettre définitivement à l'abri de la colère et de la vengeance du père
incorporé, les fils établirent certaines règles, notamment
les deux tabous de l'inceste et du meurtre du père, tabous
constituant, d'après Freud, les fondements de la culture,
de toutes les organisations sociales ainsi que de la morale
et des religions. Cette histoire racontée dans *Totem et
tabou* et reprise dans *Moïse et le monothéisme*[1] est
dénuée de tout fondement anthropologique. Elle n'est
plus en tant que telle défendue par personne aujourd'hui.

Le complexe d'Œdipe, qu'est-ce que c'est ? D'après la
psychanalyse orthodoxe, il se manifeste entre 3 et 5 ans,
lors de la phase dite phallique. Le petit garçon entre
dans une relation d'ambivalence à l'égard de son père.
Le besoin d'amour pour celui-ci coexiste alors avec les
sentiments de haine, de jalousie et de rivalité. Il aime
son père, mais il souhaite le voir disparaître pour pouvoir
conquérir sa mère. Le petit garçon aspire à « écarter »,
à « éliminer » son père, en vue de le « remplacer » auprès
d'elle. Progressivement, sous l'effet de l'interdit paternel,
et notamment sous la menace de la castration, le fils se
voit contraint de renoncer à son désir incestueux à
l'égard de sa mère. Ce sacrifice, motivé par l'angoisse de
castration, le fait sortir du complexe d'Œdipe et l'introduit dans la phase de latence, avec certains progrès
psychologiques en récompense. Il s'identifie en premier
lieu à son père, oriente sa libido dans la voie de la
sublimation exogamique, dans l'espérance de trouver
ailleurs et plus tard une autre femme « susceptible
d'investir son pénis ». Le complexe d'Œdipe est ainsi

---

1. Sigmund FREUD, *Moïse et le monothéisme*, Éditions Gallimard.

considéré comme résolu de façon positive. L'intériorisation de l'interdiction paternelle de s'unir à la mère, la prohibition de l'inceste, met en place définitivement chez lui le surmoi, l'instance morale. Celle-ci va désormais jouer, tout au long de sa vie, un rôle de gendarme, de représentant de la loi, source de nombreux sentiments : honte, culpabilité, angoisse, remords, crainte de représailles, etc.

Des formes dites « négatives » peuvent survenir. Elles se caractérisent par des sentiments d'amour et de désir sexuel pour le parent du même sexe, ainsi que de la haine rivale et jalouse à l'égard du parent de sexe opposé. Le petit garçon se place alors dans une position de soumission passive et de séduction homosexuelle vis-à-vis de son père, en renonçant à la possession sexuelle de sa mère. La psychanalyse orthodoxe a instauré le primat du pénis dans l'évolution de la sexualité et de la personnalité, pareillement pour les deux sexes. Elle reconnaît clairement un masculin mais pas de féminin. L'alternance est « l'organe sexuel mâle ou châtré, avoir ou non le pénis ». La différence des sexes, différence uniquement anatomique, est donc attribuée à la présence ou non du pénis, à sa carence, par conséquent, chez la fille. « La libido est toujours d'essence mâle », disait Freud.

Contrairement au petit garçon qui réussit à résoudre, à « liquider » son complexe d'Œdipe et à en sortir de manière positive sous la menace de la castration, signifiée par son père, la petite fille ébauche ce complexe par la constatation du manque de pénis chez sa mère et elle-même. Elle ressent cette absence comme un préjudice subi, qu'elle cherche à nier, à compenser et à réparer. Elle en veut surtout à sa mère comme si c'était elle qui s'était accaparée le pénis du père et qui l'en avait donc égoïstement et déloyalement privé. Cette insuffisance occasionne chez la petite fille une blessure narcissique qui devient la source de tous ses sentiments d'infériorité, mettant en péril l'image qu'elle a d'elle-même. La petite fille finit par rejeter sa mère comme être châtré, tout en développant le désir d'avoir un pénis comme son père. Cependant, dans le but de séduire celui-ci, elle cherche à s'identifier à sa mère, bien qu'elle la considère comme rivale et qu'elle l'accuse de l'avoir fait naître sans pénis.

Comme on le remarque, l'envie et la quête du pénis constitue pour la petite fille sa construction identitaire, mobilisant la quasi-totalité de son énergie psychique. Le renoncement ne se réalise chez elle qu'après l'obtention d'un dédommagement. Selon Freud, elle va « glisser le long d'une équivalence symbolique du pénis à l'enfant, son complexe d'Œdipe culmine dans le désir longtemps soutenu de recevoir du père un enfant en cadeau, d'enfanter pour lui. On a l'impression que le complexe d'Œdipe est ensuite lentement abandonné parce que ce désir ne s'accomplit jamais. Les deux désirs, posséder un pénis et un enfant, subsistent, fortement investis dans l'inconscient, et contribuent à préparer l'être féminin à son futur rôle sexuel » (*Le Déclin du complexe d'Œdipe*, 1924). La seule grande différence entre les deux sexes se situe donc essentiellement quant aux modes d'entrée et de sortie du complexe, puisque le petit garçon y met fin sous la menace de la castration émanant de son père, alors que la petite fille s'y introduit, au contraire, par le biais de la constatation de cette même castration, le manque de pénis chez elle et sa mère.

L'envie du vagin

Je me demande si la théorie de « l'envie du pénis » chez la fille, ainsi que la blessure narcissique et l'infériorité qui lui sont imputées, n'ont pas pour véritable motivation inconsciente ou inavouée la jalousie des hommes, leur propre tristesse de ne pouvoir, comme les femmes, concevoir et porter la vie dans leur ventre, étant privés des attributs féminins, tels que l'utérus et les seins. Il m'est arrivé de m'occuper de certaines patientes prétendant se trouver mal et malheureuses dans leur peau de femme. Se qualifiant parfois elles-mêmes de « garçons manqués », refusant la sexualité et la maternité, et dissimulant honteusement les manifestations de leur féminité, elles exprimaient parfois leur souhait franc d'appartenir à l'autre sexe. L'examen de leurs motivations latentes dévoilait en fait sans ambiguïté qu'il ne s'agissait nullement de leur propre désir, qu'elles n'étaient pas intérieurement libres, qu'elles étaient plus parlées, donc qu'elles ne parlaient pas. Cela signifie qu'elles cherchaient à se mettre en conformité par rapport à l'idéal inconscient de leur parent, celui d'un père ou d'une mère qui aurait préféré un petit garçon ! Une femme équilibrée (la normalité ne constitue pas un critère valable, puisque renvoyant aux normes sociales, relatives et changeantes dans le temps et l'espace), à savoir celle qui a été acceptée dès sa naissance et au cours de son enfance en tant que petite fille, dans sa différence, n'envie par conséquent rien aux hommes. Elle ne gaspille pas son temps à se comparer à eux, ne s'épuise pas à leur ressembler grâce à la possession d'un pénis. Elle habite tout naturellement son corps et son cœur de femme, s'accepte et s'aime telle qu'elle est, différente, sans se sentir nullement handicapée.

L'interprétation réductrice de la légende de Laïos et d'Œdipe souffre d'autres insuffisances. Il faudrait se demander si, en simplifiant à l'excès la tragédie et en la réduisant aux deux seules séquences du meurtre du père et de l'inceste, on n'a pas déformé sa portée et sa signification. N'existe-t-il pas un grand décalage entre le mythe et la réalité clinique, à savoir le récit des difficultés et des souffrances que nos patients, hommes ou femmes, vivent et expriment sur le divan ? Enfin, en déconnectant les aventures du fils de son héritage transgénérationnel, c'est-à-dire de l'histoire de son père fautif, comme s'il s'agissait de deux romans distincts, ne craint-on pas de commettre une grave erreur méthodologique ?

Le travail analytique doit consister, au contraire, grâce à un pèlerinage dans son passé « oublié », à retrouver celui-ci, à en prendre conscience et à se réconcilier avec lui. Ainsi, il cesse non seulement d'emprisonner le moi, mais il permet au patient de s'impliquer pleinement dans son présent. À titre d'exemple, le sujet n'est pas déprimé parce qu'il a perdu quelque chose ou quelqu'un dans la réalité extérieure. Il est malheureux dans la mesure où la rupture, la privation subie lui révèle, en la faisant remonter à la surface, une dépression ancienne, une D.I.P. (dépression infantile précoce) restée jusque-là enfouie. Le manque présent, en tant que facteur déclencheur, ne fait donc que réveiller le petit garçon ou la petite fille intérieure qui se sert des yeux de l'adulte pour verser ses larmes.

L'inceste symbolique

Albert Cohen écrivait dans *Le Livre de ma mère* : « L'homme veut son enfance, veut la ravoir, et s'il aime davantage sa mère, à mesure qu'il avance en âge, c'est parce que sa mère, c'est son enfance. J'ai été un enfant, je ne le suis plus, et je n'en reviens pas[1]. » Tout être humain est animé, porté depuis sa naissance, par l'exigence interne de grandir, de devenir soi en coupant le cordon, en se séparant de la mère, notamment de son désir et de son idéal. Cette aspiration à la différenciation, autrement dit à la renaissance psychologique, se vit dans un contexte d'ambivalence. Elle s'accompagne certes de joie, mais également de culpabilité d'avoir quitté la mère, de l'avoir abandonnée plus exactement, en la laissant seule et incomplète. Cette séparation d'avec la matrice produit aussi chez le sujet une certaine tristesse, une nostalgie, nous dirions déprime et spleen aujourd'hui, d'où l'attente, l'espérance passionnée de réussir un jour à y retourner.

La totalité des mythes relatifs aux paradis, celui originaire, perdu, de nos premiers parents Ève et Adam, ainsi que celui espéré, à retrouver après la mort ou à la fin des temps, signifie et représente symboliquement l'Éden matriciel, la mère, que l'on soit athée ou croyant.

---

1. Albert COHEN, *Le Livre de ma mère*, Éditions Gallimard, 1974.

Certaines cultures ont conservé la coutume d'inhumer leurs morts recroquevillés, en position fœtale. La boucle est ainsi bouclée. Le petit garçon ou la petite fille qui demeure toujours vivant en chacun retrouve de la sorte la matrice chaude et enveloppante qu'il avait délaissée, mais dans l'espérance d'y retourner, pour se sentir à nouveau entier, et combler également la mère, la rendre complète.

Il s'agit de deux tendances contraires, de deux exigences internes paraissant antinomiques. L'une pousse à quitter le nid et à voler de ses propres ailes et l'autre, que je nomme l'inceste symbolique, incite à retourner aux entrailles. Comment comprendre et concilier ces deux forces ? Ce désir de retrouver la matrice ne représente pas un retour en arrière, une régression, un repli, un recul, mais, paradoxalement, une nécessité, celle de se réapprovisionner en libido, en nourritures intérieures, en énergie psychique, grâce à cette plongée endogamique. Ainsi, nul ne souhaite se débrancher, se couper, se mutiler, en se privant de la source de vie et de vitalité qu'elle représente symboliquement. J'ai souvent eu l'occasion de remarquer, relativement à l'inceste symbolique, dénué de tout caractère sexuel, qu'en général l'enfant, garçon ou fille, conserve jusqu'à la fin de son adolescence une image plutôt idéalisée, infantile, de la mère, au détriment de celle du père, paraissant un peu subsidiaire. Progressivement, notamment lorsqu'il devient lui-même parent, ses sentiments se modifient sensiblement. Ils s'inversent même parfois. Désormais, tout n'est plus systématiquement de la faute du père. Ce n'est plus toujours lui qui se montre désagréable et fait souffrir la pauvre mère, victime innocente.

En plus et en dehors de tout motif réel et justifié, cette évolution du regard au profit du père s'explique probablement par deux autres phénomènes. Elle atteste d'une prise de distance de l'enfant d'avec la mère, c'est-à-dire d'un attiédissement de la fascination incestueuse pour la matrice, d'une diminution du poids écrasant de la toute-puissance maternelle. Elle reflète par voie de conséquence un certain rapprochement avec le père, une plus grande proximité, un accroissement de la tendresse pour lui, grâce à la prise de conscience de ses aspects positifs, de ses mérites et de ses qualités, longtemps méconnus, sans doute éclipsés par l'aura maternelle. Devenu adulte, l'enfant réalise aussi que son père ne correspond en rien à l'image du dieu inabordable, méchant et invincible, qu'il fantasmait. Il découvre son imperfection, sa vulnérabilité, ce qui suscite l'envie de le comprendre et de le protéger. L'idéalisation tardive de l'image paternelle peut atteindre curieusement le summum, entourée des regrets et de la culpabilité de ne l'avoir pas assez connu et aimé de son vivant, avant son décès.

Qu'il s'agisse de mythologie ou de l'histoire des religions, l'inceste, défi ni comme relations sexuelles entre les parents et leurs enfants, ne semble pas aussi fréquent qu'on voudrait le prétendre. Dans l'Égypte antique, ainsi que dans la mythologie gréco-romaine, la quasi-totalité des unions incestueuses concernent les frères et sœurs dans le but essentiellement de perpétuer une prétendue noblesse à caractère racial ou divin. Il s'agissait aussi, souvent, de préserver des prérogatives et suprématies familiales. Chez certains pharaons ou rois, l'union endogamique des semblables était rarement due à une inclination amoureuse, mais plus souvent à des croyances mythiques recommandant les mariages consanguins pour accentuer la ressemblance des souverains avec la divinité. Dans ce contexte, les témoignages relatifs à l'inceste mère-fils sont peu fréquents. En revanche, on retrouve quelques récits de passage à l'acte incestueux entre les filles et leur père, curieusement à l'initiative des premières, contrairement à ce qui se passait naguère, et encore de nos jours, dans la réalité, en raison de la perversité de certains pères. On rapporte, par exemple, que Théias, roi d'Assyrie, était l'objet d'une passion de la part de sa fille qui réussit à coucher avec lui, sans qu'il sache avec qui il s'unissait, pendant douze nuits. De cette union naquit Adonis. La Bible rapporte l'histoire des filles de Loth qui, suite à la mort de leur mère, enivrèrent leur père pour perpétuer sa lignée. L'aînée dit à la plus jeune : « Notre père est âgé, et il n'y a pas d'homme dans le monde pour s'unir à nous selon l'usage de toute la terre. Allons, enivrons notre père, partageons sa couche, et par notre père, nous donnerons vie à une postérité » (Genèse XIX, 31-32). D'après les sages, les filles de Loth ne furent pas jugées et punies selon leurs actes, qualifiés d'« ignobles, de débauche et de perversité ». Dieu a plutôt tenu compte, dans sa miséricorde, de leurs intentions, qui étaient bonnes et pures, la crainte de ne jamais trouver d'époux, peut-être, mais surtout la volonté d'assurer la continuité de l'espèce humaine. Loth s'est vu davantage blâmé, en raison de son absence de scrupule. Pourquoi s'est-il laissé enivrer, sans se soucier des fâcheuses conséquences ?

Une nouvelle lecture

Avant de poursuivre l'analyse du mythe d'Œdipe, je voudrais préciser que je ne suis évidemment pas le seul, ni le premier, à exprimer ma perplexité quant à la signification attribuée classiquement à ce mythe. Jung et Sandor Ferenczi, les premiers disciples et collègues de Freud, lui ont fait part de leurs réserves, le premier en critiquant une approche d'après lui exagérément sexuelle, et le second en lui reprochant d'oublier tous les abus sexuels bien réels et les incestes commis par les pères dont les jeunes filles sont victimes. Plus récemment encore, d'autres auteurs, comme Deleuze et Guattari, dans *L'Anti-Œdipe*[1], ou Claude Lévi-Strauss[2], ont également formulé certaines objections. Les premiers ont désavoué une conception « bourgeoise et normative » et le dernier a récusé la dimension prétendument universelle du mythe d'Œdipe. L'ethnologie et l'anthropologie modernes nous apprennent, en effet, l'existence d'ethnies, notamment en Afrique, où le père ne joue qu'un rôle secondaire, ou chez les Na en Chine dont la société est de type matriarcal. Dernièrement, sous l'influence notamment du comportementalisme d'outre-Atlantique, certains n'ont guère hésité à tenir des propos irrespectueux et insultants, indignes de « thérapeutes », à l'égard de Freud, en l'accusant d'être un « imposteur ». Leur intention véritable ne consiste, de toute évidence, nullement à enrichir un débat

---

1. Gilles Deleuze et Félix Guattari, *L'Anti-Œdipe*, Éditions de Minuit, 1973.

2. Claude Lévi-Strauss, *Anthropologie structurale*, Éditions Plon, 1958.

d'idées, de façon constructive, en apportant des arguments ou des points de vue contradictoires ou complémentaires. Ils s'emploient à démolir en bloc et de façon haineuse toute la doctrine psychanalytique, dans son entièreté, afin de pouvoir se livrer impunément – en évinçant tout empêcheur de tourner en rond – au formatage des âmes, au conditionnement des esprits, à l'aide de conseils et d'exercices, présentés comme des baguettes magiques.

Mon projet consiste modestement – sans rien nier de mes origines, c'est-à-dire en continuant à me qualifier de psychanalyste, adhérant par conséquent à nombre de ses concepts capitaux, notamment à sa méthode d'approche et d'exploration de l'inconscient – à revisiter certaines notions, pour, certes, exprimer mes doutes, mais aussi, dans un but constructif, proposer une nouvelle lecture. La psychanalyse m'a enseigné à ne jamais sombrer dans l'idolâtrie, à ne considérer aucune vérité comme définitivement vraie, à me méfier de tout dogme et spécialement de tout culte de la personnalité. Elle m'a appris à ne me prosterner devant aucun savoir établi, figé, clos, mort, pour me tourner du côté de la vie, du mouvement et du changement, dans la quête ininterrompue du sens, sans cesse à renouveler.

À ses débuts, la psychanalyse constituait un élan subversif, contestataire, révolutionnaire, « la peste », aurait dit Freud à Jung sur le bateau qui les emmenait aux États-Unis. Je me demande si, aujourd'hui, certains zélateurs, comme cela se produit au sein de tout mouvement qui s'institutionnalise, ne l'ont pas subrepticement transformée en une religion figée. Alors, comment réinterpréter ce mythe ainsi que les liens père-fils entre Laïos et Œdipe ?

Première précaution : la tragédie de Sophocle dont Freud s'est inspiré constitue une œuvre riche, complexe, profonde et émouvante. Il serait sage de se garder de toute tentation de simplification en la réduisant à l'un de ses éléments, déconnecté arbitrairement du reste, de sa logique et cohérence d'ensemble. Ce récit ne pourrait se résumer à une seule phrase : « Œdipe tua son père et épousa sa mère » ! Il contient bien d'autres épisodes, événements terribles, aventures extraordinaires et dramatiques, surchargés de sens, qu'on ne pourrait impunément scotomiser, passer sous silence, pour ne retenir injustement que deux seules séquences, coupées des précédentes et des suivantes. Comme nous l'enseigne Claude Lévi-Strauss : « Si le mythe a un sens, celui-ci ne peut tenir aux éléments isolés qui rentrent dans sa composition, mais à la manière dont ces éléments se trouvent combinés[1]. » Aucune interprétation ne serait donc valable, qui traiterait isolément de certains fragments, sans les mettre en connexion de sens avec l'esprit du texte, sa philosophie, son unité structurale et sa cohérence, en un mot, sa signification latente. Nous procédons de la même manière pour comprendre le sens d'un symptôme névrotique ou d'un rêve. Nous cherchons toujours à les situer dans le contexte élargi des préoccupations diurnes du rêveur ainsi que de son passé personnel.

---

1. Claude Lévi-Strauss, *Anthropologie structurale*, *op. cit.*, p. 232.

Laïos et Œdipe

Le récit de leur histoire semble, *a priori*, différent de celui de Dédale et Icare. En apparence, rien ne se ressemble dans ces deux couples père-fils, nul événement manifeste, du début à la fin. Pourtant, il s'agit presque d'un « remake » des mêmes thèmes majeurs, mis en scène autrement. À l'instar de Dédale, Laïos ne mérite pas le nom de père. Il n'a jamais été capable, en raison de son infantilisme, de son immaturité profonde, d'occuper sa place au sein du triangle, en laissant au fils et à la mère, sa femme, leur espace propre de progéniture et d'amante. À l'exacte image de Dédale, Laïos représente le prototype d'un père manquant, absent, inexistant. N'avait-il pas chassé son fils, âgé d'à peine 3 jours, de son cœur et de sa maison, pour l'exposer sur le mont Cithéron en pâture aux bêtes féroces ? Comme Dédale et d'une façon paradoxale, il n'a eu de cesse d'écraser son fils par le poids invisible de son omniprésence. Œdipe n'a jamais pu jouir d'une identité, ni d'un espace de vie propres. Son existence ne lui appartenait pas du tout, n'étant né que pour concrétiser la prédiction de l'oracle afin de châtier Laïos d'avoir violé son jeune élève Chrysippos. Œdipe ne possédait rien, son épouse et son trône n'étaient pas les siens, ils appartenaient à Laïos. Celui-ci, bien que totalement absent, occupait donc en réalité tout l'espace vital, telle une ombre, un fantôme persécuteur, ne laissant à son fils aucune liberté, aucun choix, nulle marge de manœuvre. La seule vraie différence entre ces deux pères manquants est que Dédale souffrait d'une sévère dépression masquée, qu'il cherchait à dénier par le biais d'un activisme forcené, alors que Laïos présentait une struc-

ture perverse, satisfaisant sans culpabilité ni retenue ses
impulsions pédophiles et meurtrières.

Icare se suicide porteur de la dépression paternelle et
Œdipe commet le parricide et l'inceste, dépositaire de
la perversion de Laïos. Pourquoi celui-ci a-t-il échoué à
remplir son rôle de père, qu'est-ce qui l'en a empêché ?
Je l'ai déjà souligné, nul ne peut s'ériger au rang de père
s'il n'a pas été fils, c'est-à-dire s'il n'a pas vécu avec le
sien certaines relations et expériences en tant qu'enfant.
Tout ce qui n'a pu s'accomplir en son lieu et temps, pour
être métabolisé, archivé et dépassé et, mieux encore,
pour se métamorphoser en nourritures intérieures, se
mue en fantôme bloquant l'épanouissement psychique.
Laïos a perdu son père Labdacos, roi de Thèbes, alors
qu'il n'était âgé que d'un an. Nul ne sait dans quelle
ambiance il a été « élevé ». On ignore également l'identité de sa mère. Aimait-elle son petit garçon, s'occupait-
elle vraiment du futur roi de Thèbes, dans un contexte
politico-humain que l'on peut imaginer empesté de
jalousies, de haines, de rivalités et de manigances ? On
pourrait s'interroger aussi sur la D.I.P. de Laïos, sa
dépression infantile précoce, consécutive à la disparition
paternelle, source de culpabilité bien sûr, celle d'avoir
souffert en tant que victime innocente et impuissante.
Plus tard, son grand-oncle Lycos, assurant la régence,
expulsa traîtreusement Laïos de Thèbes, au lieu de le
faire monter à sa majorité sur le trône. Voici donc le
jeune Laïos, déjà orphelin de père, et peut-être même
de mère, qui subit un traumatisme supplémentaire, la
contrainte de s'exiler, de se couper de sa terre et de ses
racines. Il trouva alors asile auprès du roi Pélops, exactement comme Dédale le fit auprès du roi Minos, à la

suite du meurtre de son neveu Circinus, condamné à quitter Athènes pour se réfugier en Crète. Et là, en toute confiance, Pélops lui confia son fils Chrysippos, pour lui enseigner le maniement des chars. Le maître s'éprit de son jeune élève, l'enleva et le viola, « incapable de résister à son irrésistible désir pour lui ». Chrysippos, le bel éphèbe, se suicida, par pendaison !

Voici donc trois autres similitudes avec la légende du bâtisseur du Labyrinthe. Laïos se vit chargé de s'occuper d'un disciple, à qui il devait transmettre sa science, exactement comme Dédale avec Circinus. Cet élève finit par mourir par la faute directe et manifeste de son maître. Enfin, Laïos, à l'image de Dédale qui avait trahi la confiance de Minos, pourtant son protecteur, trompa Pélops, abusa de sa bonté, en déshonorant son jeune garçon. Laïos apparaît donc ici comme un personnage négatif, amoral, mortifère, imperméable à la culpabilité. Il confond toutes les différences, toutes les dissymétries, celles relatives aux statuts et fonctions, aux générations, aux sexes et donc aux places. Il prend un homme pour une femme, un jeune pour un adulte, un élève pour un amant, sans parler de l'enlèvement et du viol, l'un plus ignoble que l'autre. Il s'agit même d'un double viol, le premier, symbolique, consistant à abuser de son pouvoir de maître, de son ascendant sur un élève, et le second, physique, crûment sexuel. Le comportement de Laïos ressemble presque à un passage à l'acte incestueux. Chrysippos pouvait représenter symboliquement son demi-frère, Pélops occupant face à lui une place réelle et symbolique de père protecteur. Il serait même possible de qualifier le passage à l'acte de Laïos d'infanticide, dans la mesure où un maître, un éducateur, un patron, un médecin, représente pour son apprenti, son employé ou son patient une image inconsciente du père, situé à un niveau autre, dans un autre registre, en tant que détenteur d'une autorité.

On pourrait se demander aussi, sans réussir à répondre évidemment, si Laïos, privé précocement du triangle père-mère-enfant, n'a pas été victime lui-même dans son enfance d'abus sexuels, abandonné, délaissé, comme il serait facile de l'imaginer, au milieu d'un immense palais. Beaucoup de violeurs se recrutent parmi ceux qui ont subi dans leur enfance, souvent de leurs proches, prêtres ou enseignants, ce genre d'inconduites. Ils reproduisent ainsi sur les autres, par le biais du mécanisme de l'identification à l'agresseur, ce qu'ils ont enduré sans avoir pu se défendre. Certains commentateurs antiques ont désigné Laïos comme l'inventeur, le créateur de la pédophilie, le premier pédéraste de l'Histoire. Cette assertion, sans doute fantaisiste, a toutefois le mérite d'accentuer le caractère particulièrement grave de l'immoralité de Laïos. Il s'agit peut-être d'une autre ressemblance entre Laïos et Dédale. Nous nous demandions s'il n'existait pas chez le fabricant de statues vivantes une tentation homosexuelle, à travers les figures féminines qu'il utilisait et auxquelles il s'identifiait. Car d'une certaine façon, c'est lui qui a une aventure avec Thésée, représentant en même temps son fils, son frère et son modèle. Par ailleurs, en raison de l'identification inconsciente à l'image de la femme, Dédale se trouve souvent dans une concurrence féroce vis-à-vis de la créativité féminine. S'il fait engrosser Pasiphaé par le taureau, c'est dans un accès de jalousie hystérique fantastique parce que Pasiphaé, la femme, procrée la seule chose que lui ne pourra jamais fabriquer.

C'est peut-être pour cette raison qu'il débute son périple en prétendant être capable de créer des statues vivantes, des « êtres vivants », non seulement comme un dieu par son souffle ou comme un père géniteur par son sperme, mais aussi comme une femme, comme une mère. Il nourrit donc la folle prétention d'être mère par le biais d'une fécondité, d'une créativité abondante, forte, explosive. Il se trouve dans une perpétuelle proximité complice mais aussi dans une compétition jalouse avec le monde féminin et, en particulier, avec le monde maternel. Ce qui semble extraordinaire et en accord parfait avec sa vie et sa personnalité, c'est qu'il crée toujours par procuration, par personnes interposées !

En raison de son comportement déloyal envers son protecteur Pélops, Laïos a laissé passer une occasion extraordinaire, sa chance unique, d'occuper et de vivre une place de fils, celle qui lui avait été dérobée suite au décès de son père Labdacos. C'est sans doute pour avoir sauté cette étape, ce maillon, ce statut essentiel de son parcours, qu'il s'est trouvé dans l'impossibilité de devenir le père de son fils. Seule, la biologie ne suffit pas à muer un homme en père. Une enfance non vécue, blanche, se transforme en fantôme, en raison de son refoulement, empêchant le sujet de s'ancrer dans le présent. Là encore, Dédale s'était comporté de manière identique à l'égard de Minos. Tout en sabotant insidieusement les bases de son autorité et de sa puissance, il lui faisait croire qu'il était son serviteur fidèle, en échange de la protection qu'il lui offrait. De même, il a été impossible à Dédale de s'ériger en père d'Icare, ayant manqué l'opportunité de vivre son statut de fils auprès de Minos.

L'infanticide d'Œdipe

Laïos retourna à Thèbes après la mort d'Amphion et réussit à récupérer son trône. Il épousa Jocaste, jeune vierge de 13 ans. L'oracle de Delphes lui apprit alors que Thèbes serait châtié pour le crime qu'il commit en violant Chrysippos, en l'aimant d'un amour contre nature, et que, de plus, si un enfant mâle naissait de lui, celui-ci le tuerait pour épouser Jocaste. Paniqué par ce funeste présage, Laïos s'interdisait toute intimité avec son épouse. Le récit nous apprend que Jocaste, au bout d'un certain temps, ne pouvant plus tolérer sa frustration, enivra son mari qui, sans s'en rendre compte, s'accoupla à elle et conçut Œdipe. Impossible donc de déjouer la prédiction !

Étrange ! Un pédéraste peut-il « oublier » sa pédophilie, en la mettant un instant de côté, sous l'effet de l'alcool, pour pénétrer une femme, une vierge, le bon jour de surcroît ? Qui donc aurait fécondé Jocaste ? Certains commentateurs ont soupçonné le devin aveugle Tirésias, ami du couple royal, passant le plus clair de son temps au palais royal. Laissons tomber cette insinuation, qui n'est corroborée nulle part ! Peu importe ! Œdipe fut conçu et mis au monde. Vous connaissez la suite de l'histoire. Laïos se débarrassa de sa menaçante progéniture en la faisant exposer par son serviteur sur le mont Cithéron, etc.

L'objection de taille que l'on serait en droit de formuler à l'adresse de Freud, sans contester son génie, c'est d'avoir scotomisé la réalité en inversant l'ordre des événements. La tragédie de Sophocle ne débute point par un parricide, mais bel et bien par un infanticide, qui n'est pas le premier d'ailleurs, mais le second, après le suicide, ou le meurtre, de Chrysippos. À propos de ce genre de fantasmes de parricide ou d'ordre sexuel que l'on a tendance à imputer aux enfants, Jung écrivait : « Même dans le cas où les enfants présentent des symptômes sexuels, autrement dit où il y a des tendances incestueuses évidentes, je conseillerai de faire un examen sérieux de la psyché des parents. On peut alors faire des découvertes surprenantes : un père, par exemple, est sans s'en rendre compte amoureux de sa fille, une mère flirte inconsciemment avec son fils. Ainsi sous le couvert de l'inconscient, ils prêtent à leurs enfants leurs mentalités d'adultes et les enfants, à leur tour, jouent le rôle qui leur a été attribué. Normalement, les enfants ne se comporteraient pas de cette façon s'ils n'étaient poussés, forcés inconsciemment, par l'attitude des parents, à jouer ce rôle étrange qui ne correspond pas à leur nature[1]. »

Quant aux souhaits d'Œdipe de tuer son père et d'épouser sa mère, nous n'en trouvons pas trace dans le récit de Sophocle ! Bien au contraire, dès que l'oracle Phoebos à Pythô dévoila à Œdipe le funeste présage, celui-ci décida sans hésitation de s'éloigner de ceux qu'il prenait pour ses vrais parents, Polybos et Mérope, dans l'intention précisément de ne pas commettre ces actes. D'ailleurs, cette prédiction, signifiée d'abord à Laïos et bien plus tard à Œdipe, ne représentait pas un vœu, une envie, une aspiration, mais clairement une punition, une malédiction, destinée à purifier « la souillure » introduite par Laïos, laver les impuretés et surtout remettre de

---

1. Carl Gustav Jung, *Psychologie et éducation*, Éditions Buchet-Chastel, 1963, p. 28.

l'ordre où il y avait eu désordre, chaos. Évidemment, la faute dont il est question ici n'est nullement synonyme de péché, dans l'acception religieuse, c'est-à-dire par référence à des concepts moraux tels que le bien et le mal, autant abstraits que fumeux. Elle signifie que là où Laïos était tenu de respecter la limite, la séparation des places et des fonctions, la différence des sexes et des générations, il a apporté le mélange et la confusion. Il a pris le même pour l'autre, un garçon pour une fille, un enfant pour un adulte, un élève pour un amant, dans l'horizontalité des âges et des rôles.

Dans cette optique, la prédiction de l'oracle constitue une sanction contre Laïos et sa perversion et non pas le véritable souhait de son fils. Le pauvre enfant ne connaissait d'ailleurs ni l'un ni l'autre de ses parents, n'étant que l'objet et l'instrument à la fois de la réalisation de la malédiction. Ni Laïos ni Œdipe ne souhaitaient l'accomplissement de ces calamités. L'un comme l'autre ont tout mis en œuvre pour les contrecarrer. Mais le « disque dur » de l'inconscient avait mémorisé irrévocablement la malédiction. Paradoxalement, les tentatives du père et du fils pour la déjouer ont précipité son accomplissement. Œdipe ne désirait pas tuer son père et coucher avec sa mère. Au fond, il était incapable de désirer quoi que ce soit. Il était tel un automate, un robot, programmé avant même sa conception. On pourrait avancer aussi que c'est sans doute parce qu'il devait, infailliblement, concrétiser la sentence de l'oracle que Laïos devait épouser fatalement Jocaste, pour que celle-ci l'enivre et lui fasse ainsi un enfant dans le dos ! Dans cette optique, Œdipe n'était plus le fruit de l'amour entre ses parents, mais le mobile, la cause, le motif de leur rencontre. L'origine d'un événement ne se trouve pas toujours et forcément dans le passé, avant, mais dans l'avenir, après. Il est question de causalité prospective. On pourrait ainsi s'imaginer que si on rate son avion, ce n'est point parce que son réveil n'a pas sonné à l'heure (le passé), mais que celui-ci s'est tu précisément pour que l'on ne puisse pas prendre l'avion qui risquait de s'abîmer (le futur). Un événement en apparence et *a priori* négatif peut s'avérer positif après coup, à long terme. À l'inverse, ce qui réjouit dans l'immédiateté risque, plus tard, d'affliger.

Œdipe était conçu et fabriqué par le destin non pas en tant que fruit de l'amour entre un homme et une femme, mais comme meurtrier, mercenaire. Programmé et télécommandé, il ne pouvait ni penser, ni désirer, ni choisir, ni décider quoi que ce soit. Il n'était acteur de rien, mais mû par une puissance invisible et inconsciente qui le possédait entièrement. N'étant pas un sujet libre et désirant, il ne pouvait être responsable des actes qui lui étaient dictés. Il n'était pas le coupable, mais la victime ! Étrangement, certains passages de Sophocle, dans *Œdipe à Colone*, pourtant on ne peut plus explicites, d'une clarté évidente, n'ont pas réussi à capter l'attention, sans doute un peu trop « flottante », de certains analystes.

« Mon nom seul vous fait peur. Car ce n'est certes pas ma personne ou mes actes. Mes actes, je les ai subis et non commis, s'il m'est permis d'évoquer à mon tour ceux de mes père et mère. Et c'est pour ces mêmes actes qu'aujourd'hui tu me rejettes peureusement loin de toi, cela je le sais fort bien. Suis-je cependant un criminel-né ? J'ai simplement rendu le mal qu'on m'avait fait.

Eussé-je même agi en pleine connaissance, je n'eusse pas été criminel pour cela. Mais au vrai, c'est sans rien savoir que j'en suis venu où j'en suis venu ; tandis qu'ils savaient, eux, ceux par qui j'ai souffert et qui voulaient ma mort !

« Aussi, je vous en supplie, étrangers au nom des dieux, puisque aussi bien c'est vous qui m'avez forcé à quitter ma place, sauvez-moi maintenant, et, puisque vous avez un tel respect des dieux, n'allez donc pas ensuite tenir ces dieux pour rien[1]. »

Œdipe n'était même pas un être vivant. D'ailleurs, rien ne va jamais dans le sens de la vie dans son histoire, ni de l'amour, ni de la joie. Tout est aspiré par la mort et la désolation. Pourquoi ? La vie d'Œdipe s'est arrêtée quand il avait 3 jours, lorsqu'il a été éjecté du cœur et de la maison de ses parents, exposé sur le mont Cithéron, chevilles percées et pieds ligaturés, suspendu à un arbre, tel un vulgaire lapin. Il n'en est certes pas mort physiquement, mais une part de son âme, de sa libido, de son énergie vitale est restée à jamais coincée là-bas, inanimée, dévitalisée, desséchée, sur le mont Cithéron, sur cet arbre. Plus exactement, elle s'est muée en fantôme persécuteur empêchant Œdipe de continuer sa croissance pour devenir lui-même, vivant et sujet désirant. C'est le drame vécu par tous les rescapés de la Shoah, des attentats, des catastrophes, des tremblements de terre, des guerres, des incendies ou des accidents de la route. Psychologiquement, le nourrisson Œdipe n'a pas failli mourir. Il est mort tout simplement. Survivre n'est

---

1. Sophocle, *Tragédies, Œdipe à Colone*, Éditions Gallimard, 1973, p. 378-379.

point vivre. Cela interdit même de vivre vraiment, ôtant le plaisir spontané et simple de se sentir vivant parmi les vivants. Œdipe était devenu un fugitif, un fantôme, gaspillant le peu d'énergie qui lui restait à s'enfuir, en luttant contre la mort, lancée sans pitié à ses trousses. Même son nom, signifiant « pieds percés et enflés », nom qui lui avait été donné non pas par ses parents de chair, mais par ses adoptants, porte la marque de la persécution, de la tentative de meurtre, de l'infanticide. De nos jours, ceux qui ont échappé à l'avortement, que leur mère ait réellement cherché mais sans succès à se faire avorter, ou qu'elle y ait même simplement songé, risquent de se voir quelque peu privés plus tard de cette sensation ineffable mais si sécurisante d'être en vie, gratuitement et sans justification. J'aurais tendance à penser la même chose de Laïos. Lui aussi n'était qu'un mort vivant.

Il a été une première fois touché, contaminé par le décès de son père, lorsqu'il avait un an. En plus de ce choc originaire, ayant écorné sa libido et compromis son enfance et son adolescence, il a été atteint une seconde fois par la mort à travers le suicide de Chrysippos, sans nulle ambiguïté de sa faute. Celui qui tue un être humain se trouve frappé lui aussi par son acte, contaminé, encrassé, éclaboussé, mort. Du point de vue psychologique, Laïos n'a donc pas survécu à son père et au jeune Chrysippos, ni surtout à son fils qu'il était certain d'avoir supprimé. Il est inconcevable dans ces conditions qu'Œdipe ait pu désirer assassiner son père pour s'unir sexuellement à sa mère. Viendrait-il à l'idée de quiconque d'incriminer l'arme ayant servi lors d'un crime ? Pourrait-on jamais condamner à la mort ou à la prison un bâton, un fusil, un couteau ? Cela serait franchement absurde ! Œdipe n'était que l'instrument, le bras, l'exécutant, pas le cerveau, ni le décideur !

Qui sont ses parents, Laïos et Jocaste ou Polybos et Mérope ? Cette question est redoutable et difficile à trancher. Qui sont les vrais parents d'un enfant ? Les donneurs de spermatozoïdes et de l'ovule, ou ceux qui se sont occupés quotidiennement de lui, l'ont aimé, câliné, rassuré, pris par la main pour l'accompagner sur les sentiers de la vie, les géniteurs ou les adoptants ? Il est d'une part évident que sans l'ovule et les spermatozoïdes, sans qu'ils se rencontrent, il n'y aura point d'enfant. Polybos et Mérope souffraient d'infécondité. Cependant, c'était bien eux qu'Œdipe considérait comme ses vrais parents, c'était eux qu'il aimait, c'était eux qu'il voulait protéger en s'exilant. Il a préféré se sacrifier pour ne pas leur nuire. Il ne connaissait nullement Laïos et Jocaste et ne pouvait donc les reconnaître comme parents. Sans leur accouplement, au cours d'une nuit d'ivresse, il n'y aurait toutefois jamais eu d'enfant.

Chez Œdipe, comme chez tous les enfants adoptés, il existe un écartement, une non-correspondance entre les parents biologiques et les parents psychologiques. Ce ne sont pas les mêmes personnes, celles qui donnent la chair et celles qui insufflent l'âme. Ces deux volets, aussi indispensables l'un que l'autre, ne coïncident pas. Dès lors, le sérieux problème auquel l'enfant adopté risque de se confronter est la transformation de ses géniteurs qu'il méconnaît en fantômes, en raison de leur refoulement, voire de leur effacement de la mémoire consciente. Au Moyen Âge, l'enfant adopté ne se trouvait jamais coupé de sa famille de sang, de son origine, de sa filiation de naissance. L'adoption ne se pratiquait pas dans le secret et l'anonymat. Elle n'entraînait pas de rupture, comme aujourd'hui entre les parents de cœur et de sang. Au contraire, elle devenait le lieu d'un mariage, à travers l'adopté, entre les deux familles. Cette continuité entre le passé et le présent empêchait sans doute la transformation de la famille biologique originaire en fantôme persécuteur.

Œdipe quitta donc Corinthe et ceux qu'il reconnaissait comme ses vrais parents, Polybos et Mérope, afin de déjouer la prédiction de l'oracle. Il se dirigea vers Thèbes. Arrivé en Boétie, il assassina Laïos se rendant à Delphes, vieillard inconnu, ressemblant davantage à un brigand qu'à un roi, pour une futile histoire de priorité de passage. La première partie de la prédiction de l'oracle, que le fils et le père s'étaient ingéniés à conjurer, s'accomplit aveuglément. D'après l'esprit du texte de Sophocle, il s'agirait d'une légitime défense. La faute reviendrait à Laïos. Il avait naguère mis à mort son fils innocent et aujourd'hui il lui barre la route, l'empêche de passer, c'est-à-dire, symboliquement, qu'il lui interdit de vivre malgré tout, de grandir. Laïos ressemble ici à Minos. Celui-ci aussi chercha masochistement à se faire assassiner par Dédale. De toute façon, Œdipe était programmé pour tuer son père, c'était écrit, logique ! Il accomplissait, sans le savoir, sans le désirer, en dehors de sa volonté donc, le présage de deux oracles.

Les bienfaits de l'échec

Nous arrivons maintenant à la séquence du Sphinx, ou plutôt de la Sphinge, étrange créature, mi-femme, mi-animal, monstre sanguinaire qui bloquait l'accès à Thèbes, curieusement à l'exemple de Laïos ! D'où vient-elle ? Qui est-elle ? Quel est le sens de sa présence ? Appelée également « l'horrible » ou « l'ignoble chanteuse », elle était dépêchée par Héra, l'épouse de Zeus. Elle était la fille du monstre Typhon qu'Héra avait enfanté seule, par jalousie et par vengeance à l'égard de son mari Zeus, qui avait auparavant enfanté seul aussi, extrayant Athéna de sa tête. Zeus, dieu des dieux, représentait le don juan séducteur et infidèle, multipliant les conquêtes féminines. Autrement dit, il était le mâle impétueux, jouissant d'une virilité fécondatrice et presque sans limites.

Le symbolisme d'Héra s'oppose à ce tableau. D'une grande beauté, chaste et sévère, noble et pleine de pudeur, elle présidait aux diverses phases de l'existence féminine, notamment le mariage et la maternité. En tant qu'épouse parfaite, d'une fidélité exemplaire, elle ne recherchait que l'unique, contrairement à son mari. Le Sphinx était donc envoyé par elle en Boétie, suite au meurtre de Laïos, pour punir les Thébains, mais aussi, sans doute, pour favoriser l'accomplissement de la seconde séquence de la malédiction, l'union entre Œdipe et Jocaste. Héra se comporta de cette façon comme une instance morale régulatrice, une justicière, pour sauver le royaume du désordre. Le Sphinx, ravageant les champs et terrorisant la population, avait décidé de ne quitter la province que si quelqu'un réussissait à résoudre son énigme : « Quel est l'animal qui a quatre pattes le matin, deux à midi, et trois le soir ? » Il tuait ceux qui ne savaient pas répondre. Œdipe sortit vainqueur de l'épreuve. Sa réponse était : « L'homme, qui se traîne à quatre pattes dans son enfance, se tient sur ses deux pieds à l'âge adulte et s'appuie sur un bâton dans sa vieillesse. » Si Héraclès, Persée ou Thésée réussissaient à l'emporter sur leurs adversaires par la force physique et la puissance, Œdipe triompha grâce à sa métis, l'intelligence rusée et astucieuse. Le Sphinx vaincu se jeta dans les flots où il se noya. Cette victoire d'Œdipe assura en réalité la perpétuation de ses malheurs.

Thèbes débarrassée de l'ignoble chanteuse, Créon, le frère de Jocaste, honora sa promesse en offrant la veuve de Laïos en récompense au héros sauveur. Le fils et la mère se marièrent en grande pompe. Ils furent longtemps heureux et eurent quatre enfants. Voici une nouvelle similitude avec la légende de Dédale. Chaque réponse apportée à un problème, loin de le résoudre, contribue à engendrer, comme dans un cercle vicieux, d'autres difficultés plus pénibles, des épreuves et des tracas terribles, insurmontables. La fabrication par Dédale de la « vache vivante », pour satisfaire le caprice de Pasiphaé qui voulait s'unir au taureau de Poséidon, produisit une situation autrement plus embarrassante, suite à la naissance du Minotaure, problème qu'il fallut résoudre en construisant le Labyrinthe, expédient destiné à camoufler le monstre, etc. Plus on refuse et on lutte contre ses impuissances et plus, se débattant dans les sables mouvants, on précipite sa chute ! On a ainsi parfois intérêt, bienheureuse inconnaissance, à ne pas réussir à comprendre, à ne rien faire, à rester tranquille et attendre passivement que ça se passe !

Dans certaines situations, l'insuccès s'avère préférable à une victoire risquant d'entraîner, à plus long terme, calamités et drames. C'est peut-être là finalement la signification de l'énigme du Sphinx : passer de quatre pattes à deux représente une perte en apparence, un moins, mais il s'agit en réalité d'un gain, puisque l'enfant grandit, évolue, se dirige de manière positive vers la conquête de son autonomie. En revanche, passer de deux pattes à trois apparaît comme un progrès, une promotion, mais cela constitue dans le fond une régression, une perte, un recul, puisque l'adulte en vieillissant ne peut plus se déplacer sans l'aide d'une canne, et qu'il devient dépendant des autres.

Le mythe de Laïos et Œdipe semble ainsi contenir le même thème que celui de Dédale et Icare, celui du pouvoir et plus exactement de son abus, de la toute-puissance qui doit être limitée nécessairement par le manque, paradoxalement régénérateur. Cela montre de façon claire que la tragédie œdipienne, conçue par Sophocle, ne se résume pas à la recherche de la jouissance, par le biais de ses deux excès passionnels de haine parricide et de folie incestueuse. Elle tourne autour d'une quête identitaire fondamentale, relative à la construction de soi. Celle-ci s'accomplit grâce au renoncement au pouvoir, au sacrifice de la toute-puissance, permettant d'aborder et de réussir la différenciation des sexes et des générations. C'est ce sacrifice qui aide le sujet à se donner des limites pour réussir à devenir lui-même et à occuper sa vraie place, à l'abri des extrêmes, la dépression et la perversion, sans la tentation d'envahir celle des autres ni de déserter la sienne.

La question du pouvoir, la tentation hégémonique de tout être, de tout prendre et de tout garder, autrement dit la toute-puissance, la démesure, constitue, dans la pièce *Œdipe roi*, le sujet central. Pourquoi ce thème est-il demeuré depuis si longtemps occulté par certains psychanalystes ? « La démesure, a écrit Sophocle, enfante le tyran. Lorsque la démesure s'est gavée follement, sans souci de l'heure ni de son intérêt, et lorsqu'elle est montée au plus haut, sur le faîte, la voilà soudain qui s'abîme dans un précipice fatal[1]. » On dirait que Sophocle commente ici l'ascension exagérée et la chute mortelle d'Icare ! N'oublions pas qu'Œdipe était persuadé, lorsque Tirésias l'accusait d'être le meurtrier de son père, qu'il manigançait contre lui, avec la complicité de Créon, pour le chasser du pouvoir et s'accaparer le trône. Souvenons-nous également d'Étéocle et Polynice, ses fils, qui s'entretuèrent parce que chacun voulait le pouvoir, refusant de le partager, incapable d'occuper sa place en accordant à l'autre le droit de vivre. Ce qui se joue sur cette scène antique, le véritable scénario, par-delà les personnages d'Œdipe, de Laïos et de Jocaste, renvoie à la volonté d'accomplir la toute-puissance (être homme et femme à la fois, détenir toutes les places) et à l'exigence de se différencier, de se limiter, de se retirer, de renoncer à l'illusion de la perfection et de la complétude, pour intégrer le manque et l'imperfection, en s'établissant dans son identité et son espace propres.

C'est l'occasion privilégiée de répondre toujours à la même question, la même énigme : Comment puis-je être moi sans être tout ? Serait-il possible de perdre une

---

1. SOPHOCLE, *Œdipe roi*, Éditions Gallimard, 1973.

partie de ce tout, sans tout perdre, sans surtout me perdre moi ? En d'autres termes, comme le formulait le Sphinx, comment passer de quatre pattes à deux, ce qui est une perte en apparence, mais en réalité un gain ? Comment consentir de transiter de deux pattes à trois, ce qui ressemble à un progrès manifestement, mais constitue en vérité une perte ? En interdisant à nos premiers parents, Ève et Adam, de consommer le fruit de l'arbre de la connaissance, l'intention divine consistait précisément à les empêcher de tout vouloir et de tout prendre. L'homme confronté, pris, envahi par le « tout » risque de se dissoudre, de s'anéantir. Le manque et la frustration sont présentés comme vivifiants. Ces propos peuvent paraître quelque peu abstraits, désuets et moralisateurs, idéologiquement déterminés, philosophiquement austères, sans liens avec notre vie quotidienne. Pourtant, c'est bien le manque du manque qui nous empêche, dans le monde moderne, aussi bien sur le plan de notre existence personnelle qu'au niveau macro-économique collectif, de mener notre vie en paix, concentrés sur le présent et en lien de solidarité avec les autres.

Beaucoup de personnes se voulant libres et refusant toute privation, tout sacrifice et par conséquent les choix et les limites inhérents à l'existence, cherchent à satisfaire leurs besoins, désirs et fantasmes dans une optique dionysiaque, pour ne pas souffrir, vivre surtout intensément et être heureux en profitant pleinement de la vie. Elles se trouvent ainsi sous l'emprise sournoise d'une idéologie mercantile, qui les encourage et les conditionne à toujours consommer plus, sans modération, de façon addictive. Elles se ruent vers toutes sortes d'objets, de substances ou de produits, de drogues licites ou illicites, la nourriture, l'alcool, les vacances, les vêtements, les ordinateurs, ou même les humains, traités de façon cannibale, à travers une sexualité insoumise et anarchique. Cette absence de garde-fou, de limite et de thermostat régulateur, loin de sauvegarder et d'épanouir l'éros, ne peut que l'étioler, le faner, cerné par la toile d'araignée de la dépression. La frustration est consubstantielle au désir, elle est sa matrice, son terreau, paradoxalement, sa nourriture. Tout désir est désir du désir en fin de compte, c'est-à-dire qu'il n'a pas forcément besoin d'être satisfait de façon concrète. Le gavage constitue la pire menace qui le guette. Plus le sujet consomme et plus il est lui-même consommé. Plus il possède et plus il est possédé. Plus il se croit libre et plus il devient paradoxalement prisonnier de la tyrannie de la pulsion inconsciente, mais aussi des normes sociales qui le poussent, à l'aide du marketing et de la publicité, à consommer, à se satisfaire, en disant « oui à ses envies », dans l'urgence. En un mot, plus on se remplit du dehors et plus on se dépossède de soi, se vidant de l'intérieur.

La quête première de chaque être consiste à se construire pour devenir soi, dans sa place et son désir, et non à s'élancer dans une course sans limite de jouissance. Force est de constater l'augmentation vertigineuse dans nos sociétés, pourtant débarrassées de vieux tabous et interdits, du nombre des dépressions et des perversions. Pourquoi une telle augmentation de ces phénomènes, alors qu'on aurait pu s'attendre, grâce à la liberté des mœurs, à leur importante diminution pour pouvoir vivre heureux et paisiblement, sans violence ?

Si la libido, la pulsion, a besoin d'une certaine latitude pour procurer de la joie et du bonheur, elle nécessite aussi et simultanément la présence d'un cadre, des repères et des limites, un minimum de privation et de souffrance dans le but de se maintenir justement en érection, vivante. Dès lors, paradoxalement, la jouissance devient tributaire de l'interdit. Cela signifie tout simplement que c'est grâce à la frustration que le plaisir devient possible. L'interdit, en posant des limites, contient donc une valeur constructive, protégeant la pulsion contre elle-même, contre ses deux pires ennemis, la dépression et la perversion, deux excès également nocifs.

À l'image d'une chaudière, la pulsion risque soit de s'emballer, soit de s'éteindre si elle ne dispose pas d'un tiers régulateur. C'est le motif pour lequel le nombre des dépressions (extinction libidinale) et celui de leurs contraires, les perversions (exaltation libidinale), se trouvent sans cesse en augmentation, alors même que, grâce à la levée des interdits, taxés de répressifs et de culpabilsants, ils auraient dû considérablement reculer. Il serait possible de transposer la même grille de lecture dans le domaine social pour interpréter la crise financière planétaire qui a récemment éclaté aux États-Unis *via* la fameuse affaire des « *subprimes* ». Ce tsunami, cette grave dépression économique, ne constituerait-il pas le reflet, l'envers, l'ombre du capitalisme, le symptôme de sa démesure, de sa perversion. Ces dernières décennies, le capitalisme s'est montré d'une manière inédite, arrogant, sauvage, avide, boulimique, cupide, tout-puissant en un mot, pour s'engraisser et s'enrichir, sans tenir nul compte des limites. Ne s'imposant aucun contrôle ni régulation, il s'est empêtré dans le déni du manque et du sacrifice. Son obsession de la croissance et du profit illimités, au mépris des réalités, au profit des nantis et sans considération pour les plus démunis, l'a enfermé dans le cercle vicieux du gaspillage et de la surproduction, polluant l'environnement et épuisant les sources de richesses naturelles, ne laissant en héritage aux générations futures qu'un monde abîmé. Il a fini par mécontenter dans son exubérance la déesse Némésis qui, à bout de patience, déchaîne aujourd'hui sa colère contre lui. Il fait ainsi penser à la fameuse grenouille de La Fontaine, qui éclata d'avoir trop enflé.

Je suis convaincu que cette « dépression » peut se transformer paradoxalement en une chance, l'occasion d'un retour au principe de réalité, avec ce qu'il implique de respect des limites et du manque, du sacrifice conscient, ne serait-ce que partiel, de la toute-puissance. Il devient urgent de distinguer l'être et l'avoir, de cesser de les confondre en leur accordant la même valeur. On n'est guère mieux, ni plus heureux, en possédant et en consommant davantage, toujours plus. Avoir trois ou quatre pattes ne rend pas un sujet supérieur à celui qui n'en a que deux. Bien au contraire ! Il faut se méfier de l'évidence trompeuse des apparences. C'est bien là, me semble-t-il, le message contenu dans l'énigme du Sphinx.

La bisexualité androgyne

Dans cette perspective, sur les traces du Sphinx, on peut dire que l'attirance du petit garçon pour sa mère, entre 3 et 5 ans, reflète non une passion sexuelle incestueuse, mais son aspiration à accomplir le fantasme archétypique de la toute-puissance, son rêve nostalgique de la bisexualité androgyne, pour réussir à en faire le deuil justement. Ce phénomène représente une autre facette de ce que j'ai nommé « l'inceste symbolique », relatif à la fascination exercée par la matrice maternelle sur tout humain, petit ou grand. Ce fantasme du retour à la mère, cette quête de fusion a pour but d'apaiser les regrets et la tristesse inconscients du sujet de s'être coupé du corps et du désir maternels, coupure à l'origine aujourd'hui de son incomplétude et de son imperfection. Il cherche en même temps à calmer sa culpabilité d'avoir abandonné et vidé la mère, en l'amputant d'une partie essentielle de son être.

Le véritable objectif ne consiste cependant pas à restaurer régressivement l'unité primordiale mère-enfant perdue, mais paradoxalement à encourager la séparation, à favoriser l'autonomisation, en instaurant entre eux une distance, comme pour entériner l'accouchement et la coupure du cordon ombilical. Comme le chantait Serge Gainsbourg : « Je suis venu te dire que je m'en vais ! » Entre 3 et 5 ans, l'évolution psychique se polarise donc sur le processus de l'intégration de la différence des sexes et des générations, de l'inscription du sujet dans le féminin ou le masculin, pas les deux à la fois, ainsi que de la dissymétrie des âges. L'implantation définitive de ces distinctions nécessite la reconnaissance et le vécu symbolique antérieurs du fantasme archaïque de la bisexualité androgyne. Cela veut dire qu'il ne sera possible à l'enfant de s'accepter sereinement garçon ou fille que si, au préalable, son fantasme de bisexualité, son aspiration à devenir une seule chair, entier, ont pu être expérimentés, pour être paradoxalement classés, révolus.

L'évolution psychologique se déroule toujours selon le même modèle. Avant d'accéder à un stade supérieur et de s'y installer, le sujet a besoin de retourner un peu en arrière, de régresser partiellement, comme pour s'assurer qu'il est capable de sauter le pas, ou d'obtenir l'autorisation des parents de les quitter. Après, il peut s'en aller tranquillement, larguant les amarres et hissant les voiles. Reculer pour mieux sauter, en somme ! Tout progrès psychique est ainsi précédé d'un repli. Lors de ses diverses étapes de croissance, à chaque fois que l'enfant accomplit un pas en avant, dans le sens de sa maturation et de son indépendance, il repasse par la case précédente, accentuant curieusement sa dépendance. Le petit se porte moins bien lors de ses poussées dentaires, quand il apprend à marcher, à être propre, à parler, à fréquenter l'école, à chaque fois qu'il se sépare des liens du passé pour se projeter dans l'avenir. Comme il a du mal à exprimer ce qui le travaille à l'aide des mots, il le manifeste par le langage du corps. Il fait de la fièvre, il est constipé ou se vide par la diarrhée, il devient instable, capricieux et colérique. Il pleurniche, fait des cauchemars ou pipi au lit. Il devient collant justement parce qu'il apprend à se décoller et à s'envoler de ses propres ailes.

Dans cette optique, la fascination du petit garçon pour sa mère, son désir de « se marier avec elle », ne signifie pas qu'il souhaite s'unir à elle, mais que, s'engageant dans la rude aventure de la différence des sexes, il a besoin, pour réussir à s'accepter en tant qu'être divisé, manquant, incomplet, imparfait, coupé de sa moitié et dépendant, de satisfaire symboliquement son vœu de la bisexualité androgyne, son rêve d'appartenance aux deux sexes. La fusion du petit garçon avec sa mère ou de la petite fille avec son père leur permet ainsi de se réclamer provisoirement des deux sexes, d'occuper les deux places de mâle et de femelle. Elle leur procure ainsi l'illusion d'un sentiment magique de toute-puissance, de plénitude et d'unité. Chacun se croit alors l'espace de la coexistence et de la réunification des contraires, du masculin et du féminin, pour se sentir un, unique, unifié, non coupé, parfait, entier, total, complet, sans manque, se suffisant à lui-même, sans dépendance à l'égard d'autrui. Ce fantasme n'a, de toute évidence, rien de pathologique, ni surtout de régressif. Il représente un des archétypes de l'inconscient collectif dont tout humain se trouve dépositaire, partout et depuis la nuit des temps. N'oublions pas qu'à l'origine, l'homme Adam avait été créé par Dieu mâle et femelle, androgyne, bisexuel, indifférencié. Prise d'une côte d'Adam, Ève n'était que le résultat d'une scission, d'une rupture de l'unité originelle. Selon une tradition, l'homme et la femme possédaient d'ailleurs un seul corps, pourvu de deux visages. Dieu les sépara en donnant à chacun un dos, pour qu'ils puissent mener des existences distinctes.

L'iconographie tantrique fourmille aussi d'images du dieu Shiva entrelaçant étroitement Shakit, figurée en divinité féminine. Le Phoenix chinois, symbole de la régénérescence, renaissant invariablement de ses cendres, est également hermaphrodite. Les rites de la circoncision et de l'excision sont souvent interprétés par la nécessité d'introduire l'enfant de façon irréversible dans son sexe biologique manifeste, le clitoris chez la femme étant considéré comme une survivance de l'organe viril et le prépuce chez l'homme comme une persistance de la féminité.

Dans *Le Banquet* (189c-193e), Platon décrivait l'état de l'humanité primitive, comportant selon lui non pas deux mais trois genres sexuels, mâle, femelle et androgyne sectionné en deux par Zeus : « Ainsi, c'est depuis un temps aussi lointain, qu'est implanté dans l'homme l'amour qu'il a pour son semblable : l'amour, réassembleur de notre primitive nature : l'amour qui, de deux êtres, tente d'en faire un seul, autrement dit, de guérir l'humaine nature ! Chacun de nous est donc la moitié complémentaire d'un homme, qui, coupé comme il l'a été, ressemble à un carrelet : un être unique dont on a fait deux êtres. Aussi tous ceux d'entre les hommes qui sont une coupe de cet être mixte qu'alors justement on appelait androgyne sont amoureux des femmes, et c'est de ce genre que sont issus, pour la plupart, les hommes qui trompent leur femme ; de même, à leur tour, toutes les femmes qui aiment les hommes, et de ce genre proviennent les femmes qui trompent leur mari[1] ! »

Tout être humain, marqué donc par une double coupure, la première ombilicale d'avec la matrice et la seconde lors de la division des sexes, aspire fantasmatiquement à compenser ces pertes subies en rétablissant l'unité originaire perdue afin de réunir, d'assembler ses parties scindées. Le verset biblique : « C'est pourquoi l'homme abandonne son père et sa mère, il s'unit à sa femme, et ils deviennent une seule chair » (Genèse II, 24) confirme à la fois ces deux divisions ainsi que l'espé-

---

1. PLATON, *Œuvres complètes*, collection « Bibliothèque de La Pléiade », Éditions Gallimard, Paris, 1950, p. 719.

rance de redevenir entier, grâce à la fusion avec l'autre sexe.

Ces deux années, entre 3 et 5 ans, constituent donc une période charnière, une phase d'aiguillage, permettant à ce fantasme de complétude et de perfection de se satisfaire symboliquement pour justement pouvoir s'apaiser, se sublimer, en aboutissant à l'acceptation naturelle et paisible de la différence des sexes. D'ailleurs, d'une manière générale, toute étape nouvelle, dans la longue trajectoire de l'évolution intérieure, est précédée par un moment provisoire de crise, de trouble, de deuil, d'obscurité, d'égarement et de confusion, avant que le sujet réussisse à rencontrer la lumière et connaître son désir. « Meurs et deviens », enseignait Bouddha. C'est donc bien ce double mouvement, à la fois régressif et évolutif, qui permet au petit humain de s'accepter tel qu'il est, en tant qu'être manquant, masculin ou féminin, en accomplissant le deuil de la bisexualité ronde et pleine, en renonçant, sans regret, au sexe de fille ou de garçon qu'il ne possède pas. La réussite de cette double opération, de nature paradoxale, identique pour les deux sexes, se traduit naturellement, tout sacrifice étant régénérateur, par des transformations importantes au sein de la psyché. Elles traduisent des gains puisqu'il y a eu l'acceptation de la perte, le sacrifice de la perfection, le renoncement à l'androgynie. Le bénéfice capital concerne la différence des sexes en masculin et en féminin. Pourquoi ? Parce que cette proximité fusionnelle du petit garçon avec sa mère lui procure l'illusion qu'il possède les deux sexes, le sien propre et celui de sa mère, qu'il est donc tout, sans manque et complet. D'un autre côté, le Moi se construisant grâce au choc de la différence et de l'étrangeté, cette symbiose l'aide à se reconnaître et à s'accepter différent de sa mère, d'âge et de sexe.

De même, en ce qui concerne la petite fille, le rapprochement avec son père, en gratifiant son fantasme d'androgynie, comme si elle appartenait aux deux sexes, lui permet d'en faire le deuil et de s'en détacher. Elle prend conscience qu'elle n'est pas pareille que lui de corps et d'esprit, mais qu'elle ressemble en revanche à sa propre mère. C'est de toute évidence, souvent, la confrontation à l'étranger, à son hétérogénéité, à sa dissemblance qui nous fait prendre conscience, par opposition, de celui que nous sommes réellement, de nos travers, mais aussi de nos désirs, besoins et croyances. Sinon, face au même, la sensation d'exister s'émousse, on s'endort, bercé et fasciné par le reflet de son image dans le miroir. C'est ainsi toujours l'autre qui nous sert de révélateur et non notre semblable. La seule identification au père, dans la similitude des images, ne suffit pas au petit garçon pour devenir homme plus tard. La seule identification à la mère ne donne pas à la petite fille l'envie de devenir femme. Le fils a besoin que sa mère lui rappelle, avec tout ce qui la spécifie, qu'il n'est pas comme elle. La fille ressent la nécessité de même que son père lui révèle, avec ce qui le caractérise, qu'elle est différente de lui.

Toutes les relations au sein du triangle, en apparence duelles, entre la fille et son père, ainsi qu'entre la mère et son fils, sont de nature triangulaire. C'est la mère qui fait prendre conscience au garçon qu'il n'est pas comme elle mais comme son père et qu'il deviendra un homme comme lui. Le destin psychologique du fils dépend de la qualité de la présence maternelle, de son équilibre et de sa capacité à occuper, sans confusion, ses deux places d'amante et de génitrice. Dans cette optique, les familles monoparentales ou homoparentales, en raison de l'absence d'un tiers, véritablement autre, étranger, dans ses particularités, à la fois physiques et psychologiques, ne peuvent offrir à leur progéniture les deux pôles indispensables, clairement différenciés en masculin et féminin, dont elle a besoin pour se construire et se définir en tant qu'homme ou femme. La présence physique d'une tierce personne, le triangle n'étant pas synonyme de trio, n'y change rien.

La reconnaissance et l'acceptation de ces dissimilitudes psychosexuelles servent toute la vie de socle, de modèle et de référence à toutes les autres, quelles que soient leurs expressions manifestes. Le sujet ne peut tolérer l'altérité, c'est-à-dire accepter que l'autre soit différent – dans la couleur de sa peau, sa religion, son physique, son métier, ses croyances, sa vision du monde, ses choix politiques, ses goûts alimentaires et vestimentaires, son « look », ses préférences pour tel roman ou tel film –, s'il n'a pas réussi à reconnaître et à intégrer en lui, en son temps, cette première et fondatrice différence qu'est celle des sexes. C'est bien cette tolérance, cet acquiescement profond qui le conduit spontanément à respecter l'imperfection chez lui-même d'abord, puis chez les autres, sans nul jugement dépréciatif, sans chercher à le nier non plus ou à l'effacer de toutes ses forces. Envisagé de cette façon, le manque, loin de constituer une infirmité, devient richesse en facilitant les liens. J'ai souvent eu l'occasion de remarquer chez certains hommes et femmes que leurs sentiments parfois douloureux d'infériorité et de manque de confiance en eux, leur impression pénible de se sentir vides, nuls, sans cesse insatisfaits et ne sachant pas où est leur place, trouvaient leur origine dans le ratage de cette double opération paradoxale entre 3 et 5 ans. Ils ont tendance, dès lors, à gaspiller une part importante de leur énergie vitale à vouloir devenir quelqu'un d'autre, soi-disant à la hauteur, parfait, complet, en amour et au travail.

Dans cette optique, je suis convaincu que l'obsession du pouvoir, la quête de la puissance, l'idéal de la domination, qu'ils se situent au niveau du couple ou dans l'entreprise, sur les plans économique, politique ou intellectuel, reflètent souvent le rejet de l'incomplétude et de la division sexuelle, le refus de ne pouvoir appartenir qu'à l'un des deux sexes, ainsi que l'aspiration farouche à restaurer l'androgynie, pour se donner l'illusion d'être tout, parfait. Autrement dit la difficulté pour un enfant de vivre en son lieu et temps, au sein du triangle, sa période de toute-puissance, de complétude fusionnelle, de bisexualité psychologique, afin de réussir à intégrer paisiblement ensuite sa différence sexuelle, crée chez lui un doute, un trou identitaire, susceptible d'hypothéquer son épanouissement et sa solidité affective, sans parler de ses relations amoureuses futures. Il est difficile de s'accepter imparfait parmi les autres, sans amertume ni jugement négatif, si on n'a pas été tout jadis, tout-puissant, complet. Dès lors, la quête, voire l'obsession de la perfection, ne signifie plus le souhait secret de devenir le plus beau, le plus fort et le plus intelligent. Il ne servirait non plus à rien de lutter contre elle, armé des formules toutes faites, superficielles et creuses, du genre : « nul n'est parfait » ou « la perfection n'est pas de ce monde », etc. Personne n'ignore en réalité ces lapalissades ! Elle traduirait plutôt la tentative désespérée du sujet, épuisante et d'avance vouée à l'échec, de colmater une brèche intérieure, un manque à être, un trou, un vide, une incomplétude identitaire, renvoyant sans doute à ces deux premières coupures, l'une d'avec la matrice maternelle et la seconde relative à la division sexuelle, la perte de l'autre sexe. Alors, curieusement, plus le sujet s'épuise à combler sa béance et plus il la creuse et l'étend, l'écart entre l'idéal et la réalité demeurant incompressible. Il s'agit en général de ceux qui ont manqué de l'enveloppement et de la chaleur de la mère, ayant été privés d'une véritable fusion avec elle pour pouvoir, ensuite, s'en séparer en paix. Certains ont raté aussi leur différenciation sexuelle, des « garçons manqués » ou « des fils à maman » qui n'ont pas osé s'affirmer dans leur place et identité sexuées, ne correspondant sans doute pas à ce que leurs parents auraient souhaité. Ce qui, dans notre culture homogénéisée contribue à compliquer la relation pourtant si naturelle entre les filles d'Ève et les fils d'Adam, n'est pas dû à leur dissimilitude d'être au monde, mais à l'inverse à son déni ou à son ignorance. L'hétérogénéité crée des liens et la vie, alors que la ressemblance abolit les désirs. À l'autre extrême, la répartition des humains en deux catégories psychosexuelles, masculine et féminine, ne provoque pas la volatilisation pure et simple de leur bisexualité psychologique, puisque toute possibilité de compréhension et de complicité entre les deux sexes découle d'elle. Cela signifie que chaque sujet, tout en se fixant dans son identité psycho-sexuelle dominante, d'homme ou de femme, conserve en lui – sur le plan symbolique, intérieur, sans nul passage à l'acte physique, bien sûr – son autre sexe, le deuxième, celui auquel il a renoncé. Celui-ci ne disparaît jamais, néantisé dans le puits sans fond de l'inconscient. Il continue à remplir, tout au long de l'existence, la fonction d'un ambassadeur, et d'un pont entre le sujet et les personnes du sexe opposé. C'est grâce à son côté féminin, à la femme en lui, à son autre moi, que l'homme réussit à entrer en lien d'amour et d'empathie avec « sa moitié ». C'est également par l'entremise de son deuxième sexe oublié, de la masculinité en elle, que la femme pourra « se brancher » à celui qui la fera « vibrer ».

Sans la présence, le concours et la médiation de ce deuxième sexe oublié, nul ne serait attiré par l'autre sexe, ni ne ressentirait de désir et d'amour pour lui. La féminité chez l'homme et la masculinité chez la femme, appelées « anima » et « animus » par Jung, loin de brouiller les images ou d'affadir les particularités, aident chacun à affirmer clairement son identité sexuée. En français, le terme « comprendre » renvoie à cette double signification, à ces deux aspects de la bisexualité psychologique. Il signifie saisir intellectuellement, concevoir, « piger » ; et contenir, comporter, inclure. Ainsi, il n'est possible de « comprendre » vraiment l'autre sexe que si on l'a déjà en soi symboliquement et qu'on lui est connecté.

Freud, lui-même, n'était nullement hostile à l'idée d'une organisation psychologique bisexuelle de la personnalité, puisqu'il écrivit à Fliess, lequel lui avait le premier suggéré cette idée, qu'« un certain degré d'hermaphrodisme anatomique est normal. Chez tout individu, soit mâle, soit femelle, on trouve des vestiges de l'appareil génital du sexe opposé... La notion qui découle de ces faits anatomiques, connus depuis longtemps déjà,

184 Le fils et son père

est celle d'un organisme bisexuel à l'origine et qui, au cours de l'évolution, s'oriente vers la monosexualité tout en conservant quelques restes du sexe atrophié ». Freud soutenait aussi le fait qu'« il existe chez les individus des deux sexes des motions pulsionnelles aussi bien masculines que féminines pouvant devenir les unes et les autres inconscientes par refoulement ». Ou encore, « le sexe dominant dans la personne aurait refoulé dans l'inconscient la représentation psychique du sexe vaincu[1] ».

La différence des sexes ne se réduit évidemment pas à la dissimilitude anatomique. Elle ne se résume pas non plus à la distinction homme-femme en tant qu'êtres physiques. Ceux-ci ne représentent en réalité que l'incarnation d'une hétérogénéité qui transcende chacun et que je qualifierais, sans nul mysticisme, de nature cosmique, renvoyant aux principes opposés mais complémentaires qui régissent la vie psychologique dans sa globalité. C'est ce que la culture chinoise exprime depuis des millénaires par ses deux concepts de yin et de yang. Le premier symbolise l'obscur, le terrestre, le négatif, le nocturne, le chaud, le féminin, l'espace, etc. Le second représente le lumineux, le céleste, le positif, le diurne, le temps, le froid, le masculin. Ils sont figurés à l'intérieur d'un cercle, symbole de la totalité, divisé en deux moitiés égales par une ligne sinueuse qui les différencie en une partie noire (yin) et une autre blanche (yang). La portion noire (yin) comporte un point blanc et la section blanche (yang) un point noir. Cela signifie qu'ils se trouvent dans un lien de réciprocité et d'interdépendance, qu'ils s'étrei-

1. LAPLANCHE et PONTALIS, *Vocabulaire de la psychanalyse*, PUF, 1968, p. 50.

gnent mutuellement. Ils sont donc inséparables. Aucun
ne peut exister et avoir de sens sans l'autre. Le rythme
du monde et de la vie est celui de leur alternance, de
leur interpénétration. Ils sont deux contraires mais qui
ne s'opposent et ne s'excluent jamais. Ils sont complémentaires et féconds, moteurs de la vie et de la croissance, germes de toute évolution créatrice.

Présentée comme sacrée, l'institution du mariage
avait pour but d'accompagner, de favoriser la rencontre,
la synthèse, l'union, l'alliance entre ces deux pôles, ces
puissances magiques, ces principes cosmiques transcendant les êtres. L'enjeu ne consistait pas seulement à
fêter, à célébrer l'alliance entre deux personnes précises,
nommées Georges et Annie par exemple, événement de
nature affective, amoureuse et sexuelle, d'ordre privé,
ne concernant que les aspirants. À travers l'homme et
la femme, il s'agissait de marier les forces que ces deux
êtres ne font qu'incarner, de les amadouer, afin d'exor-
ciser les dangers que leur rencontre risquerait d'occa-
sionner, pour que leur union soit heureuse et vivifiante
et non destructrice. Le tiers symbolique en s'interposant
dans l'entre-deux des sexes cherche à conjuguer deux
ordres cosmiques, opposés mais complémentaires, dans
le but de préserver la libido des excès nuisibles, l'extinction dépressive et l'exaltation perverse.

La différence des générations

Parallèlement à la différenciation des sexes, celle
concernant les générations, ébauchée certes auparavant,
se confirme également durant cette période de 3 à 5 ans.

Elle contribue, à un autre niveau, à faire prendre conscience à l'enfant de la place psychologique qui lui revient au sein du triangle, dans l'ordre hiérarchique de la filiation. Il reconnaît qu'il est plus jeune que papa et maman, eux-mêmes moins vieux que papi et mamie, perçus comme étant plus âgés, plus près donc de la mort. La différence générationnelle ne se réduit pas à une simple inégalité mathématique concernant la quantité des années, au désavantage de l'enfant qui en posséderait moins que ses aînés. La véritable disparité se situe et se saisit au niveau des places et des fonctions respectives. L'enjeu principal consiste désormais à reconnaître et à préserver celles-ci différenciées. Le sérieux danger est qu'elles soient perversement déniées ou qu'elles sombrent dans la confusion et l'interversion. Cela se produit lorsqu'un père, par exemple, s'accapare la place de la mère, en la cumulant avec la sienne, ou encore quand la mère échange son territoire psychique avec celui de son enfant en l'érigeant au rang d'adulte, de parent, régressant elle-même dans l'enfance.

En dehors, bien évidemment, de la volonté des parents et de leurs souhaits conscients, certains événements de la vie sont susceptibles de perturber le fonctionnement normal du triangle, en embrouillant l'ordre des générations et, par voie de conséquence, la disposition symbolique des places. À titre d'exemple, lorsque l'enfant assiste à la souffrance de ses parents : mésentente, divorce, maladie, chômage, dépression, etc., à l'origine de leur indisponibilité ou de leur absence, il est contraint de délaisser, voire de sauter son enfance pour s'ériger en enfant-thérapeute, parent de ses parents. Cette inversion générationnelle lui est dictée intérieurement par la nécessité vitale et urgente de soigner son parent malheureux, de le guérir, de le rendre opérationnel pour qu'il puisse se trouver de nouveau en mesure de remplir son rôle parental, en prodiguant à son petit la nourriture affective, c'est-à-dire la sécurité et l'amour dont il dépend pour survivre et continuer son développement. Dans d'autres circonstances, c'est plutôt le père ou la mère, le petit garçon ou la petite fille en eux plus exactement, qui ont inconsciemment tendance, en raison de leur immaturité affective, à placer l'enfant en position d'adulte, de parent aimant. Ils lui demandent ainsi, sans s'en rendre compte, de leur offrir enfin la tendresse qui leur a manquée dans leur Ailleurs et leur Avant. Ce genre de parents cherchent à se montrer parfaits, gentils et généreux, ne disant pas non à l'enfant pour ne pas le frustrer, répondant donc à tous ses caprices, pris pour des besoins vitaux. Ils se sacrifient pour son bonheur, simplement dans le but de montrer une bonne image d'eux-mêmes, se prouvant qu'ils méritent d'être aimés.

Dans ce contexte, leur « amour » ne représente guère un don désintéressé, mais le besoin assez égoïste finalement de se sentir reconnus bons et utiles, endettant ainsi leur enfant.

Toutes ces confusions de générations, touchant à la place et au rôle symboliques de chacun, s'avèrent préjudiciables pour les trois membres du triangle. L'irrespect et le déni de la différence générationnelle peuvent se traduire de nombreuses autres façons encore, par l'inceste, sous ses deux formes, de séduction fantasmatique ou de passage à l'acte physique. Il s'agit, dans le premier cas, de capter l'enfant, de l'attirer d'une façon sournoise, comme si on cherchait à le charmer, en lui faisant ressentir par des gestes, paroles, regards ou sous-entendus, qu'il est l'objet d'une affection particulière, privilégiée, ou comme si on partageait avec lui une complicité, un intime secret.

Je me demande si la séduction incestueuse ne s'avère pas, à long terme, encore plus toxique et préjudiciable que le passage à l'acte physique. La dimension réelle, claire et consciente de ce dernier permet d'identifier sans ambiguïté l'attitude perverse et de la dénoncer, en exprimant ses sentiments de honte, de colère et de culpabilité. En revanche, la séduction incestueuse, ne constituant qu'une atmosphère émotionnelle indicible, dépourvue de tout acte répréhensible, échappe à l'élaboration verbale et consciente. Elle interdit, de surcroît, toute plainte paraissant injustifiée, puisqu'il n'y a eu, au contraire, qu'excès de sollicitude. Dans les deux situations, la jeune fille sexuellement abusée (les jeunes garçons étant beaucoup moins concernés) se voit brutalement dépossédée de son enfance. Elle est parachutée dans un univers d'adultes où, en tant que femme, sexuellement consommée, elle n'a pourtant nulle place, manquant de la maturité physique et psychologique nécessaire.

L'abrasement de la différence générationnelle peut également se manifester lorsque l'enfant, pris pour un copain ou une copine du même âge, est placé dans un rôle de confident, invité à partager certains secrets, à écouter des indiscrétions relatives à l'intimité conjugale ou aux aventures extraconjugales des adultes : « Attention, tu garderas ça pour toi. Tu ne le raconteras à personne ! » Il arrive également que l'enfant se trouve coincé malgré lui dans une place et fonction de médiateur, de juge, d'arbitre sommé de prendre parti, en distribuant tort et raison, incité à condamner l'un ou à gracier l'autre, au milieu de la guerre qui dévaste le couple.

On pourrait évoquer aussi le cas de certains pères et mères qui se comportent, en raison de leur immaturité profonde, de manière possessive et jalouse. Faisant coalition avec l'enfant, l'un ou l'autre parent cherche parfois à dénigrer son conjoint, perçu comme rival, motivé par le besoin de se persuader d'être le préféré, seul digne d'amour et d'intérêt. Certains vont même jusqu'à se montrer jaloux à l'égard de leurs propres enfants. Ils surveillent alors leurs fréquentations de façon intrusive, n'appréciant guère leur souhait d'investir d'autres centres d'intérêt, ni surtout celui d'aimer ou d'être aimés par des personnes « étrangères » ! Sinon, ils ont la certitude infantile d'être abandonnés ou trahis. Dans ce genre de familles, la possibilité de se trouver bien ensemble au même moment et celle de s'aimer les uns les autres, certes de manière différente, n'apparaît ni naturelle ni évidente. Il faut toujours qu'un des membres soit considéré comme mauvais, bouc émissaire exclu, ou qu'il joue le rôle du persécuteur, afin de maintenir l'équilibre bancal de la famille.

Il existe également des parents, notamment des mères, qui, suite au divorce et à leurs difficultés d'accomplir le deuil de leur « ex », exigent de leur fils, sans le demander toutefois ouvertement, de remplacer « papa », comme substitut consolateur. Elles vont jusqu'à le prendre dans leur lit, par peur de rester seules la nuit, telles des petites filles, sans aucune précaution particulière pour préserver leur intimité corporelle. Ce qui caractérise toutes ces circonstances, ce climat psychologique et physique de nudité et de transparence, est l'effacement des limites générationnelles, la confusion et l'inversion des places symboliques et, par conséquent, des identités. Plus personne ne sait qui il est, ni où il doit se placer, ni comment réagir. Pour l'enfant, le préjudice le plus important provient de la cessation, de la suspension de son enfance, devenue blanche, se muant pour ce motif en fantôme persécuteur, l'empêchant de grandir pour devenir adulte. Il se trouve non seulement dépossédé intérieurement d'un maillon essentiel de sa « maison-soi », mais aussi exilé dans un univers d'adultes, étrange et inquiétant, qu'il méconnaît et dans lequel il lui est impossible de s'intégrer, étant donné son immaturité biologique et psychologique.

La différenciation des générations, comme celle des sexes, représente pour l'Ancien Testament une préoccupation importante. Honorer son père et sa mère constitue en effet le cinquième des dix commandements, placé avant même l'interdiction de tuer, de commettre l'adultère et de voler. Il est intéressant de remarquer que la Bible ne commande pas d'aimer ses parents, mais curieusement de les honorer (« Honore ton père et ta mère afin que se prolongent tes jours sur le sol que te donne l'Éternel ton Dieu »). Elle ordonne également de les craindre (« Vous craindrez chacun votre mère et votre père », Lévitique XIX, 3). Il n'existe dans le texte biblique que trois commandements d'amour, aimer Dieu, aimer l'étranger et aimer son prochain. Pourquoi ? Comment interpréter ces commandements ? L'amour, l'inclination considérée comme étant la plus spontanée, la plus subjective, échappant par définition à toute résolution et contrôle, peut-il vraiment être ordonné, commandé ?

Comment serait-ce possible d'aimer Dieu, qui n'existe peut-être pas, ou l'étranger et son prochain, qu'on aurait plutôt envie de fuir ou d'abhorrer ?

L'amour pour ses parents constitue une donnée naturelle, allant de soi, évidente, spontanée. Nul besoin de légiférer. En revanche, il est nécessaire de l'encadrer, de lui fixer des limites pour le pondérer, le doser afin de l'empêcher de sombrer dans l'adoration fusionnelle. Seul, l'amour ne suffit pas à sustenter la relation parents-enfants. Il risque même, au contraire, lorsqu'il devient débordé/débordant, d'emprisonner les liens et de se muer en un carcan étouffant, éternisant les dépendances. Le commandement remplit toujours une fonction d'encadrement de la pulsion naturelle pour la protéger d'elle-même, afin qu'elle ne s'endommage pas, sombrant dans les excès, l'extinction dépressive ou l'exaltation perverse.

Voilà pourquoi, dans cette optique, concernant le commandement d'honorer ses parents, c'est le père qui est cité en premier (« Honore ton père et ta mère »), alors que dans celui de craindre, c'est la mère qui se trouve prioritaire (« Crains ta mère et ton père »). Parce que l'enfant aspire naturellement, commentent les sages, à honorer préférentiellement sa mère et à craindre plutôt son père. Alors il est nécessaire de contrebalancer, de compenser cet élan, cette propension instinctive par la loi en privilégiant la mère lorsqu'il s'agit de craindre, et le père, quand il est question d'honorer, ce qui veut dire notamment lui venir en aide, le servir en cas de besoin. Cependant, le respect de la différence générationnelle ne se réduit, de toute évidence, pas à une injonction morale, de nature religieuse et transcendantale, n'intéressant que les fidèles, absurde, par conséquent, pour la modernité athée. Il ne signifie surtout pas, non plus, qu'il faille instaurer des barrières rigides infranchissables entre les parents et leur progéniture. Bien au contraire, la reconnaissance de ces différences fonctionne dès lors comme un pont permettant et facilitant la rencontre intergénérationnelle. Un père, une mère, ne pourront entrer en liens véritables avec leur enfant, en empathie avec lui pour s'imaginer un tant soit peu à sa place et le comprendre, que par l'entremise du petit garçon ou de la petite fille qu'ils continuent à conserver en eux, leur enfance, cette page indétachable de leur existence et source d'énergie et de vitalité pour leur présent. L'essentiel est que l'adulte ne soit pas envahi par son passé, réduit à l'impuissance et incapable donc de s'inscrire dans son Ici et Maintenant.

Ainsi le respect de la différence générationnelle n'implique nullement la rupture entre les parents et leurs enfants. Entre 3 et 5 ans, ceux-ci ont besoin de vivre une relation privilégiée, de proximité fusionnelle avec le parent du sexe opposé, à l'intérieur du triangle. Cette expérience les aide paradoxalement à se différencier, du point de vue sexuel et générationnel, pour pouvoir s'accepter enfant, progéniture, descendant, mais aussi fille ou garçon, féminin ou masculin, grâce à l'identification au parent du même sexe et à la démarcation par rapport à l'autre.

Pour le bon déroulement de ces processus, il est indispensable que les adultes occupent clairement leur place, en respectant les différences sexuelles et générationnelles, afin d'éviter toutes sortes de confusions d'identités. Cependant, il serait également nécessaire qu'ils puissent se montrer suffisamment souples et réceptifs pour ne pas réprimer ces aspirations enfantines de proximité fusionnelle, condition première d'une différenciation réussie des sexes et des générations. Il faut éviter de sombrer d'un extrême à l'autre, de l'érotisation des rapports à l'aridité et la froideur émotionnelle. Cette fonction d'accommodation et d'ajustement, à l'abri des excès nocifs, sans puritanisme ni laxisme, s'exerce naturellement lorsque le parent est différencié lui-même, intérieurement, dans l'ordre des sexes et des générations. Cela lui permet de conserver des liens profonds avec son second sexe et avec son enfant intérieur. Celui qui se trouve amputé de ces deux parts de son identité plurielle risque de rencontrer certaines difficultés à accomplir cette mission, par certains côtés, subtile. Pour se sentir en harmonie avec son enfant, il faut pouvoir être d'abord en paix avec soi. On n'éduque jamais avec des mots ou des recettes, mais avec ce qu'on est profondément, sans mensonge.

En résumé, un parent qui se montre réticent et parcimonieux de contacts, avare de câlins et de bisous, tendu et inquiet à l'idée de toucher et d'être touché, ou qui traite son petit en quantité négligeable, repoussant ses paroles et actes avec mépris ou indifférence, ne favorise pas cette évolution naturelle, avec son double aspect paradoxal. Seule une présence psychologique et physique suffisamment chaleureuse et sécurisante permet de favoriser cette indispensable proximité fusionnelle, pour qu'elle aboutisse à une conscience et à une acceptation claire et heureuse de son identité sexuelle et générationnelle.

Il est vrai qu'à l'heure actuelle nous sommes plus souvent confrontés au problème de l'abrasement des différences sexuelles et générationnelles qu'à leur inverse, en raison de l'homogénéisation de multiples pans de notre existence. La prolifération des familles dissociées, monoparentales, homoparentales, ou recomposées, risque d'empêcher l'enfant de s'inscrire au sein d'un triangle stable, dans l'entre-deux des sexes, des deux pôles masculin et féminin, clairement différenciés. Il ne peut s'identifier au parent du même sexe pour avoir envie de devenir comme lui que s'il vit une relation proche avec l'autre parent, du sexe opposé, lequel lui rappelle qu'il n'est pas comme lui justement et qu'il n'appartient pas au même genre psychosexuel. D'une façon générale, de nos jours, contrairement au début du siècle dernier, la différence générationnelle glisse, de plus en plus, à l'exemple de celle des sexes, dans l'homogénéité et le flou. Naguère, les âges de la vie se trouvaient départagés en trois grandes catégories, les enfants, les adultes et les « vieux ». L'adolescence n'existait presque pas. Les enfants pénétraient directement, parfois même avant la fin de la puberté, dans la vie adulte, contraints qu'ils étaient de « se débrouiller », pour devenir rapidement autonomes, en travaillant à l'usine ou aux champs.

Aujourd'hui, en raison de l'augmentation de la durée de la vie, ces trois périodes de l'existence se trouvent modifiées. L'enfance et l'âge adulte ont considérablement raccourci au bénéfice de l'adolescence, très longue période débutant de plus en plus tôt et s'arrêtant nul ne sait quand. Elle s'est érigée d'ailleurs curieusement en idéal suprême aux yeux des deux sexes et de toutes les tranches de la population, les adultes et les « vieux » n'aspirant désormais qu'à rester ou à redevenir adolescents !

Il sera peut-être un jour légal et banal qu'une grand-mère de 60 ans puisse servir, pendant les neuf mois de gestation, de lieu de consigne à l'embryon de sa fille désireuse à tout prix d'avoir un bébé. Dans ces conditions, qui sera la mère ? De qui sera l'enfant ? Qui sera la grand-mère ? Qui sera le père ? Qui sera le gendre ? Qui seront et que deviendront, plus tard, tous ces enfants désirés, mais privés de racines et de filiations précises, enfants de tous et de personne, victimes de la mégalomanie des « grands », qui confondent les désirs, les identités et les générations, mélangeant de façon incestueuse les fonctions, les branches et les ascendants ?

La prohibition de l'inceste devrait donc être enseignée et dictée, en premier lieu, au père, pour qu'il parvienne à contrôler son impulsivité, en se fixant d'abord des limites à lui-même. C'est surtout lui qui doit sublimer sa pulsion pour renoncer à sa fille comme objet de jouissance sexuelle, respectant ainsi la dissymétrie des places et des identités. Nul enfant ne désire « coucher » avec son père ou sa mère. N'oublions pas que le mythe d'Œdipe débute en effet par un acte pédophile, motivé par le déni de Laïos de la différence des sexes (puisqu'il avait pris Chrysippos pour une femme) et de la dissymétrie des générations (puisqu'il avait confondu le jeune garçon avec un adulte). Laïos ne se trouvait donc guère différencié, ni identifié dans aucun de ces deux ordres. À l'image de Dédale, il était prisonnier de la toute-puissance.

Le mythe œdipien met en scène l'indifférenciation des sexes et des générations, le désordre des places symboliques à l'intérieur du triangle ainsi qu'une répartition déséquilibrée du pouvoir entre ses trois membres. Ces errements aboutissent ici à la perte de l'enfant, bouc émissaire, sacrifié à l'image d'Icare sur l'autel de l'infantilisme égoïste des parents. Allons plus loin encore dans l'interprétation de cette tragédie, si vivante, si riche, si émouvante.

Le sacrifice d'Œdipe

J'ai essayé de montrer, à travers une nouvelle lecture, la possibilité d'une interprétation différente de la tragédie œdipienne, située dans la globalité des événements, et surtout non réduite à une ou deux de ses séquences. Son thème principal gravite, il me semble, autour des dangers de la toute-puissance, de la démesure plus exactement, suivant le mot de Sophocle lui-même, à savoir, en langage psychanalytique, l'aspiration à cumuler les opposés comme chez Dédale en confondant les sexes et les générations, les places symboliques et les fonctions.

Dans cette optique, ce qui arrive à Œdipe, totalement en dehors de sa conscience et de sa volonté, ce qu'il subit donc en réalité, est le châtiment des fautes paternelles. Il représente ainsi, à l'exacte image d'Icare, un enfant sacrifié, un *pharmacos* innocent, expurgeant, tel un buvard ou une éponge, les salissures, la perversion de son père, sa culpabilité. Il n'est que le symptôme de Laïos, son refoulé. Ne jouissant fondamentalement d'aucune liberté intérieure, ses comportements ne peuvent trouver de sens que s'ils sont mis en lien avec l'âme déformée de son père. Le fils ne représente que son ombre, son côté négatif, sa mauvaiseté, son symptôme.

Pris pour l'autre, il est puni par procuration, pour le compte et à la place de Laïos, coupable, lui, d'avoir confondu ce qui aurait dû rester soigneusement différencié. C'est bien cela le vice, le vrai crime et non la transgression d'un interdit extérieur, ou la violation d'un ordre moral, susceptibles d'être pardonnés, en purgeant une peine ou en s'acquittant d'une amende.

Reprenons notre récit qui devient de plus en plus sombre. Une terrible épidémie de peste s'abattit sur Thèbes, longtemps après le mariage d'Œdipe et de Jocaste, doublée d'une sécheresse et d'une famine sans précédent, décimant la population. « La mort frappe Thèbes dans les germes, où se forment les fruits de son sol, ses troupeaux, des bœufs, des femmes qui n'enfantent plus la vie. » Pourquoi tout un peuple est-il frappé pour le sang versé d'un seul homme ? Cela s'explique par le fait, déconcertant pour notre logique cartésienne et choquant pour notre sens de l'équité, qu'il existe au niveau de l'inconscient du groupe (famille-société) une sorte d'interchangeabilité entre ses membres, d'identité collective, de responsabilité mutuelle. Je suis certes un peu moi-même, mais aussi beaucoup les autres, mes ancêtres, mes proches. Nul n'est tout à fait reclus et à l'abri dans sa bulle, à son compte propre, coupé de tous. Chacun se trouve atteint, concerné, impliqué par les autres. La faute d'un seul peut retomber ainsi sur la collectivité entière, comme s'il s'agissait d'une seule et même personne. À l'inverse, le sacrifice d'un des membres peut purifier et racheter tout le groupe. Œdipe paye pour son père et les Thébains pour lui.

Les citoyens accablés supplièrent Œdipe, leur héros, leur sauveur, de les débarrasser à nouveau de ces malheurs, lui qui fut capable, grâce à son savoir et à sa métis, de délivrer Thèbes de la redoutable Sphinge, en déchiffrant son énigme. Par un jeu sur son nom, Oidipous, et sur le verbe signifiant « je sais » (*oida*), Sophocle fait d'Œdipe « celui qui sait ». Il devint ainsi l'enquêteur agissant par délégation pour la cité, sans savoir qu'il était précisément l'objet de l'enquête, qui devait aboutir à la découverte du meurtrier de Laïos. Œdipe convoqua Tirésias, faisant appel à ses dons divinatoires de voyance. Conscient avec anxiété de l'enjeu de l'affaire et de la menace qui pesait sur le héros, celui-ci souhaita évidemment se taire, quitte à désobéir au roi. Œdipe insista, allant jusqu'à accuser l'aveugle devin d'avoir tramé et commis lui-même le meurtre de l'ancien monarque. Tirésias révéla, malgré lui, ce qu'il voyait de l'intérieur. Il déclara à Œdipe que c'était lui le meurtrier de Laïos qui souillait le pays. Œdipe cherchant à accuser Créon, son oncle, de comploter contre lui pour le chasser du pouvoir, Tirésias ajouta : « C'est ton succès justement qui te perd. Il (Œdipe) se révélera père et frère à la fois des fils qui l'entouraient, époux et fils ensemble de la femme dont il est né, rival incestueux aussi bien qu'assassin de son propre père ! »

Par un étrange renversement de rôle et de destin, le sauveur de la cité devient le criminel, concentrant sur lui tout le mal, toute la souillure, tout le sacrilège du monde. C'est lui qu'il faut isoler, chasser, comme un *pharmacos*, afin que la cité, retrouvant sa pureté, soit sauvée. Cependant, Œdipe résista, refusa de croire à la vérité. Rejetant les paroles de l'aveugle devin, il ne voulut pas voir, savoir. Faisons une petite digression concernant l'origine de la clairvoyance de Tirésias. Pourquoi cette cécité paradoxalement divinatoire ? L'histoire raconte que sa mère, la nymphe Chariclo, était la compagne favorite de la déesse Athéna. Toutes les deux adoraient se baigner nues dans les eaux d'une source. Un jour, le jeune Tirésias, cherchant sa mère, s'approcha et surprit Athéna dans le plus simple appareil. La déesse, ne supportant pas d'avoir été aperçue nue contre sa volonté, mit sa main, pour le punir, contre les yeux du jeune garçon et le rendit aveugle. Pour le consoler de cette perte, elle purifia ses oreilles en lui offrant la compréhension du langage des oiseaux. Elle lui accorda également le privilège de vivre durant sept générations. Enfin, elle lui fournit un bâton pour se diriger où il voulait, comme s'il avait toujours ses yeux. Selon une autre version, le jeune Tirésias, se promenant sur le mont Cithéron, découvrit par hasard deux serpents entrelacés. Il les frappa de son bâton. La femelle périt. Le jeune garçon se vit aussitôt métamorphosé en femme, pendant sept ans. Au cours d'une autre promenade, il aperçut à nouveau deux serpents accouplés. En les frappant, il tua le mâle cette fois, ce qui le fit redevenir instantanément homme.

Une autre version raconte enfin qu'une querelle éclata entre Zeus et Héra, pour savoir qui éprouve, au cours de l'acte sexuel, le plus de plaisir, l'homme ou la femme. Zeus soutenait que la jouissance de la femme était bien plus intense, son épouse défendait énergiquement le contraire. Tirésias, en raison de sa double expérience sexuelle, fut convoqué comme arbitre. Il déclara sans hésitation que la femme éprouve neuf fois plus de plaisir que l'homme dans l'acte de l'amour. Courroucée d'avoir été contredite, Héra frappa Tirésias de cécité pour le punir de ce qu'elle qualifiait de « son aveuglement ». Impuissant à réparer les dégâts occasionnés par son épouse, Zeus consola le jeune aveugle en lui accordant le don de la voyance et de la prophétie, ainsi que la compréhension du langage des oiseaux. C'est donc cette clairvoyance, malgré et surtout en raison justement de sa cécité physique, qui permit à Tirésias de voir et de révéler à Œdipe, physiquement voyant, mais psychologiquement aveugle, ce qu'il ne voulait pas voir, ni savoir, ni entendre.

Ces mythes sont d'une profondeur inouïe, d'une actualité saisissante. La psychanalyse et la Bible s'ingénient à défendre également, certes chacune avec ses concepts et son vocabulaire, la même impossibilité d'observer avec les yeux de la chair. « La face de Dieu ne peut être vue », est-il rappelé itérativement dans la Thora. D'après elle, la vision ne peut nullement constituer un instrument fiable de la connaissance. Le regard est sans cesse induit en erreur par les apparences factices, le piège trompeur des images dont la beauté, parfois ensorcelante, enflamme l'émotion en court-circuitant la réflexion, d'où l'interdiction de toute iconographie. Pourquoi ? Parce que simplement l'image s'adresse directement à la pulsion, la titille et l'embrase, alors que l'écoute sollicite la raison et invite à la méditation. Pour les deux doctrines, c'est l'oreille qui, curieusement, devient capable d'entrevoir l'invisible, l'intériorité, et non l'œil, la vision. Chez Tirésias, la perte de la vue avait purifié ses oreilles et l'avait rendu capable de comprendre le chant des oiseaux, qui symbolise la voix de la Transcendance. Quant à la psychanalyse, sa colonne vertébrale renvoie évidemment à l'opposition fondamentale entre le visible et l'invisible, le conscient et l'inconscient. Toute sa stratégie consiste à rechercher la vérité en dépassant le texte manifeste, lacunaire et mensonger, pour pénétrer le contenu latent, caché, enfermant le trésor des désirs et des sens. Le rêve n'apparaît plus comme un récit en images, mais comme une organisation de pensées, comme un discours exprimant les aspirations inconscientes du rêveur, dévoilées par l'interprétation. D'ailleurs, la psychanalyse comme la Bible se montrent extrêmement respectueuses du secret, de l'intime, opposés à la transparence et à la nudité. Il est intéressant de souligner qu'en prohibant, par exemple, l'inceste entre le père et sa fille, la Bible n'édicte pas crûment la prohibition des relations sexuelles entre eux, mais l'interdiction absolue signifiée au père de « découvrir la nudité » de sa fille.

Curieusement, l'écoute s'avère foncièrement subjective, invérifiable, non quantifiable, incertaine, difficilement transmissible en raison des quiproquos inévitables. Comme tout témoignage, elle est contestable. C'est pourtant ce procédé d'échange que privilégient la Bible et la psychanalyse, et non, contrairement à la science, une vision neutre, froide, objective et donc chosifiante. Vous connaissez aussi, sans doute, l'une des règles de la technique psychanalytique consistant à écouter le patient sans le voir. L'analyste l'invite à s'allonger sur un divan, prenant lui-même place derrière lui, dans le but d'éviter le croisement des regards ! Le mythe grec semble soutenir la même valeur, punissant Tirésias d'avoir dévoilé l'intimité de sa mère, celle de la déesse Athéna, des serpents et d'Héra. Tout se passe comme si, indépendamment de toute préoccupation moralisatrice, en découvrant l'intimité d'une personne, en rendant visible ce qui devrait rester secret, le spectateur pénétrait, par effraction, de façon intrusive, comme un viol, dans un espace qui n'est point le sien et où il n'a pas à se trouver. L'interdit vise la confiscation de la place symbolique de l'autre, la négation de son identité de sujet, par l'exercice d'un pouvoir sur lui. Quant au spectateur, la différence entre l'écoute et le regard est que ce dernier, en excitant et en attisant la pulsion, subjugue et asservit le sujet. Il paralyse son autonomie psychique, sa liberté intérieure, sa lucidité et, par conséquent, la possibilité pour lui d'agir en adulte. L'écoute, en revanche, faisant appel à la pensée préserve le moi d'être envahi par l'affectif et l'irrationnel : émotions, angoisses ou passions de l'enfant intérieur, soumis au principe de plaisir et pressé d'en découdre.

Après avoir interrogé Tirésias et Créon, Œdipe se tourna vers Jocaste, sa femme/mère, pour l'aider à découvrir le meurtrier de Laïos, mais aussi le secret de son origine. Jocaste s'efforça de rassurer son époux/fils. Dans le but de démontrer l'absurdité des présages, elle lui confia que, il y avait longtemps de cela, un oracle était arrivé chez Laïos pour lui prédire que s'il avait un fils, celui-ci le tuerait pour épouser sa femme. Seulement, sitôt né, le fils, même pas nommé, fut emmené et lâché sur un mont désert, ligaturé par les pieds, pour servir de proie aux bêtes. De plus, continua Jocaste, encore plus sûre d'elle, selon le serviteur de Laïos, le seul survivant et témoin du meurtre de ce dernier, son mari n'a pas été tué par un seul individu, mais par une bande de brigands, au croisement de deux chemins. Au lieu d'apaiser Œdipe, ces paroles l'inquiétèrent davantage : « Ah, comme à t'entendre, je sens soudain, ô femme, mon âme qui s'égare, ma raison qui chancelle. » Il était en train de réaliser que ni l'aveugle Tirésias ni Créon, son beau-frère, ne cherchaient à comploter contre lui, par rivalité, pour lui ravir son trône et son pouvoir, mais que, sans doute, c'était lui le meurtrier de son père. Il se souvint alors qu'un soir, à Corinthe, quand il était jeune, lors d'une soirée de beuverie, un homme ivre l'avait appelé « l'enfant supposé » ! Œdipe avoua qu'il avait eu beaucoup de peine et de mal à se voir qualifié de la sorte. Dès le lendemain, il s'était empressé de questionner son père et sa mère. Ceux-ci s'étaient montrés indignés contre l'auteur de cette allégation cruelle. Il avait décidé alors d'interroger l'oracle Phoebos. Celui-ci lui avait prédit d'emblée, sans autre commentaire, qu'il connaîtrait le destin le plus lamentable, qu'il serait l'assassin du père dont il était né et qu'il entrerait dans le lit de sa mère. Œdipe s'était alors résolu à quitter Corinthe, pour s'enfuir loin, vers des lieux où il ne pourrait jamais voir se réaliser ces ignominies annoncées par l'effroyable oracle.

Commotionné par toutes ces révélations, Œdipe exigea alors qu'on convoquât le seul témoin rescapé du meurtre de Laïos. Curieusement, ce vieux serviteur, dès qu'il avait vu Œdipe installé sur le trône, avait supplié Jocaste de le renvoyer du palais pour qu'il retourne à ses champs, à ses bêtes, le plus loin possible de Thèbes ! Entre-temps, un Corinthien arrivé à Thèbes demanda à rencontrer Œdipe pour lui communiquer une importante information. Il annonça à Jocaste puis à Œdipe la mort de Polybos, roi de Corinthe, celui qu'Œdipe prenait pour son père. Quand l'oracle Phoebos avait prédit qu'Œdipe tuerait un jour son père et épouserait sa mère, il ne lui avait pas dit que le roi et la reine de Corinthe n'étaient pas ses vrais parents. Voici pourquoi Œdipe les avait fuis, pour ne pas avoir à réaliser cette horrible prédiction.

Apprenant la mort de son père, frappé par le sort et non par lui, libéré de la terreur qu'il avait depuis des années de le tuer, Œdipe ressentit un immense soulagement, durant un bref instant. Sa hantise de devoir assassiner son père et épouser sa mère s'était donc trouvée démentie. Mais le Corinthien continua à parler pour révéler aussitôt que Polybos n'était pas son père de sang et qu'Œdipe n'était pas son fils. Il ajouta qu'il avait lui-même trouvé Œdipe dans le val boisé de Cithéron, confié à lui par un berger de Laïos. Il révéla également que c'était aussi lui qui avait dégagé ses pieds transpercés, et que c'était enfin toujours lui qui l'avait amené à Corinthe pour le faire adopter par le roi Polybos et la reine Méropé !

Œdipe voulut convoquer le vieux berger de Laïos afin de vérifier les troublantes révélations du voyageur. Jocaste chercha à l'en dissuader, mais Œdipe insista pour éclaircir enfin le secret de ses origines. Le vieux serviteur nia, puis passa aux aveux. Jocaste elle-même lui avait remis le bébé, de ses mains propres, à l'âge de 3 jours, pour le tuer, par crainte d'un oracle des dieux prétendant qu'il tuerait son père et épouserait sa mère. Mais, jura-t-il, tremblotant, il remit l'enfant à ce voyageur corinthien ici présent pour le sauver de la mort. Œdipe s'écria alors : « Ah ! Lumière du jour, que je te voie ici pour la dernière fois, puisque aujourd'hui, je me révèle le fils de qui je ne devais pas naître, l'époux de qui je ne devais pas l'être, le meurtrier de qui je ne devais pas tuer ! » Après cette révélation, Jocaste se précipita dans sa chambre où elle se pendit, gémissant sur le lit nuptial : « Où, misérable, elle enfanta un époux de son époux, et des enfants de ses enfants. » Œdipe se creva les yeux

avec les agrafes en or qui servaient à draper les vêtements de sa mère/épouse : « Ainsi ne verront-ils plus ni
le mal que j'ai subi, ni celui que j'ai causé, ainsi les
ténèbres leur défendront-elles de voir désormais ceux
que je n'eusse pas dû voir, et de connaître ceux que,
malgré tout, j'eusse voulu connaître. »

À l'instar de celle de Tirésias, la cécité d'Œdipe le
rend enfin clairvoyant, lui permettant de trouver la
lumière intérieure, en se coupant du dehors. Ensuite, il
demanda, se qualifiant de « criminel, issu de criminels »,
qu'on le chasse de Thèbes, qu'on « le laisse habiter dans
les montagnes, ce Cithéron qu'on dit mon lot. Mon père
et ma mère, de leur vivant même, l'avaient désigné pour
être ma tombe : je mourrai donc aussi par ceux qui
voulaient ma mort ».

La boucle est bouclée. Le début et la fin du récit se
télescopent, se rejoignent. L'éternel retour, le serpent
qui se mord enfin la queue ! Comme si, après toutes ces
péripéties, il avait été inutile qu'Œdipe soit libéré de ses
sangles, sauvé par un berger et emmené à Corinthe.
Comme s'il valait mieux qu'il eût péri le jour de ses
3 jours, en agneau sacrificiel, en *pharmacos*, pour éponger la faute de ses parents et apaiser la colère des dieux
ou de Dieu. Tout cela pour rien finalement ! Survivre
n'est pas synonyme de vivre. Œdipe était mort bébé sur
le mont Cithéron. Il y a eu sursis, mais pas délivrance.
Chaque trêve n'a fait qu'engendrer d'autres problèmes,
bien plus redoutables et déroutants encore que ceux
qu'elle était censée résoudre. Tout a empiré au fur et à
mesure. Tout un peuple, toute une famille sont frappés
atrocement maintenant, punis, ravagés par la faute d'un
seul, Laïos.

Un autre thème, cher à Sophocle, concerne l'inutilité de la fuite et de la lutte, voire leur dangerosité, face au destin, à l'incontournable punition qu'elles ne font qu'aggraver. Plus on cherche à dominer l'inconscient et plus celui-ci se rebiffe et ligature le moi. J'avais exprimé la même idée concernant Dédale et le Minotaure, l'aboutissement, l'incarnation de tous les problèmes, que le génial artisan avait réussi à « résoudre » encore et toujours ! Dans ce contexte, il s'avère vraiment injuste de simplifier à l'extrême cette tragédie, réduite à deux seules séquences (tuer son père et coucher avec sa mère) totalement déconnectées de leur contexte global et de la philosophie de la pièce. Ce n'est point Œdipe qui a ressenti le désir, qui a eu envie, qui a souhaité gratuitement et sans motif tuer son père. Ce parricide n'obéissait pas à un désir, libre et spontané. Il représentait la concrétisation d'une malédiction destinée à châtier la perversion de Laïos, pour venger Chrysippos. En outre, historiquement, il n'était pas antérieur à l'infanticide, mais postérieur, consécutif. Cet acte ignoble fut commis par les deux parents d'Œdipe, son père et sa mère, Laïos et Jocaste. Le nourrisson, révéla le vieux berger, lui fut remis par la mère, en « mains propres », à l'âge de 3 jours. Jocaste n'était donc pas maternelle non plus, n'était pas une mère tout court, n'en avait pas la fibre, la sensibilité. Pauvre Œdipe, orphelin de mère et de père !

Au cours de mon enquête, j'ai réussi à découvrir sur son passé transgénérationnel un détail passionnant, qui s'inscrit en continuité de sens par rapport à l'infanticide œdipien. La grand-tante de Laïos, du côté paternel, Agavé, avait un fils nommé Penthée, roi de Thèbes, ayant succédé à Cadmos, son grand-père. Son nom signifie en grec ancien « le chagrin », « la douleur ». En vue de s'opposer à Dionysos et à son culte dans son royaume, il osa faire jeter le dieu en prison. Dionysos se libéra sans peine et frappa les femmes de Thèbes, ainsi qu'Agavé, la mère de Penthée, de folie. Penthée décida de se cacher dans un arbre au mont Cithéron. Il fut découvert et mis en pièces par ses deux tantes, mais aussi par sa propre mère qui lui coupa la tête. Elle s'aperçut plus tard de son crime horrible. Une mésaventure analogue survint aux habitants d'Argos qui avaient refusé, eux aussi, de reconnaître Dionysos. Les femmes rendues furieuses et folles mirent en pièces leurs enfants et les dévorèrent. Comment, dans ces conditions, Œdipe, avec un destin conditionné, à ce point surdéterminé, programmé d'avance, bien avant sa conception, aurait-il pu, en sujet psychiquement autonome, intérieurement libre, désirer quoi que ce soit ? Il a été mis à mort à l'âge de 3 jours et, tout de suite, transformé en fantôme, errant et sans sépulture, parmi les autres, eux aussi psychiquement morts. C'est bien ce fantôme qui s'est vengé de ses meurtriers Jocaste et Laïos, plus tard, mais certainement pas Œdipe, pour la simple raison qu'il n'a plus jamais quitté le mont Cithéron !

Un autre thème précieux à Sophocle concerne l'idée de la souillure et de la nécessité de son épuration par la sanction, dans l'espoir de sauver les autres de la contamination. La souillure n'a bien sûr rien à voir avec la saleté. Elle n'est pas synonyme d'une malpropreté quelconque que l'on pourrait désinfecter. Elle ne renvoie pas non plus à la morale moralisatrice, fumeuse et obscurantiste. Elle signifie dans toutes les cultures la confusion, le mélange des axes symboliques qui devraient rester soigneusement séparés, distingués, les sexes et les générations en premier lieu, matrices de toutes les autres différences, mais aussi la vie et la mort, Éros et Thanatos. Certes, les légendes divines regorgeaient de scènes de parricides, de matricides, d'infanticides ou d'incestes, mais ces phénomènes ne souffraient de nul jugement moral désapprobateur. Ils faisaient partie intégrante et naturelle des aléas de la vie des dieux. Une autre faute de Laïos consiste à avoir confondu le haut et le bas, le ciel et la terre, l'univers des dieux et celui des mortels, à s'être pris donc pour un dieu et non le simple mortel qu'il était. C'est bien cela la souillure, foyer d'impureté et de putréfaction, se propageant plus rapidement qu'un cancer, pourrissant la vie collective, extrêmement dangereuse, par conséquent, pour la cité.

La souillure appelle la sanction comme tentative d'assainissement, de purification, de remise en ordre du chaos. Les paroles d'Œdipe, ses hurlements plus exactement, vont clairement dans le sens de cette confusion des identités, des places et des fonctions : « Ah ! Lumière du jour, que je te voie ici pour la dernière fois, puisque aujourd'hui, je me révèle le fils de qui je ne devais pas naître, l'époux de qui je ne devais pas l'être, le meurtrier de qui je ne devais pas tuer ! » Les dernières paroles de Jocaste, lors de son suicide par pendaison sur sa couche où « misérable, elle enfanta un époux de son époux et des enfants de ses enfants ! » confirment ce chaos identitaire, où plus personne ne réussit à être soi, faute d'occuper la place légitime qui lui revient.

Voici pourquoi Œdipe représente le *pharmacos,* le médicament, le Christ, le bouc émissaire, la victime innocente qui, prise pour l'autre, doit, par le versement de son sang, purifier l'impureté des mélanges et des confusions, causée par les autres, en raison de leur perversion. Il se trouve chargé des crimes qu'il n'a pas commis, mais dont il a hérité de ses parents, sans cœur et tueurs d'enfants, sans que nul puisse prendre sa défense. C'est bien cela la culpabilité de la victime innocente, foncièrement différente de la culpabilité juridique, consécutive à la transgression d'un interdit. Pour la logique illogique de l'inconscient, la faute se situe toujours du côté de l'offensé extérieur, de celui qui a été maltraité, a subi la violence, en toute impuissance. Le criminel ne se sent jamais concerné par la culpabilité, sinon celle-ci l'aurait empêché de passer à l'acte pour nuire et blesser.

Jung disait : « L'enfant est tellement inséré dans le contexte psychologique de ses parents que leurs difficultés psychologiques non résolues peuvent exercer sur sa santé une influence considérable. La "participation mystique", c'est-à-dire l'influence inconsciente primitive, fait ressentir à l'enfant les difficultés qui agitent ses parents, l'enfant en souffre comme s'il s'agissait des siennes. Ce n'est jamais le conflit ouvert, ni la difficulté tangible, pourrait-on dire, qui ont un effet infectieux, ce sont les difficultés et les problèmes que les parents tiennent inconscients. Ce que l'enfant semblait ressentir le plus vivement, c'est l'inconscient de son père[1]. »

Il soutient ailleurs que « les problèmes refoulés et la souffrance que l'on se donne l'illusion d'avoir écartés de sa vie distillent un poison secret qui, à travers les murs du silence les plus lourds, à travers le badigeonnage le plus sévère d'échappatoires intellectuellement trom-

---

1. Carl Gustav JUNG, *Psychologie et éducation*, op. cit., p. 105.

peuses, finit toujours par pénétrer dans l'âme de l'enfant. L'enfant est livré sans secours à l'action spirituelle de ses parents ; il est contraint de s'imprégner de leurs illusions, de leur manque de sincérité, de leur hypocrisie, de leur lâche infatuation, de leur angoisse qu'il reçoit comme la cire qui reproduit le cachet qu'on lui impose[1] ».

Œdipe a dû payer non seulement pour son père Laïos, qui avait confondu de manière perverse les sexes et les générations en violant Chrysippos, pris pour une femme de la même génération alors qu'il n'était qu'un jeune garçon, mais il a été sanctionné de surcroît pour ce qu'il avait injustement subi dans sa chair et son âme. Coupé de son père et enlevé à sa mère, il avait été ignominieusement chassé de sa famille pour être mis à mort sur le mont Cithéron. En réalité, il n'avait jamais commis aucun mal, ni de bien d'ailleurs, puisqu'il n'était pas lui-même, n'existait pas en tant que sujet, intérieurement libre et conscient, et donc responsable de ses actes. Il n'était, plus exactement, rien, n'avait rien à lui, Laïos ayant raflé toutes les places.

On ne parlait toujours d'Œdipe qu'en tant que futur meurtrier de Laïos, criminel de son père, incarnation de la souillure et jamais en tant que fils, héritier, chargé de reprendre le flambeau. Il n'avait pas de femme à lui non plus. Celle-ci aussi appartenait à Laïos, comme son trône. Laïos était donc ainsi omniprésent, totalement absent bien sûr, mais omniprésent, encore plus nocif après sa mort que de son vivant. Il ne correspondait nullement à la définition du père, à savoir celui qui, tout en occupant sa place de géniteur auprès de son fils et celle d'amant

---

1. *Ibid.*, p. 33.

auprès de son épouse, se montre capable de retrait, de recul, d'absence, en laissant les deux autres membres du triangle vivre et se lier, dans le respect de leurs différences.

C'est sans doute aussi cette permanente et écrasante présence qui a empêché Jocaste de jouer, un tant soit peu, son rôle de tampon vis-à-vis de son fils en le protégeant précisément de l'animosité paternelle. Pis encore, elle a été complice de cette violence, livrant de ses « propres » mains son nourrisson de 3 jours pour qu'il périsse, déchiqueté par les bêtes féroces, rôdant nuitamment sur le mont Cithéron ! Le lien entre le père et le fils est de nature foncièrement triangulaire. La mère, en se plaçant dans leur entre-deux, et en exerçant le rôle de mère vis-à-vis du premier et d'amante vis-à-vis du second, les sauve de la violence. Elle leur permet notamment de se rapprocher, de se reconnaître et de s'aimer. Sans cette médiation, sans cette interposition, le lien père-fils est voué à l'échec, à l'image de celui d'Œdipe et de Laïos. *Œdipe roi* de Sophocle s'achève sur une leçon de morale, ou plutôt de sagesse, remarquable, assez pessimiste, penseront hâtivement certains : « Regardez, habitants de Thèbes, ma patrie. Le voilà, cet Œdipe, cet expert en énigmes fameuses, qui était devenu le premier des humains. Personne dans sa ville ne pouvait contempler son destin sans envie. Aujourd'hui, dans quel flot d'effrayante misère est-il précipité ! C'est donc ce dernier jour qu'il faut, pour un mortel, toujours considérer. Gardons-nous d'appeler jamais un homme heureux, avant qu'il ait franchi le terme de sa vie sans avoir subi un chagrin[1]. » J'en déduis qu'il vaut mieux, d'abord, ne pas

---

1. Sophocle, *Œdipe roi, op. cit.*, p. 250.

trop se fier aux apparences, à ce que voient les yeux, et, ensuite, qu'il ne faudrait pas juger d'une œuvre, d'une vie, d'une création, d'une façon fragmentaire, mais chercher plutôt à l'approcher dans sa globalité, en la regardant avec patience, de l'intérieur, avec ses oreilles, et en fermant les yeux !

4

Isaac, fils d'Abraham

Abraham est le premier et le plus célèbre des trois patriarches bibliques, avec Isaac, son fils, et Jacob, son petit-fils. Avec lui, non seulement l'histoire sainte rentre dans l'histoire tout court, mais il est aussi le premier personnage dont la date d'existence a pu être clairement identifiée, autour de 1900 avant J.-C., il y a donc environ 4 000 ans. Il est l'ancêtre reconnu et vénéré par les trois grandes religions monothéistes, le judaïsme, le christianisme et l'islam. Il représente le premier croyant qui plaça sa foi en un Dieu unique, immatériel, invisible et intangible, contrairement à ses aïeux et aux peuples de son époque, qui pratiquaient l'idolâtrie, vénéraient des statuettes en pierre ou en bois. Sa figure domine la Bible tout entière, allant jusqu'à constituer un des nombreux noms divins, « Dieu d'Abraham, d'Isaac et de Jacob ». Il incarne également l'homme de l'aventure et du risque, celui qui accepte, avec courage et sans crainte, sur la seule parole de Dieu, de quitter toutes ses attaches, de s'arracher à son milieu coutumier, familial, social, professionnel, en s'en allant vers un pays qu'il ne connaît pas, pour propager sa croyance en Dieu.

Abraham est surtout connu, partout et depuis toujours, pour avoir tenté, sous l'ordre divin et en vue de démontrer sa foi inébranlable, de sacrifier son fils Isaac, scène immortalisée par de nombreux peintres. La mort de Jésus sur la croix est censée d'ailleurs reproduire ce terrible événement. De la même façon qu'Isaac s'est soumis à son père, prêt à l'immoler, Jésus obéissant à la volonté de Dieu le Père a accepté d'être sacrifié pour sauver les hommes. Mais comment le récit de la vie et des aventures du patriarche, ainsi que celui de ses liens avec Isaac, serait-il susceptible d'apporter quelque chose aux hommes modernes, croyants ou athées ? En quoi peut-il éclairer la relation entre les pères et les fils d'aujourd'hui, dans le but de les aider à mieux l'assumer ?

Avram, il ne s'appellera Abraham que plus tard, était le fils de Térah, lui-même fils de Nahor, lui-même fils de Séroug, lui-même fils de Réou, lui-même fils de Pélag... La Bible tient à présenter minutieusement les deux chaînes, composée chacune de dix générations, la première allant du premier homme Adam jusqu'à Noé, et la seconde se poursuivant de celui-ci à Abraham. Pourquoi cette énumération fastidieuse et sans intérêt des noms de personnes, dans leur grande majorité inconnues ? C'est pour que, différenciation oblige, nul ne soit tenté d'attribuer aux élus de Dieu, ici l'homme Abraham, une origine, une essence divine, grâce à cette « traçabilité » rigoureuse ! Le but est de prévenir, puisqu'ils descendent, l'un après l'autre, de l'homme Adam créé par Dieu, tout risque de confusion entre le ciel et la terre, le haut et le bas, Dieu et l'homme, préservant ainsi ce dernier de la toute-puissance mégalomaniaque. Les deux ne peuvent se mélanger. C'est d'ailleurs la raison pour laquelle Élohim façonna d'abord Adam, puis Ève, disent les sages. Parce que s'Il avait créé en premier lieu la femme, on aurait pu croire que les humains sont issus du mariage entre Dieu et la femme ! Ève a d'ailleurs été engendrée pour qu'Adam ne se trouve pas seul, comme l'Éternel, et donc qu'il ne se prenne pas, et qu'on ne puisse pas le prendre non plus, pour Dieu ! J'ai toujours pensé que la signification et l'utilité majeures de l'idée de Dieu, la plus belle et la plus intelligente invention de tous les temps, attestant la naissance de la pensée symbolique, se situent vraiment là. Elle permet au moi, rencontrant une limite, une supériorité, une transcendance inatteignable, de ne pas s'identifier à Dieu, de ne pas se croire orgueilleusement parfait, tout, sans manque, immortel, maître du vivant, l'origine, le but et la fin de l'Histoire. Cette limite protège le moi en le sauvant de l'éclatement.

Avram prend pour épouse Saraï, sa nièce, fille de son frère Haran. Saraï était stérile. Toute la famille quitta la ville d'Ur, cité de la basse Mésopotamie, pour s'installer à Haran, où l'Éternel apparut à Avram : « Va pour toi seul, hors de ton pays, de ton lieu natal et de la maison paternelle, vers le pays que je t'indiquerai. Je te ferai devenir une grande nation, je te bénirai, je rendrai ton nom glorieux et tu seras bénédiction. » Avram quitta donc Haran, à l'âge de 75 ans, en compagnie de Loth son neveu, de Saraï, son épouse, et de ses serviteurs en direction de Canaan. Le récit de la vie du patriarche ne s'inscrit pas d'emblée dans le même contexte psychologique que celui de ses pairs antiques, Dédale et Laïos.

L'histoire du premier commence par l'obligation où il se trouvait de fuir Athènes et de se réfugier en Crète, au palais du roi Minos, pour échapper à une éventuelle condamnation, consécutive au meurtre de son neveu Circinus. Quant à Laïos, il avait été maudit par les dieux après le viol et le suicide de son jeune élève Chrysippos. Il fuyait lui aussi la punition destinée à frapper son horrible action. Avram, lui, ne souffrait ni de jalousie maladive ni d'attirance pédérastique. Il n'avait commis aucun crime, n'était ni maudit ni puni de bannissement et d'exil. Au contraire, il était protégé du Ciel et béni, avec la promesse d'une postérité multiple.

Il est intéressant de remarquer aussi que Dieu n'ordonne pas ici égoïstement à Avram : « Viens vers moi mon petit », ce qui serait une exigence de fusion confusionnante, mais d'aller vers soi, de cheminer et devenir grand. Le périple le plus périlleux, l'enjeu essentiel le plus crucial – Paris-Dakar paraît en comparaison un jeu d'enfants –, est d'aller de soi à soi précisément, le chemin le plus court mais aussi le plus long, pour s'accomplir, avec tout ce que cette quête charrie de déplacements, de ruptures et d'éloignements. Cela nécessite la prise de distance par le sacrifice des liens incestueux avec la terre et le sang, ainsi que l'abandon des fusions et entrelacements, tissés naguère dans une commune et complice jouissance, avec ses ascendants. Plus facile à dire qu'à réaliser, certes.

Devenir soi, étranger et étrange, pour réussir à sentir, regarder, penser et choisir par et pour soi-même, de sa vraie place et, subjectivement, en dehors des sentiers battus conformistes de la majorité, s'avère un travail redoutablement compliqué. Il n'existe aucun péché plus grand, en réalité, que celui consistant à abandonner la matrice, à briser ces idoles que sont nos ancêtres et parents, en décevant leurs idéaux, exigences et espérances. Aucune transgression n'est plus pesante que celle consistant à troubler le *statu quo,* l'ordre homogène établi, le souhait prénatal paresseux de rester pareil, normal, normatif, normalisant, ensemble. Le vrai péché pour l'inconscient n'est point celui de transgresser un interdit extérieur ou de violer un tabou, mais de naître à soi en abandonnant la matrice.

D'après la tradition, Avram dut affronter et surmonter, au cours des cent soixante-quatorze années de sa vie, dix épreuves, la dernière étant le sacrifice de son fils Isaac. Celle qui consistait à renaître psychologiquement à soi, en se déliant de ses attaches avec son passé et ses parents, constitue non pas la première, mais la troisième d'entre elles. Il avait été caché sous terre dès sa naissance, sans jamais voir le soleil ni la lune jusqu'à l'âge de 13 ans, afin d'échapper à un complot meurtrier fomenté contre lui par les magiciens, jaloux de sa future gloire et de son futur rayonnement. Ils craignaient surtout son esprit de contestation, sa quête de la liberté et de la vérité. En sortant de sa caverne terrestre, symbole évidemment de la matrice maternelle, il était devenu capable, sans jamais rien avoir appris, de parler la langue sacrée. C'est alors qu'il s'est mis à détruire toutes les idoles, façonnées par son père païen Térah, dans le but d'adorer le Dieu unique. Lors d'une seconde épreuve, il réussit à sortir indemne de la fournaise de feu dans laquelle il avait été jeté par Nemrod, résolu à écraser sa révolte naissante contre l'ordre établi et les valeurs vénérées. Ce sont encore et toujours les « pères » qui cherchent à se débarrasser des fils, par crainte infantile d'être dépassés par eux ! Il se produisit ensuite une grande famine au pays de Canaan. Avram descendit donc en Égypte, royaume prospère et épargné par le fléau, et dit alors à Saraï, son épouse : « Voici, maintenant je sais que tu es une femme au gracieux visage. Il arrivera que lorsque les Égyptiens te verront, ils diront : "c'est sa femme", et ils me tueront et ils te conserveront la vie. Dis, je te prie, que tu es ma sœur afin que je sois bien traité, et que mon âme vive grâce à toi. » La crainte d'Avram était tout à fait justifiée. Les Égyptiens avaient précisément pour coutume, dès qu'ils découvraient une jolie femme étrangère, de l'enlever et de l'offrir à Pharaon, quitte à se débarrasser de son gênant époux. Le stratagème d'Avram lui permit de ne pas être tué. Saraï fut enlevée pour le palais du souverain et prise par lui. Avram fut en échange récompensé, recevant du menu et du gros bétail et quelques esclaves. Mais l'Éternel infligea des plaies terribles à Pharaon et à sa maison à cause de Saraï. Pharaon rendit instamment Saraï à son détenteur légitime et le réprimanda de lui avoir ainsi caché la vérité, en faisant passer son épouse pour sa sœur.

Cet épisode nécessite quelques commentaires. Pour la première fois dans l'histoire biblique, un homme et une femme, un couple, dialoguent, discutent, échangent verbalement, autrement que par les actes. Adam et Ève ne se parlaient pas. On peut souligner aussi, comme le rapportent unanimement les commentateurs, que Saraï jouissait d'une très grande beauté. On l'appelait aussi

Yislaki (de Sakah = regarder), ce qui veut dire que tous la contemplaient admirativement. Elle était si belle que les autres femmes ressemblaient à des singes à côté d'elle ! C'est aussi le motif pour lequel elle était convoitée par les monarques étrangers. D'après le Zohar, « Abraham en regardant le visage de sa femme aurait aperçu la Présence en sa compagnie ». Cependant, Avram ne donne pas ici une très bonne image de lui. Il se montre même singulièrement décevant. Il ne se comporte pas en « patriarche », comme on aurait pu s'y attendre, ni en époux, ni en amant chevaleresque, amoureux et protecteur de son épouse. Il semble manquer de confiance en lui et aussi en Dieu, qui l'a pourtant choisi comme messager. Il agit, alors même qu'il est promis à une destinée de grand chef et de guide, tel un petit garçon craintif. Il préfère égoïstement son salut à son honneur bafoué. Dans cette affaire, c'est plutôt Saraï qui, en s'offrant à Pharaon, le protège, telle une mère dévouée à son petit garçon en danger. Elle se montre incontestablement supérieure.

Les sages se montrent cependant indulgents à l'égard du patriarche. D'après eux, Avram n'a menti qu'à moitié, dans la mesure où Saraï est un peu sa sœur, issue de Haran, son frère. Ils estiment aussi que le croyant a le droit, voire le devoir, de transgresser les lois, sauf trois d'entre elles : l'idolâtrie, le meurtre et l'inceste, dès lors qu'il est question de sauver une vie humaine, la sienne ou celle d'autrui. Ne soyons donc pas exigeants et sévères à l'égard d'Avram. Il serait nécessaire de lui laisser le temps de mûrir pour devenir psychologiquement adulte, soi. Un tel projet ne se réalise pas en un clin d'œil, de façon magique et définitive, sans nul écart entre la réalité et l'idéal. Cela prend du temps et requiert de la patience. L'essentiel est de se placer dans la voie de la croissance. D'ailleurs, l'impatience et la précipitation, loin de raccourcir les délais et de rapprocher l'objectif, ne font paradoxalement que retarder son avènement. Cela me rappelle une très jolie histoire édifiante attribuée au poète persan Nâsir-e-Khosrow : « N'as-tu pas entendu conter qu'un pied de courge poussa sous un platane et, durant vingt journées, grandit en s'enroulant sur le tronc de cet arbre. La courge demande : "Combien de jours as-tu ?" L'arbre lui répond : "J'ai plus de 30 années." Riant, la courge dit : "Moi, je t'ai surpassé en vingt jours ; dis-moi donc pourquoi tu es si lent ?" "Aujourd'hui, ce n'est pas, répond le platane, le moment de régler cette affaire entre nous ; mais demain quand sur nous fondra le vent d'automne, alors on verra bien qui résiste et qui plie !" »

La maîtresse et l'esclave

Avram et Saraï quittèrent l'Égypte pour s'installer dans les plaines de Mamré à Hébron. Mais Saraï ne lui avait pas encore donné d'enfant. Elle dit alors à Avram : « Voici, l'Éternel m'a refusé l'enfantement, approche-toi donc de mon esclave, peut-être par elle aurai-je un enfant. » Avram obéit à la voix de Saraï. Elle prit Agar l'Égyptienne et la donna à son époux. Celui-ci s'approcha d'elle et elle conçut. À partir de cet instant, Saraï devint jalouse de son esclave. Elle ne cessa de l'humilier, à tel point qu'Agar, enceinte, décida de s'enfuir. Saraï prit conscience qu'elle s'était lourdement trompée au sujet de sa servante, en croyant « avoir un enfant par elle ». Elle souffrit notamment de constater que son esclave avait été capable d'être fécondée et de devenir mère, alors qu'elle-même, pourtant sa maîtresse, demeurait infertile. Le sentiment d'être imparfaite, manquante, l'idée de se trouver inférieure, malgré la supériorité des apparences et du rang, la rendit agressive, méchante.

Un ange du Seigneur apparut à Agar au cours de son évasion. Il lui commanda de retourner chez sa maîtresse et de « s'humilier sous sa main ». L'ange lui déclara aussi qu'il « multiplierait sa descendance, tellement nombreuse qu'elle ne pourrait être comptée », et puis qu'elle aurait un fils qu'elle nommerait Ismaël, signifiant « j'ai entendu ton affliction ». Avram était âgé de 86 ans lorsque Agar mit au monde Ismaël. Au cours de cet épisode, c'est encore Saraï qui dominait Avram. C'est elle qui décida d'offrir son esclave pour avoir un enfant par procuration. Avram obtempéra au désir de la matriarche, acceptant son autorité, sans protester. Portrait bien décevant d'un homme faible et soumis, de ce héros qui a pu rester sous terre durant treize années sans voir le soleil ni la lune, et qui est sorti indemne aussi de la fournaise ardente où Nemrod l'avait jeté ! Drôle de patriarche, futur chef et modèle des nations, l'ancêtre fondateur des trois grandes religions monothéistes, toujours vénéré, 4 000 ans après ces faits, quotidiennement, par des millions, voire des milliards de fidèles !

Lorsque Avram atteignit l'âge de 99 ans, le Seigneur lui apparut à nouveau. Il l'encouragea à marcher devant lui et à être parfait. Réitérant sa promesse de le multiplier à l'infini, Il lui annonça un événement extraordinaire : il ne s'appellerait plus Avram, mais Abraham, « le père d'une multitude de nations ». Dieu lui ordonna aussi, comme signe d'alliance et preuve inscrite sur la chair, de se faire circoncire, ainsi que tout mâle de sa maison, en lui retranchant « la chair de son excroissance », à l'âge de 8 jours. Il proclama enfin que son épouse, changeant également de nom, ne s'appellerait plus Saraï, mais Sarah : « Je la bénirai et te donnerai, par elle aussi, un fils ; je la bénirai, et elle deviendra des nations et des chefs des peuples naîtront d'elle. » Abraham tomba sur sa face et sourit, puis dit en son cœur : « Naîtra-t-il un fils à un centenaire ? Et à 90 ans, Sarah deviendra-t-elle mère ? » Le Seigneur reprit : « Certes Sarah, ton épouse, t'enfantera un fils, l'année prochaine, à pareille époque. Tu le nommeras Isaac. Je maintiendrai mon alliance avec lui comme pacte perpétuel pour sa postérité après lui... etc.[1] » Abraham prit ce jour-là son fils Ismaël, tous les mâles de sa maison, ceux qui étaient nés chez lui et ceux qu'il avait achetés à l'étranger et circoncit la chair de leur excroissance. Il était âgé de 99 ans et son fils Ismaël de 13 ans. Cette prédiction de la naissance d'Isaac sera signifiée une autre fois, spécialement à l'adresse de Sarah, par l'entremise de trois anges, Gabriel, Mikaël et Raphaël, dans un style narratif agréable, tragi-comique peut-être, assez plaisant.

« L'Éternel se révéla à Abraham dans les plaines de Mamré, tandis qu'il était assis à la porte de la tente, pendant la chaleur du jour. Il leva ses yeux et voici trois hommes qui se tenaient debout près de lui. Il les vit et courut à leur rencontre au seuil de la tente, et se prosterna contre terre. Et il dit : "Seigneur, si j'ai trouvé grâce

---

1. Ancien Testament, chapitre XI et suivants.

à tes yeux, ne passe pas ainsi devant ton serviteur ! Qu'on aille quérir un peu d'eau et lavez vos pieds, et reposez-vous sous l'arbre. Je vais apporter une tranche de pain et vous restaurerez votre cœur, puis vous poursuivrez votre chemin, puisque aussi bien vous êtes passés près de votre serviteur." Ils répondirent : "Fais ainsi, comme tu l'as dit." Abraham rentra en hâte dans sa tente, vers Sarah, et dit : "Vite, prends trois mesures de farine, de pur froment, pétris et fais des gâteaux." Puis Abraham courut au troupeau, choisit un jeune taureau tendre et bon, et le donna au jeune homme, qui se hâta de le préparer. Il prit de la crème et du lait, puis le veau qu'on avait préparé et le leur servit : il se tenait devant eux, sous l'arbre et ils mangèrent. Ils lui dirent : "Où est Sarah, ta femme ?" Il répondit : "Elle est dans la tente." Et il dit : "Certes, je reviendrai à toi à pareille époque, et voici, un fils sera né à Sarah, ton épouse." Or Sarah l'écoutait à l'entrée de la tente, qui se trouvait derrière lui. Abraham et Sarah étaient vieux, avancés dans la vie ; le tribut périodique des femmes avait cessé pour Sarah. Sarah rit en elle-même, disant : "Après être flétrie, aurais-je encore cette force ! Et mon époux est un vieillard !" Le Seigneur dit à Abraham : "Pourquoi Sarah a-t-elle ri, disant : 'Et quoi ! En vérité, j'enfanterais, alors que je suis vieille !' Y a-t-il rien qui soit difficile au Seigneur ? Au temps fixé, à pareille époque, je reviendrai vers toi, et Sarah aura un fils." Sarah nia, en disant : "Je n'ai point ri", car elle craignait. Il répondit : "Non pas, tu as ri." Les hommes se levèrent, et fixèrent leurs regards dans la direction de Sodome ; Abraham alla avec eux pour les raccompagner. »

Comme cela avait été prédit, Isaac naquit un an plus tard. Il est intéressant de remarquer que le prénom Isaac, en hébreu Yitzhak, signifie « qui m'a fait rire », renvoyant au rire sarcastique de Sarah lorsqu'elle apprit la nouvelle de sa naissance : « Élohim m'a donné l'occasion de rire ; quiconque l'apprendra rira, Yitzhak à mon sujet. » Étrange, le personnage le plus tragique de la Bible porte un prénom réjouissant.

Interrogeons-nous sur les motifs de la stérilité de Saraï. Comment la comprendre ? Pour l'idéologie biblique, elle constitue un malheur, une malédiction, chez les humains aussi bien que chez les animaux domestiques : « Il n'y aura chez toi et dans ton bétail aucun mâle stérile, ni aucune femelle stérile » (Dt VII, 14). À l'inverse, la fertilité représente une bénédiction, un bonheur, puisqu'elle permet de prolonger la vie et de garantir la prospérité. Voici justement pourquoi une femme sans enfant est considérée comme morte. Son époux peut, mais la loi ne l'y contraint pas, demander et obtenir le divorce, après dix ans d'union. Curieusement, parmi les quatre matriarches bibliques, trois d'entre elles souffraient de problèmes de stérilité. Saraï, mais aussi Rebecca, la femme d'Isaac, inféconde les vingt premières années de son mariage, et enfin Rachel, la seconde épouse de Jacob, après Léa, qui n'a pu concevoir non plus durant de nombreuses années.

On pourrait évoquer aussi le cas de Hanna, la mère du prophète Samuel, qui ne réussit à concevoir qu'au bout d'une longue période de prières et de supplications au temple. Pourquoi Saraï était-elle inféconde ? D'après le Talmud, trois partenaires sont nécessaires pour la conception et la naissance d'un enfant, le père et la mère bien sûr, mais aussi l'incontournable tiers trans-cendant, invisible, absent, mais on ne pourrait plus pré-sent. Dans un tel contexte, la seule rencontre entre le spermatozoïde et l'ovule ne suffit pas à créer l'humain. Ce n'est pas le corps, la biologie ou la nature, par le biais de la mécanique aveugle de leurs lois, qui gouvernent la vie et président à la création, même s'ils s'avèrent indispensables. Il existe aussi un autre facteur décisif, un autre ressort, un autre dessein. Les croyants l'appellent Dieu, mais nous pourrions le dénommer l'inconscient, le vrai désir caché des parents, la place symbolique de l'enfant dans l'histoire et l'échiquier familial, agissant comme moteur ou frein, et qui, à l'insu des possibilités manifestes et des volontés conscientes, stimulent ou bloquent le projet d'engendrement. Le tiers représente ce qui échappe au moi, lequel est plus agi et parlé qu'acteur et parlant !

La conception et la naissance se réalisent ainsi, dès le commencement, au sein d'un triangle, grâce à la médiation du tiers invisible qui, en se plaçant dans l'entre-deux de l'homme et de la femme, les aide à se rencontrer et à s'aimer. Ceux-ci ne sont donc ni seuls ni tout-puissants pour décider de donner la vie, ou de la refuser au contraire, à leur convenance, selon leur souhait conscient. Ils sont eux-mêmes portés par une force qui les transcende, même si, en tant que maillons de la chaîne du vivant, leur participation effective s'avère bien sûr obligatoire.

On peut pointer ici une convergence importante profonde entre la psychanalyse et la Thora, par-delà leur dissemblance apparente, dans la mesure où elles cherchent toutes les deux à mettre en garde contre les dangers de l'inflation narcissique. Loin de participer au bonheur du sujet, celle-ci l'empêche d'être lui-même et de jouir modérément de la vie et du présent. Comparable à un puissant taureau sauvage, l'énergie pulsionnelle ne peut donner le meilleur d'elle-même que si elle est protégée par un cadre et des limites. En l'absence de tout garde-fou, elle sombre dans ces deux excès nocifs et destructeurs que sont le déchaînement pervers et l'extinction dépressive. En hébreu, l'homme se dit *Ish* et la femme *Isha*. Ce qui différencie au fond *Ish* d'*Isha*, c'est le *j* et le *h*, le yod et le het, les deux premières lettres du nom divin, le tétragramme Y.H.W.H. Si l'on retire Y et H, c'est-à-dire Dieu, en quelque sorte, du couple, il ne reste plus que *sh*, « èche », *le feu*, autrement dit la pulsion, qui dévore tout ! Je ne m'ingénie pas à suggérer malignement qu'il faut croire en Dieu et pratiquer la religion pour retrouver le salut et la béatitude, dans la vie et au sein du couple. Loin de moi de telles pensées ! Je voudrais plus simplement pointer l'idée selon laquelle c'est le tiers, l'Autre, qui constitue le véritable socle sur lequel repose le couple, par-delà l'amour et la passion. Ainsi, il ne sera possible d'être deux que si l'on est trois, grâce au tiers qui sépare et relie. L'Autre est un projet, une valeur, une cause, un principe fédérateur, une philosophie, etc., capable de transcender les partenaires de l'extérieur et de les étayer pour les sauver du huis clos, du duo.

Saraï souffrit ainsi longtemps de stérilité, durant toute sa jeunesse, alors même que son corps fonctionnait à merveille et qu'elle avait tous les mois ses règles. En revanche, elle devint d'un seul coup, à 90 ans, à l'encontre des lois naturelles et sans nul traitement, féconde, alors qu'elle était vieille et que le tribut périodique des femmes avait cessé pour elle. Ce n'est donc ni les humains ni la nature qui commandent, mais l'autre, le désir inconscient, l'invisible tiers transcendant. L'histoire de Saraï, avec les aléas de son ventre, nous apprend à ne pas nous réduire, nous identifier à notre corps et surtout à ne pas le prendre pour une machine sans âme que l'on pourrait façonner et maîtriser à sa guise, à l'aide de la chirurgie ou de substances chimiques.

Alors pourquoi Saraï était-elle stérile ? D'abord, en tant que nièce, fille du frère du patriarche, elle vivait une union très proche, quasiment incestueuse. En second lieu, Saraï était inféconde, la mort dans le ventre, dans la mesure où elle n'était pas vraiment elle-même, ne s'appartenait pas, épinglée à son passé, toujours présent, prisonnière du prénom que lui avait donné son père Haran. Saraï signifie « ma princesse » et plus exactement encore « mon princesse ». Le ï de Saraï, le yod en hébreu, formant la lettre initiale du tétragramme Y.H.W.H., nom imprononçable de Dieu, est le signe du masculin, l'équivalent de deux h. En revanche, celui-ci est symbole du féminin, indicatif de la fécondité. Saraï avait donc trop de j, trop de masculin et pas assez de h, de maternel, de féminin. Nous dirions aujourd'hui qu'elle avait trop d'hormones mâles, de testostérone, et pas suffisamment de progestérone, l'hormone femelle ! Elle était virile, phallique, privée de vide, de vacuité, de matrice, nécessaire à la nidation et à la grossesse. Saraï était psychologiquement bisexuelle, androgyne. Elle était, à son insu, prisonnière du désir paternel qui souhaitait plutôt sans doute un fils, puisqu'il l'avait nommée « mon princesse », prénom ambigu, bisexuel ! Toutes ces Saraï que nous rencontrons dans nos cabinets, souffrant de stérilité d'origine psychologique, gaspillant leur temps et leur énergie, passant d'un gynécologue à l'autre, et multipliant les examens de laboratoire, sont-elles infertiles pour d'autres raisons vraiment ? Chez la matriarche, c'est sans doute aussi l'excès de *j* et l'insuffisance de *h* qui la rendaient autoritaire et dominatrice, à l'égard de son époux et de sa servante et qui lui interdisaient notamment l'accès à la maternité. Autrement dit il existait à ce stade de l'évolution du couple et de la famille abrahamique une erreur, un désordre dans les places symboliques. Occupant sa propre place et celle de son mari, Saraï réduisait celui-ci à l'état de petit garçon, de « mari-honnête ». Dieu avait donc rendu Saraï stérile pour lui signifier qu'elle ne pouvait être toute, toute-puissante, pour lui donner des limites, d'autant plus que sa beauté ensorcelante, faisant trembler d'émotion et de désirs le cœur des rois, lui procurait un pouvoir supplémentaire.

La circoncision des cœurs

L'événement capital caractéristique de cet épisode de la vie d'Abraham concerne sa circoncision. Cette opération consiste dans l'ablation du prépuce qui recouvre le gland du pénis dans le but de mettre celui-ci complètement à nu. Que signifie cet acte ? S'agit-il d'un vestige barbare et archaïque de l'humanité antique, d'un acte pervers sadique, d'une mesure hygiénique pour préserver la bonne santé corporelle, ou enfin d'une injonction moralisatrice afin de contrôler, voire de réprimer, les désirs sexuels ? En un mot, représente-t-elle une castration, aussi bien physique que psychologique ? En réalité, la circoncision ne constitue nullement une spécificité, ni une innovation juive. Elle continue à être pratiquée par de nombreux peuples depuis l'Antiquité, bien avant même l'époque d'Abraham. Elle se dit en hébreu *Bérit Milah,* ce qui veut dire à la fois coupure et alliance. Pourquoi ce mot avec un sens si paradoxal ? Que cherche-t-on à couper, qu'est-ce qu'on tente de relier ?

L'homme étant créé à l'origine androgyne, masculin et féminin, il convient dès lors de retrancher son prépuce, comme survivance de l'organe femelle, pour confirmer son appartenance définitive et irréversible au sexe mâle. Il est en effet impossible de se réclamer des deux sexes, de les confondre, de les mélanger, de les cumuler pour se donner l'illusion d'être tout, sans manque, parfait. La circoncision comporte, dans cette optique, une finalité différenciatrice. Elle permet, grâce justement à l'ablation et à la perte, de devenir intègre, entier, achevé, clairement mâle, sans ambiguïté. Cependant, cette coupure s'avère reliante, rassemblante, « alliance », dans la mesure où grâce à la distance qu'elle établit, l'homme s'éveille à la curiosité et au désir de rencontrer la femme, son différent, pour s'unir à elle et l'aimer. C'est donc bien la reconnaissance des différences qui attire et rapproche les êtres entre eux et non son abrasement, l'homogénéité. La séparation, loin d'éloigner les deux sexes, définit et installe, au contraire, chacun des partenaires comme sujet entier, accompli, mûr, adulte, dans une place et fonction singulières. La perfection ne génère que lassitude et ennui. Toutefois, il n'est nulle part fait mention de l'excision chez la femme, c'est-à-dire l'ablation rituelle du clitoris et parfois même des petites lèvres de la vulve, contrairement aux usages pratiqués encore chez certains peuples. Pourquoi ? Que signifie cette dissymétrie ?

Selon les sages, si le Saint (béni soit-Il) avait décrété les mêmes lois à l'adresse des hommes et des femmes, ceux-ci n'auraient plus pu être considérés comme dissemblables. Ensuite, Dieu n'a jamais vraiment ordonné quoi que ce soit à la femme, allez savoir pourquoi ! Les six cent treize commandements s'adressent aux mâles, y compris la prohibition de la prostitution féminine qu'on s'attendrait légitimement à voir signifier directement aux femmes. Il est écrit : « Ne déshonore pas ta fille en la prostituant, afin que le pays ne se livre pas à la prostitution et ne soit pas envahi par la débauche » (Lévitique XIX, 29). En outre, c'était bien à Adam qu'Élohim avait commandé de ne pas consommer du fruit de l'arbre de la connaissance et non pas à Ève. Pourquoi ? Parce que, nous disent encore les sages, la femme est d'essence noble, pure, parfaite. Elle a fait l'objet d'une création spéciale, selon la volonté de Dieu, est-il écrit, édifiée à partir d'une côte d'Adam, c'est-à-dire avec un « matériau », une matière déjà humaine. En revanche, l'homme a besoin de s'améliorer, de s'épurer, de se civiliser, de s'humaniser, grâce à l'accomplissement des commandements, aux interdits et aux obligations. Mais pourquoi ? Quel est le motif de ce traitement inégalitaire à l'avantage de la femme ? Parce que l'homme a été créé le sixième jour de la Création, en même temps que les animaux sauvages, le bétail et ceux qui rampent au sol, et surtout avec le même élément, *Adamah*, la poussière de la terre. Adam est donc d'essence terrestre et animale. Il est donc tenu de se perfectionner, grâce au respect des prescriptions, et non pas la femme. Mais pourquoi faudrait-il que la coupure-alliance soit, en lettres de chair, inscrite sur le sexe de l'homme, et non pas à un autre endroit de son corps, sur son doigt par exemple ? Question intéressante du point de vue symbolique.

Le texte ne désigne nullement l'organe sexuel mâle, le pénis, comme l'objet de la circoncision, mais, de façon extrêmement vague, « la chair de l'excroissance ». D'après les sages, l'idée de traduire « la chair de l'excroissance » par le prépuce et non par une autre partie du corps signifie que l'homme (en hébreu *zakhar*) doit se souvenir (en hébreu *zokher*, d'une racine identique) qu'il lui manque quelque chose à l'endroit même où il s'accouple, pour se souvenir de la femme qu'il n'est pas. Encore une fois, le masculin et le féminin ne se complètent pas. Ils s'incomplètent plus exactement, chacun incarnant aux yeux de l'autre ce qui lui manque, la place à laquelle il doit renoncer pour la laisser à son *alter ego*. Par le biais de la circoncision, Dieu, le tiers, se trouve présent, sert de trait d'union à l'endroit même où les deux corps se rencontrent, s'entrelacent et s'interpénètrent pour jouir l'un de l'autre, concevoir et transmettre la vie.

Aucune union n'est possible sans altérité, ni nul amour sans cet écart qu'introduit la coupure/alliance. Voilà pourquoi la sexualité a été qualifiée de « sacrée ». C'était pour empêcher qu'elle soit réduite à une affaire purement émotionnelle, naturelle, biologique, intime, ne regardant que l'homme et la femme, sans le tiers de la loi. En tant qu'énergie vitale, d'une puissance radioactive, elle s'avère pour les humains d'un usage foncièrement complexe. En dépit de la facilité trompeuse de ses apparences, elle est à double tranchant, vivifiante et mortifère. C'est toujours la loi qui fait pencher la balance d'un côté ou de l'autre, vers le bonheur ou l'infortune. Sans elle et ses limites, la pulsion, régressant à l'état sauvage, sombre, en s'autodétruisant, dans les excès nocifs, l'exaltation perverse ou l'extinction dépressive. Pour preuve, l'augmentation importante, dans nos sociétés débarrassées du tiers et de ses tabous, du nombre des dépressions et des perversions.

Si la circoncision apparaît à tel point capitale, pourquoi Dieu, Lui-même, n'a-t-Il pas, dans son omnipotence, conçu les mâles circoncis dans le ventre de leur mère ? Pourquoi n'a-t-Il pas retranché, *in utero,* le prépuce, avant de déclencher la naissance ? Parce que l'homme ne doit pas naître achevé, complet, tels les objets manufacturés, fabriqués en série, à la chaîne. Il est invité à participer à l'œuvre de la Création, à se compléter, à se parfaire, à se recréer, à renaître, en intervenant personnellement sur les données naturelles. L'homme n'est pas, il devient. Il ne représente pas une pâte à modeler, passivement façonnable. Il doit s'impliquer en accomplissant un travail sur lui-même. Ainsi, grâce à cette opération symbolique et symbolisante de la circoncision, il s'extrait de l'indifférenciation naturelle, de la confusion androgyne, et s'initie au manque et à la différence des sexes. En outre, la circoncision, considérée comme une seconde coupure du cordon ombilical, introduit le père et la fonction paternelle symbolique dans le triangle. C'est précisément à l'occasion de cette cérémonie que le fils, dont le prénom doit rester secret jusque-là, est nommé par le père et présenté publiquement à la famille et à la communauté. Tous ces rituels contribuent à légitimer le père, à lui reconnaître une place et une importance au sein du triangle dans le but de compenser sa non-participation aux processus naturels de la grossesse et de l'accouchement. Ils protègent, en outre, la mère de l'inflation narcissique et de la toute-puissance pour qu'elle ne croie pas avoir engendré seule l'enfant, désormais, tel un objet, en sa possession exclusive. Le père est sauvé, de la sorte, de l'inutilité et de l'insignifiance.

Lorsque Dieu donne l'ordre de la circoncision à Avram, comme signe marqué sur sa chair de l'alliance, Il lui annonce aussi qu'à l'avenir il ne s'appellera plus Avram, signifiant littéralement « père haut » ou « père exalté », mais Abraham, qui veut dire « père de la multitude ». Le patriarche passe de cette façon d'une verticalité divinisée à l'horizontalité humaine. Son épouse va également devoir changer de nom. Elle ne s'appellera plus Saraï, mais Sarah. Quelle importance ont ces changements ? Que sont-ils véritablement capables de modifier chez l'un et l'autre, ainsi que dans leur couple ?

Nous avons vu plus haut que la stérilité de Saraï provenait de son emprisonnement dans le désir paternel, qu'elle n'était pas suffisamment féminine, maternelle, matricielle pour être capable de féconder et de porter un bébé. Le *i* de son prénom, indice d'une trop forte masculinité, l'empêchait d'engendrer. Le changement de son prénom va donc lui permettre de corriger ce blocage, responsable de son infécondité. Saraï, « mon princesse » devient clairement femme et féconde, dans la mesure où le *i* virilisant, équivalant à deux *h*, signe de fécondité, se subdivise en deux *ï = h + h*. L'un d'eux remplace le *ï*, transformant Saraï en Sarah et l'autre ira à Avram pour le muer en Abraham, fertile lui aussi, le père de la multitude. Les deux changent. Ils évoluent de concert, non pas l'un et l'autre mais ensemble, puisque dans un couple rien n'est jamais vraiment du fait ou de « la faute » de l'un ou de l'autre. Quand « ça ne va pas », c'est souvent le couple, comme unité insécable, qui dysfonctionne, c'est-à-dire la relation, la greffe, l'association. Dieu circoncit donc aussi Saraï après Avram, les deux partenaires, leur ménage. Par le scalpel de sa parole, Il retranche « l'excroissance » du cœur de la matriarche en l'opérant de son trop de *i* et en lui greffant un *h*, pour guérir sa maternité défaillante. Saraï s'affranchit ainsi de sa bisexualité psychologique, mais surtout de l'idéal de son père Haran, qui l'avait coincée dans une place de garçon. Elle se libère du carcan incestueux et possessif paternel. Elle se féminise et s'embellit. Abraham cesse aussi de représenter son demi-frère ou son cousin germain, pour devenir véritablement son époux.

Changer d'appellation n'est pas anodin. Cela constitue un acte important puisque chaque prénom est porteur de signification. Le premier acte d'Adam a consisté justement à nommer les animaux et les oiseaux que Dieu avait créés. C'est également lui, le premier homme de l'histoire, qui appelle sa femme Ève, qui signifie « mère de tous les vivants ». Le nom représente l'essence de la personne, sa nature. Il agit sur sa vie et contient le schéma directeur de sa destinée. Si le sujet change, son nom doit également se modifier, comme pour confirmer sa renaissance. Voilà pourquoi il convient, d'après la tradition biblique, de veiller scrupuleusement à son orthographe exacte, à l'écart d'erreurs, d'oublis, d'inversions ou de cumuls de certaines lettres. Toute mauvaise écriture, concernant en apparence des voyelles ou des consonnes, touche au fond le sujet qui en est porteur, dans son être physique et son identité profonde, ainsi qu'à sa place symbolique dans la filiation et l'échiquier familial. Elle sera ainsi susceptible de perturber l'élan vital du sujet dans le « devenir lui-même ». D'un point de vue strictement juridique, l'orthographe erronée d'un nom annule le document du mariage, du divorce, ainsi que des actes de vente. D'après le Talmud, « quatre choses annulent la condamnation de l'individu, à savoir la charité, la supplication, le changement de nom et le changement de conduite » (RH, 16b), pour déjouer les plans funestes de l'ange de la mort.

Après avoir annoncé à Abraham et à Sarah la naissance future de leur fils Isaac, les trois anges se levèrent et fixèrent leur regard en direction de Sodome. L'Éternel apparut alors au patriarche et lui fit part de son intention de descendre pour exterminer Sodome et Gomorrhe en raison de la perversion des hommes qui y vivaient. Ce n'est pas la première fois que Dieu abattait sa colère contre l'humanité, mais la seconde. Il y eut le Déluge du temps de Noé, où la terre et ses habitants furent submergés, en punition de leur perversion, pendant quarante jours et quarante nuits. Lors de la destruction de la tour de Babel, peu après le Déluge, Dieu n'anéantit pas les hommes, mais seulement une tour que ceux-ci avaient bâtie « pour que son sommet atteigne le ciel ». « Faisons-nous un nom pour ne pas nous disperser sur

toute la face de la terre. » Pourquoi ? Qu'est-ce qui
motive l'Éternel de « descendre sur la terre, de détruire
cette tour, de disperser les hommes et de confondre leur
langage de sorte que l'un n'entende pas le langage de
l'autre » ? La génération de Babel, exempte de toute
méchanceté, était habitée, à l'inverse, par des intentions positives et salutaires. Ils projetaient de rassembler
toutes les races et toutes les classes sociales en une
seule et même contrée, en vue de concentrer les efforts
pour la découverte des forces cachées de la nature, dont
la mise en valeur aurait été capable de protéger le genre
humain contre les calamités et catastrophes naturelles
ainsi que les puissances maléfiques, la misère, la maladie
et la guerre. Leur seul péché consistait peut-être dans
leur ambition d'atteindre le ciel, c'est-à-dire d'égaler
Dieu, mais principalement dans leur volonté de bâtir une
seule ville (et non plusieurs), afin de se donner un seul
nom (non pas un pour chacun, mais le même pour tous),
une langue commune et des paroles semblables. L'idéal
de cette génération était donc l'uniformité, l'indistinc-
tion, la fusion/confusion, l'indifférenciation, l'harmonie,
l'homogénéité.

À l'opposé, le message de l'Ancien Testament
contient, comme valeur fondamentale, la séparation, la
singularité, la diversité des identités, des désirs et des
pensées. La première privilégie le collectif, l'objectif, la
grégarité moutonnière et le second l'individuel, l'unique,
le subjectif, le particulier. Est adulte celui qui parvient
à habiter son corps, à parler sa propre langue, à exprimer
son désir personnel et à assumer, en son nom, son destin
singulier. Le récit de la tour de Babel contient ainsi pour
l'époque moderne, sans doute plus que jamais, par-delà

son apparence désuète et un peu saugrenue, une utilité psychologique indéniable, revalorisant l'idéal de devenir soi.

La naissance d'un homme

Apprenant le projet de la destruction de Sodome et Gomorrhe, Abraham s'approcha, interpella Dieu, s'opposa à son décret et, debout, plaida pour le salut de la cité : « Anéantirais-Tu le juste avec le méchant dans ta colère ? Peut-être y a-t-il cinquante justes dans cette ville ? » Le Seigneur répondit : « Si je trouve à Sodome, au sein de la ville, cinquante justes, je pardonnerai à toute la région. » Le patriarche commença alors une négociation avec le divin, au cours d'un premier marchandage mémorable, à peu près en ces termes : « Et s'il n'y en avait que quarante-cinq, que quarante, que trente-cinq, que trente, que vingt, que dix justes seulement dans cette ville, la détruirais-Tu ? » Dernière réponse de l'Éternel : « Je renoncerai à la détruire en faveur de ces dix justes ! » Cette intercession est courageuse. Même Noé, seule personne « qui marchait avec Dieu, homme juste et parfait », n'avait pas trouvé un mot pour demander auprès de l'Éternel la grâce du monde, lorsqu'Il avait décidé de faire disparaître l'humanité corrompue de l'époque, sous les eaux du Déluge. La région de Sodome fut finalement détruite, par un déluge, cette fois de feu et de soufre, puisqu'il n'y existait même pas dix hommes intègres ! Alors, que s'est-il passé ? Abraham osant discuter de la sorte avec Dieu, debout, protestant même contre sa résolution, a-t-il grandi ? Est-il devenu un homme adulte suite à sa circoncision ?

Après la destruction de Sodome et Gomorrhe, Abraham s'établit à Gherar. Il y présenta à nouveau Sarah, sa femme, comme sa sœur. Le roi Abimélek envoya prendre Sarah. Mais, cette fois, juste avant de s'approcher d'elle, Dieu apparut à Abimélek et menaça de le tuer s'il touchait à Sarah. Le roi obéit d'emblée, jurant de sa sincérité et de la pureté de ses mains. Il reprocha ensuite à Abraham et Sarah de l'avoir induit en erreur en prétendant être frère et sœur, et non époux. Il les réprimanda d'avoir mal agi envers lui en raison de ce mensonge. Abraham se défendit et justifia son geste par sa crainte de se voir tuer s'il avait dévoilé la vérité. Abimélek s'apaisa en offrant l'hospitalité au couple, où qu'il le souhaitait, dans son royaume, avant de lui offrir des pièces d'or et d'argent, du menu et du gros bétail ainsi que des esclaves. Les choses se déroulèrent donc mieux que lors de leur séjour égyptien. La catastrophe fut évitée de justesse. Il existe une certaine évolution. Contrairement à ce qui était arrivé en Égypte, lors du premier enlèvement de Sarah au palais de Pharaon, cette fois, Abimélek ne l'a pas consommée sexuellement, grâce à l'intervention de la transcendance. Celle-ci était restée d'ailleurs curieusement muette et passive auparavant, laissant faire, absente. Ensuite, lorsque Abimélek reprocha au patriarche d'avoir dissimulé la vérité sur ses vrais liens avec Sarah, Abraham prit courageusement la parole pour justifier son demi-mensonge.

Peu après cette épreuve, Sarah conçut et enfanta « sans aucune douleur » un fils à Abraham dans sa vieillesse. La matriarche commenta ce miracle en déclarant :

« Dieu m'a donné une félicité et quiconque l'apprendra me félicitera. Qui eût dit à Abraham que Sarah allaiterait des enfants ? Eh bien, j'ai donné un fils à sa vieillesse. » D'ailleurs, Dieu se souvint, raconte un midrash, des autres femmes stériles qu'Il rendit fécondes, et de beaucoup de malades qu'Il guérit. Il y eut une grande joie dans le monde ce jour-là !

Le patriarche circoncit son bébé à l'âge de 8 jours et le nomma Isaac. Abraham avait alors 100 ans et Sarah 90. L'enfant grandit. Il fut sevré. Abraham donna un grand festin le jour où l'on sevra Isaac. D'après un midrash, Dieu, afin de prévenir les doutes que certains ne manqueraient pas de nourrir sur la filiation d'Isaac, étant donné l'âge très avancé de ses parents, avait accentué les traits de ressemblance entre le père et le fils. Il avait commandé à l'ange qui s'occupe de l'embryon de donner forme et de façonner Isaac selon le modèle d'Abraham, pour que tous puissent dire en le voyant : « Abraham a engendré Isaac ! » Pourtant, après la naissance de l'enfant, certaines mauvaises langues répandirent la rumeur qu'il avait été adopté secrètement et qu'Abraham et Sarah se proclamaient injustement les parents. Pour ce motif, lors du banquet qu'offrit Abraham pour le sevrage d'Isaac, Sarah décida de nourrir de son sein tous les enfants présents, accompagnés de leur mère. Elle réussit ainsi à convaincre tous les invités de sa maternité réelle.

Malgré son bonheur de devenir mère et d'avoir donné un héritier à Abraham, Sarah ne décolérait pas contre Ismaël et Agar, sa servante égyptienne. Elle demandait sans cesse à son époux de renvoyer « cette esclave et son fils, pour que celui-ci n'hérite point avec mon fils, avec Isaac ». Évidemment, cette attitude déplaisait fortement au patriarche, incarnation des valeurs d'hospitalité et de l'amour du prochain. Curieusement, Dieu déclara à Abraham : « Ne sois pas mécontent au sujet de l'enfant et de ton esclave, pour tout ce que Sarah te dit, écoute sa voix. » Abraham s'exécuta, se leva de bon matin, prit du pain et une cruche d'eau, les remit à Agar en les lui posant sur l'épaule, ainsi que l'enfant, et les renvoya. Agar s'égara dans le désert, sans plus une goutte d'eau, épuisée par sa longue marche sous le soleil torride. Elle refusa de voir son enfant mourir. Elle se mit à gémir de douleur et à éclater en sanglots. Un ange l'appela du haut des cieux pour la consoler et lui annoncer que Dieu avait entendu la voix de l'enfant et qu'il ferait de lui une grande nation.

Étrange histoire ! Dans le mythe grec, chez Dédale, sa femme, c'est-à-dire la mère d'Icare, une certaine Neucraté, esclave de Minos, brille par son absence, son insignifiance. Dédale occupe, dans sa toute-puissance, les deux places de père et de mère, fusionnant les contraires, le masculin et le féminin. De même, dans la légende d'Œdipe, il existe bien une mère biologique, Jocaste, l'épouse de Laïos. Mais celle-ci se montre incapable d'occuper sa vraie place de mère et de jouer un rôle protecteur vis-à-vis de son bébé. Pis encore, elle devient complice de son mari pédéraste et infanticide, et cherche à se débarrasser de sa progéniture menacée/menaçante. Elle va jusqu'à remettre de ses « mains propres » son nourrisson de 3 jours au serviteur pour qu'exposé au mont Cithéron il soit dévoré par les bêtes féroces.

Ici, avec Abraham et Sarah, nous nous trouvons dans un autre univers, confrontés à un autre modèle. Il s'agit d'un vrai couple, notamment après leur circoncision, le premier du sexe et la seconde du cœur. Ils ont réussi à édifier, spécialement après la naissance tant espérée et attendue d'Isaac, un triangle père-mère-enfant. Contrairement aux deux mythes précédents, c'est la matriarche Sarah qui se montre toute-puissante, phallique, autoritaire, orgueilleuse, dominatrice et possessive, rabaissant sans cesse le patriarche à un rôle d'homme servile, ne lui reconnaissant pour seul intérêt que celui de réaliser ses caprices. Non seulement elle bafoue la paternité d'Abraham à l'égard d'Ismaël (dont elle avait pourtant elle-même orchestré la conception) en disant toujours du mal de lui et en exigeant le renvoi d'Agar (qu'elle avait mise elle-même dans le lit du patriarche), mais, de surcroît, elle cherche à s'accaparer Isaac, en éliminant là encore Abraham ! Elle veut manifestement son fils pour elle toute seule. Évoquant son animosité jalouse envers Agar, elle avait dit : « Le fils de cette esclave n'héritera point avec mon fils », comme si Abraham n'était pas le père d'Ismaël aussi et qu'Isaac n'était pas également le fils du patriarche. Elle dit encore, à la naissance du bébé : « Dieu *m*'a donné (et non pas *nous* a donné) une félicité et quiconque l'apprendra *me* félicitera (et non pas *nous* félicitera). » Manifestement, Sarah refuse la mise en place d'un véritable triangle, avec une juste répartition du pouvoir et des places, tant elle érige des barrières entre le père et son fils, comme pour les diviser, ou les dresser l'un contre l'autre.

Lorsque, trois ans après le renvoi d'Agar et d'Ismaël, Abraham insiste pour revoir son fils, Sarah consent, sans doute à contrecœur, à condition qu'Abraham jure de ne pas descendre de son chameau, une fois arrivé à la demeure d'Ismaël ! Dans le mythe grec, c'étaient les

pères qui éloignaient les fils de leur mère pour monopoliser l'amour et le pouvoir. Dans la légende biblique,
ce sont les mères et les femmes qui défendent aux mâles
de se reconnaître et de s'aimer, pour sauvegarder leur
toute-puissance de matriarche. Dans la Bible, c'est donc
la mère qui tente d'envahir la scène familiale, le père
n'occupant qu'un « strapontin », à l'inverse du mythe
grec où l'homme – Dédale, Laïos et leurs pairs – ne laisse
nulle place au féminin. Ce qui est intrigant, c'est que la
toute-puissance de Sarah se trouve sans cesse légitimée
et soutenue par la transcendance, qui commande à Agar
de « retourner chez sa maîtresse et de s'humilier sous
sa main » et s'adresse dans ces termes à Abraham :
« Pour tout ce que te dit Sarah, écoute sa voix ! » Alors
que le texte ne porte aucun jugement dépréciateur sur
Ismaël, les commentateurs, inféodés sans doute au désir
de Sarah et subjugués par sa magnificence, ne cessent
de le diaboliser, le faisant passer pour un pervers qu'il
faut éloigner, sans quoi il corromprait l'âme de l'inof-
fensif Isaac. Ainsi félicitent-ils de concert l'intuition et
la clairvoyance de la matriarche, et blâment-ils la cécité
psychologique d'Abraham. Si Ismaël correspondait véritablement au portrait de pervers que la tradition dresse
de lui, pourquoi Élohim le bénit-il, en lui promettant une
abondante postérité ?

Le bon et le mauvais fils

Tout se déroule comme s'il existait deux sortes de fils,
l'un bon, simplement parce qu'il est aimé par sa mère,
et l'autre mauvais, parce que objet de l'affection pater-

nelle. L'inégalité de pouvoir au profit des femmes et des mères et au détriment des hommes et des pères bibliques constitue un thème central et récurrent, dépassant largement le cas particulier d'Abraham et de Sarah. Par exemple, au sein du premier couple de l'Histoire, Ève et Adam, c'est évidemment la première qui dominait complètement le second. Lorsque le serpent cherchait à séduire Ève pour lui faire consommer, malgré l'interdit divin, le fruit de l'arbre de la connaissance, Adam était ailleurs, absent. Il dormait peut-être ou se promenait, seul ou avec Dieu, dans les allées de l'Éden. De même, quand Caïn tua Abel son frère, Adam était introuvable, encore absent, manquant. D'ailleurs, ce n'est pas le père Adam, mais bel et bien Ève qui avait nommé son premier enfant Caïn, signifiant « acquisition » : « J'ai acquis un homme avec l'Éternel ! » Adam n'est donc même pas reconnu comme père, ni géniteur, ni amant, rien !

Dans cette première union de l'Histoire, à l'instar sans doute de beaucoup de couples modernes, Adam se montrait faible, résigné, malléable, docile, déjà déprimé peut-être, n'osant pas dire non, ni s'affirmer clairement. En revanche, Ève cherchait le pouvoir pour régner sur le monde, en s'alliant avec le serpent et en consommant le fruit défendu de l'arbre de la connaissance. C'est elle qui osa braver l'ordre divin et non son mari, l'apathique, aboulique, lymphatique Adam ! Il existe évidemment de nombreux autres passages dans le texte biblique illustrant la toute-puissance des femmes.

Il est certain aussi que le premier fratricide de l'Histoire, le meurtre d'Abel par son frère Caïn, trouve son explication dans ce déséquilibre de pouvoir, c'est-à-dire dans le désordre et le chaos de places au sein du couple

244 Le fils et son père

originel. Caïn signifie « acquisition ». Cette première
naissance et ce premier fils de l'humanité sont suivis
par l'énoncé bienveillant d'Ève selon lequel elle a acquis
un homme avec l'Éternel. En revanche, l'arrivée au
monde d'Abel se déroule dans le silence. Nul commentaire de la mère pour le saluer, ni lui donner un sens.
Le texte dit laconiquement : « Elle conçut et enfanta son
frère, Abel. » Point ! Or, en hébreu, ce prénom, Hevel,
signifie « buée », c'est-à-dire ce qui n'a pas de sens, qui
est injustifié, absurde, sans importance, par opposition
à Caïn qui est acquis, fondé et désiré dans la parole et
l'amour de la mère et qui n'a, par conséquent, nul besoin
de se justifier. Autrement dit, l'aîné était désiré par Ève,
la mère, alors que le second n'était que buée, sans valeur,
sans mérite, presque coupable d'exister, de trop, inquiet
de déranger. Abel n'a donc rien de mieux à faire sur
terre que de disparaître, par les mains de celui qui a le
droit d'exister, d'avoir et de jouir, sans nulle autre justification que celle d'être désiré par sa mère.

Adam ne se manifeste toujours pas. Il n'intervient pas,
ne dit rien. Son désir ne compte pas, on ne le connaît
pas. Il existe bien trois personnes, le père, la mère et
l'enfant, mais pas encore de triangle. C'est la mère qui
désire et décide. Dans le mythe grec, c'est le père qui
empêche, en raison de son immaturité et de son infantilisme, l'inscription de la mère dans le triangle. Ici, c'est
elle qui s'accapare, en plus de la sienne, les deux autres
places de père et de fils, compliquant ainsi les liens de
ces derniers, déjà pas simples ! Le récit de Caïn et d'Abel,
d'une actualité surprenante, met en lumière non seulement l'importance décisive des désirs et des préférences
maternels dans la construction du psychisme enfantin,

mais il a notamment le mérite de dépeindre deux types de personnalités, deux façons d'être au monde, deux images de soi assez spécifiques, bien que nettement opposées. Caïn se croit chef, supérieur et tout-puissant, le plus beau, le plus fort et le plus intelligent. Imbu de lui-même et de son bon droit, persuadé de détenir la vérité et d'avoir toujours raison, quoi qu'il advienne, il se montre intolérant à l'égard d'autrui, qu'il tente sans cesse de réduire au rang de Hevel, Abel, buée, pièce rapportée, méprisée. Pour lui, prototype du pervers, « ce qui est à moi est à moi et ce qui est à toi est aussi à moi ». Abel souffre à l'inverse d'une mauvaise image de lui, blessé d'avoir manqué de l'amour de la mère. Il se croit irrémédiablement inférieur aux autres, jamais à la hauteur, convaincu que ce qu'il est, pense, croit, dit ou désire est dénué de toute valeur ou mérite. Pour lui, toujours coupable et endetté quoi qu'il dise ou fasse, « ce qui est à moi est à toi et ce qui est à toi est aussi à toi ». Il représente le modèle de l'homme déprimé ne trouvant rien de mieux à faire que de s'effacer pour cesser d'importuner la terre entière ! Dans ce contexte, Caïn tue son frère Abel, dans la mesure où, en tant que préféré de la mère, tout lui étant naturellement dû, il n'a pas pu accepter que son offrande soit refusée par Dieu, alors que celle d'Abel avait été agréée. La perte, l'échec, le manque ne pouvaient concerner que les autres, certainement pas lui !

Un autre exemple, confirmant clairement la suprématie des femmes sur les hommes de la Bible, est relatif au comportement des filles de Loth, tout de suite après la destruction des villes de Sodome et Gomorrhe, par un déluge de feu et de soufre, en raison de la perversité des hommes. Les deux filles de Loth décidèrent, de peur de ne pas trouver d'époux, « d'enivrer leur père et de partager sa couche, pour donner par lui vie à une postérité » (Genèse XIX, 31). Le père, mou, falot, ivre, c'est-à-dire psychologiquement inconscient et inexistant, incapable de contrôler sa pulsion, se laisse faire passivement, agi et consommé par ses filles. Dieu ne réagit ni ne punit personne. Il n'a rien vu, rien entendu. Cela constitue une autre preuve de la complaisance divine à l'égard des femmes.

Quant aux trois autres matriarches, Rebecca, Rachel et Léa, elles tenaient avec autorité leurs époux respectifs, Isaac pour la première et Jacob pour les suivantes, pieds et poings liés, au service de la réalisation de leurs caprices. Les patriarches s'exécutaient sans broncher ! En ce qui concerne Rebecca et Isaac, ils ont eu des jumeaux, Ésaü sortant le premier du ventre, considéré comme l'aîné, et Jacob arrivé le second, pris pour le cadet. Quand leur père vieillissant sentit sa fin proche, il décida de bénir son aîné, comme l'exigeait la tradition, pour lui transmettre son héritage. Cependant, Rebecca, qui préférait le cadet Jacob, ordonna à ce dernier de mentir à son père, de se déguiser et de se faire passer frauduleusement pour l'aîné qu'il n'était pas évidemment, dans le but de rafler les bénédictions paternelles qui ne lui étaient aucunement destinées. Elle dit à son fils : « "Et maintenant, mon fils, sois docile à ma voix sur ce que je vais t'ordonner, va donc au menu bétail, et prends-moi de là deux jeunes chevreaux, et j'en ferai pour ton père un mets tel qu'il l'aime. Tu l'apporteras à ton père et il mangera ; de sorte qu'il te bénira avant de mourir..." Elle prit ensuite les plus beaux vêtements d'Ésaü, son fils aîné, lesquels étaient sous sa main dans la maison et elle revêtit Jacob, son jeune fils » (Genèse XXVII, 15).

Souffrant d'une vue faible et troublée, Isaac ne détecta pas sur-le-champ cette supercherie de Rebecca. Il n'est peut-être pas non plus si dupe que cela ! Il demande : « Qui es-tu mon fils ? » Jacob répondit : « C'est moi, Ésaü, ton premier-né, j'ai fait ainsi que tu m'as dit. Voici donc, assieds-toi et mange de ma chasse, afin que ton âme me bénisse. » Isaac répondit : « La voix, c'est la voix de Jacob, et les mains sont les mains d'Ésaü. C'est toi là mon fils Ésaü ? » Se croyant, sans doute, contraint lui aussi d'obéir à la voix de sa femme, il s'exécuta et bénit son cadet, préféré de la mère, à la place de l'aîné qu'il chérissait. Ésaü, ayant découvert la supercherie, Rebecca courut au secours de Jacob, « son chouchou », lui ordonnant de fuir chez son frère Laban. Elle lui transmit de nombreuses consignes pour son voyage, mais aussi concernant le déroulement de sa vie ultérieure. Elle le persuada de ne pas prendre n'importe quelle femme, mais seulement l'une des filles de Laban. Cette inégalité parentale de traitement à l'égard d'Ésaü et de Jacob résultait d'une différence de sensibilité et de système de valeurs entre Isaac et Rebecca. Celle-ci était surtout touchée et attendrie par la voix. « Plus elle entendait celle, studieuse, de Jacob en train d'étudier, et plus elle l'aimait », raconte un midrash.

Isaac préférait Ésaü, son aîné, parce qu'il lui préparait généreusement, un peu comme une mère, de délicieux plats, provenant des gibiers qu'il chassait. Du coup, bien que biologiquement père et mère de deux garçons, jumeaux de surcroît, chacun favorisait son élu. L'un comme l'autre n'assumaient ainsi le rôle psychologique de père ou de mère que vis-à-vis d'un des enfants, le favori, et non de façon juste et égalitaire auprès des deux fils. C'est un phénomène très courant, voire banal, qui a de tout temps été observé, y compris au sein de nombreuses familles modernes. L'un, à l'image d'Abel, se croit le vilain petit canard, le mal-aimé, comparé à l'autre, perçu comme le préféré, tel Caïn. Tout est offert à ce dernier avant même qu'il n'ait le temps d'en formuler la demande, alors que tout est refusé à l'autre.

Curieusement, la tradition, à l'encontre du texte biblique qui brosse un portrait positif et digne d'Ésaü, se range injustement et de façon complice du côté de Rebecca, la mère toute-puissante, dominatrice, hyperprotectrice et castratrice, comme elle était en réalité. Nous avons observé le même schéma concernant Isaac, le préféré de Sarah, et donc encensé complaisamment par les commentateurs au détriment d'Ismaël, traité pourtant avec respect dans les écrits. Rebecca dépréciait sans cesse Ésaü à outrance en le présentant comme un garçon fourbe, instinctif, cruel et sauvage, tout simplement parce qu'il appréciait la chasse. Même lorsqu'elle se voit obligée d'admettre l'incontestable piété filiale d'Ésaü envers Isaac, elle lui prête des arrière-pensées négatives, qualifiant son attitude d'insincère, d'intéressée, et d'hypocrite. Malgré tout, ce fils repoussé par sa mère, trahi et trompé par son propre frère, floué et volé, lorsqu'il retrouve des années plus tard Jacob, oublie les injustices dont il a été victime. Il se montre magnanime et humain, pleurant en embrassant son frère ! Ce n'était pas vraiment la première fois que Jacob, soutirant la bénédiction paternelle, destinée à son frère aîné, avec la complicité de la mère, escroquait Ésaü, mais bien la seconde. Un jour, alors qu'Ésaü était de retour des champs, affamé et exténué, Jacob abusa de sa faiblesse en n'acceptant de lui donner à manger du pain et un plat de lentilles que s'il lui cédait son droit d'aînesse. Celui-ci se soumit sans broncher.

Contrairement à certaines affirmations erronées, le père antique n'est pas dépourvu de tout sentiment paternel d'amour et de tendresse envers son fils. Il n'est point empli d'animosité et de jalousie. Il ne cherche pas à l'écraser ou, pis encore, à l'assassiner, comme Laïos le tenta avec Œdipe. Le fils n'apparaît pas non plus dénué d'attachement filial, bien au contraire. Ésaü aime son père et le lui montre. Il le nourrit en lui préparant de délicieux mets qu'il apprécie. Il ne souhaite nullement s'en débarrasser pour posséder sexuellement Rebecca, sa mère. C'est plutôt celle-ci qui semble décider et orienter les liens entre le père et le fils. La façon dont ceux-ci parviennent à se situer l'un vis-à-vis de l'autre, côte à côte ou face à face, dépend en grande partie du désir et de la préférence de la matriarche.

Ainsi la relation père-fils s'avère fondamentalement triangulaire. La mère, en tant que tierce, y joue la fonction maîtresse de pont médiateur, dans le sens positif du rapprochement ou celui négatif d'éloignement et de discorde. Le triangle père-mère-enfant biblique ne s'avère donc pas très glorieux pour l'instant. Les matriarches apparaissent comme des figures toutes-puissantes, à côté des patriarches, dans l'ensemble pâles, sans envergure et autorité, médiocres, résignés, se pliant paresseusement à ce que les femmes leur dictent sans avoir le courage de leur fixer une quelconque limite. Le patriarcat, accusé à tort d'avoir asservi et aliéné les femmes durant des siècles, en les réduisant aux rôles subalternes de « pondeuses d'enfants » et d'objets sexuels, s'avère en réalité un matriarcat. Si les hommes se comportent à l'extérieur du foyer en chefs, remportent des combats, acquièrent des pièces d'or, la puissance, du menu et du gros bétail, ce sont les femmes qui gouvernent entièrement à l'intérieur de la maisonnée, préoccupées notamment par la procréation, l'engendrement, la perpétuation de la vie. Tout porte à croire à l'existence d'une grande difficulté chez les matriarches d'assumer sereinement les deux versants de leur identité plurielle, pour jongler entre la mère et la maîtresse. Celle-ci semble chétive, frileuse ou frigide, parfois éteinte, au profit de la première, particulièrement inflationnée. De nos jours, beaucoup de femmes, qu'elles s'appellent Rachel ou Cécile, Rebecca ou Lætitia, souffrent de la même césure en elles, d'une même déchirure entre leur deux moi, la mère et l'amante, insuffisamment femme et trop mère, ou, à l'inverse, trop femme et pas assez maternelle, sans réussir à concilier ces deux visages, pour devenir une, entière.

À travers ces récits, nous découvrons que la Bible ne constitue nullement, à l'opposé de certains *a priori* et préjugés, un recueil monotone et barbant, composé d'injonctions morales culpabilisantes, déconnectées de la vie concrète, à mille lieues des enjeux et des préoccupations modernes. On y trouve en abondance, comme dans un roman d'aventures, des intrigues et des rebondissements, jalonnés d'alliances et de trahisons, de jalousies et de rivalités. De même, Y.H.W.H. n'apparaît point tel un vieux barbu, brutal, molestant sans cesse ses pauvres créatures, tétanisées d'effroi, broyées par sa toute-puissance. Au contraire, Il est présent dans l'histoire des hommes, les accompagne, écoute, se tait et parle, même s'Il fait semblant parfois d'être absent.

Pour terminer d'illustrer la timidité, voire l'impuissance des trois patriarches face à la suprématie des quatre matriarches, penchons-nous sur les démêlés conjugaux, stupéfiants, de Jacob avec ses deux épouses, Rachel et Léa, les filles de son oncle Laban. Dès que Jacob aperçut Rachel, au terme de sa fuite de chez ses parents, par crainte de la vengeance d'Ésaü, il tomba amoureux d'elle. C'est la première fille qu'il rencontrait de sa vie. Rachel était « belle de tournure et belle de visage ». Jacob s'empressa naturellement de demander sa main. Laban accepta d'emblée, un peu trop vite peut-être, puisqu'il lui substitua frauduleusement durant la nuit de noces Léa, sa fille aînée ! Lorsqu'on obéit sans discussion, tout de suite, on désobéit forcément après, on regrette, on s'esquive ou on fraude ! Voilà pourquoi la rigueur est préférable à la complaisance. Léa aux yeux faibles, manquant de beauté et de grâce, contrairement à sa jeune sœur, était dédaignée par son entourage. Apparemment, Rachel consentit et collabora à cette substitution. D'après un midrash, elle alla jusqu'à se cacher sous le lit conjugal, parlant et répondant à la place de Léa afin que Jacob ne se rendît pas compte de la supercherie. Léa réussit ainsi à tromper la crédulité de Jacob, à abuser de son amour, en répondant au prénom de sa sœur, et en utilisant subtilement les signes préalablement convenus entre Jacob et Rachel, sans l'ombre d'une mauvaise conscience.

Ironie du destin, Jacob, l'arroseur arrosé, subit exactement ce qu'il avait imposé naguère à son propre frère Ésaü, lorsqu'il s'était traîtreusement arrogé sa place d'aîné en se faisant passer pour lui auprès de leur père. Par un extraordinaire retour de balancier, on lui rendait la monnaie de sa pièce, en remplaçant la cadette qu'il adorait par l'aînée qu'il détestait. Jacob protesta évidemment de toutes ses forces, mais rien n'était plus désormais réversible, le mariage ayant été consommé ! Laban lui proposa de patienter en travaillant pour lui sept autres années, avant de s'unir enfin à sa bien-aimée Rachel, en récompense. Les deux sœurs continuèrent ensuite à très bien s'entendre, sans la moindre jalousie ou animosité, dans une parfaite complicité. Elles ne cessèrent ainsi jamais de dominer et de manipuler leur mari commun, allant jusqu'à disposer de lui, comme s'il s'agissait d'un simple objet, à leur service. Elles décidaient, par exemple, avant son retour des champs, laquelle des deux passerait la nuit auprès de lui. Un soir, Léa sortit à la rencontre de Jacob et lui déclara : « C'est à mes côtés que tu viendras, car j'ai payé à Rachel le droit d'être avec toi par des mandragores » (fruits censés avoir des vertus aphrodisiaques !). Comble de manigances, les deux épouses n'hésitaient pas non plus à lui offrir leurs servantes, Bilha et Zilpa, pour les féconder, dès qu'elles se trouvaient elles-mêmes en panne de procréation !

Il semble qu'elles considéraient le patriarche uniquement comme un géniteur, donneur de spermatozoïdes, un taureau reproducteur, et leurs servantes comme des mères porteuses, des ventres de location. « Par elle, j'aurai des enfants », disaient-elles, répétant exactement les mots de Saraï offrant sa servante Agar à Avram. Commandé par le gynécée composé de ces nombreuses femmes, Jacob fut ainsi père de douze enfants. Curieusement, tous ceux-ci furent nommés par les mères, contrairement à la tradition, et non par Jacob, qui n'intervint pas, qui ne dit jamais rien ! Cela confirme, s'il en était encore besoin, l'incontestable suprématie des matriarches ! Ainsi, ce troisième et dernier patriarche mena une existence terne, peu héroïque, médiocre, comparée à celle d'Abraham, le pionnier, et d'Isaac, le survivant, échappé au sacrifice de Moriah. Face à ses femmes, il se comporta exactement de la même manière, faible et résignée, que son père et son grand-père, Isaac et Abraham. Sa seule grandeur, son unique œuvre, concerne son combat nocturne dans le désert de Péniel avec... Les divers récits ne réussissent pas à se mettre d'accord sur l'identité de son mystérieux adversaire. Avec qui a-t-il combattu, un berger, un brigand, un voyageur ordinaire, un ange ou avec Dieu Lui-même ? Nombre de commentateurs optent pour cette dernière hypothèse. Mais pourquoi cette bagarre ? Quel sens donner à cet événement ? Le but était, disent les sages, de réveiller Jacob, de le stimuler, de le dégourdir, de lui donner un peu de courage et de confiance, de le dynamiser. Rien ne serait plus susceptible de faire grandir un homme qu'une épreuve. Jacob sortit victorieux de sa lutte avec Dieu, déguisé en ange, comme cela lui arrive souvent. Il devint toutefois boiteux, touché au nerf sciatique. Le changement psychologique se traduit par la modification de son prénom. Il s'appelle désormais Israël « car il a combattu avec Élohim, comme avec des hommes ».

Parmi ses douze enfants, le patriarche préférait Joseph, le premier-né de son épouse favorite, Rachel. À travers cet enfant, il continue à adorer l'unique vrai amour de sa vie, morte en mettant au monde Benjamin, son second fils. Joseph n'était donc pas aimé vraiment pour lui-même, dans la gratuité du désir, mais en tant que représentant, incarnation de Rachel. Celle-ci s'interposait ainsi, même après son décès, entre le père et le fils. Joseph était, cela se devine aisément, très gâté. Son père lui accordait tout ce qu'il souhaitait, réalisant tous ses caprices. Jadis couvé par sa propre mère Rebecca, il couvait à son tour son petit Joseph comme une vraie mère poule, après la disparition de Rachel. Personne n'est vraiment lui-même à travers cette histoire, à sa vraie place !

On peut se demander, à la lumière de ces récits, si les patriarches n'entretenaient pas avec leurs fils un certain rapport matriciel, ombilical, maternel, un peu comme une mère et son enfant, dans les deux sens. Cela apparaît clairement dans les liens entre Jacob et Joseph, lequel était exagérément gâté, couvé. Ce schéma de relations caractérise également ce qui s'est tissé entre Isaac et Ésaü, à travers la nourriture, gibier et mets succulents. Il transparaît enfin entre Abraham et Ismaël, et, plus fortement peut-être encore, quoique plus silencieusement, entre Isaac et le patriarche. Il existe chez tout père, dans le cadre de son identité plurielle, à côté de ses facettes de géniteur et d'amant, un aspect de petit garçon et un compartiment de mère. Ces deux caractères se sont trouvés très fortement occultés durant des siècles en raison d'un jugement négatif dépréciateur, les considérant comme des spécificités féminines ou des traits névrotiques, infantiles et régressifs. Or, il s'agit de deux composantes essentielles de la psyché masculine. Leur reconnaissance et leur accueil, loin d'infantiliser ou de féminiser les mâles, comme on le craint, contribuent au contraire à les épanouir, en rendant le sujet encore meilleur père que s'il en était privé. La féminité de l'homme, son « anima », a d'autant plus besoin de se vivre concrètement dans la relation avec ses enfants qu'il est, en raison d'incontournables barrières biologiques, complètement exclu des processus naturels de la grossesse et de l'accouchement.

Cette prédilection paternelle marquée de Jacob pour Joseph suscita naturellement la jalousie des autres fils. Ils finirent par détester leur petit frère, enfant gâté/pourri, et projetèrent de l'assassiner. Après mûre réflexion, ils décidèrent de le vendre comme esclave à des marchands itinérants se rendant en Égypte. Ils abattirent un agneau, tachèrent de son sang le manteau de Joseph qu'ils présentèrent ensuite à Jacob leur père, pour lui faire croire que son fils chéri avait malencontreusement été dévoré par les fauves dans le désert. En Égypte, Joseph devint un important personnage politique, le conseiller spécial de Pharaon. À l'annonce de cette nouvelle, Jacob ressentit une profonde douleur, mais n'entreprit étrangement rien pour vérifier les assertions de ses fils. Pourquoi insista-t-il tant pour l'envoyer chez ses frères à Sichem, tout en étant parfaitement conscient de leur jalousie à l'égard de Joseph ? Nul ne peut répondre à cette question : pour le faire tuer, peut-être, ont insinué certains, étant donné qu'il avait failli mourir lui-même lors de son combat avec l'ange à Péniel. Isaac, son père, avait lui aussi risqué sa vie, sur le mont Moriah. Mystère !

Le sacrifice d'Isaac

Pour comprendre le sens du mythe du sacrifice d'Isaac par son père Abraham, il me paraît capital de le restituer dans l'histoire transgénérationnelle d'Abraham, dans son roman familial, sans l'isoler du climat culturel environnant, ni surtout du contexte et de la philosophie de la Thora. Cela explique les nombreuses digressions faites avant de se concentrer sur le thème spécifique des liens qu'entretiennent les pères et les fils. Le mythe est tout à fait comparable au rêve. Aucun détail n'est de trop, insignifiant, superflu, à supprimer pour précipiter le sens. L'histoire de cet événement, ayant marqué indéniablement l'histoire de la culture humaine, auquel on se réfère encore après 4 000 ans, est relatée au chapitre vingt-deux de la Genèse, le premier des cinq livres de l'Ancien Testament.

« Il arriva, après ces faits, que Dieu éprouva Abraham. Il lui dit : "Abraham !" Il répondit : "Me voici." Il reprit : "Prends donc ton fils, ton fils unique, celui que tu aimes, Isaac, achemine-toi vers la terre de Moriah, et là offre-le en holocauste sur une des montagnes que je te désignerai."

« Abraham se leva de bon matin, sangla son âne, il prit ses deux serviteurs avec lui et Isaac son fils ; il fendit le bois du sacrifice, et il se mit en chemin pour le lieu que lui avait indiqué le Seigneur. Au troisième jour, Abraham, levant les yeux, aperçut l'endroit dans le lointain. Abraham dit à ses serviteurs : "Tenez-vous ici avec l'âne ; moi et le jeune homme, nous irons jusque là-bas, nous nous prosternerons et nous reviendrons vers vous." Abraham prit le bois du sacrifice, le chargea sur Isaac son fils, prit en main le feu et le couteau, et ils marchèrent tous deux ensemble. Isaac dit à Abraham son père : "Mon père !" Il répondit : "Me voici, mon fils." Il reprit : "Voici le feu et le bois, mais où est l'agneau de l'holocauste ?" Abraham répondit : "Dieu choisira lui-même l'agneau de l'holocauste, mon fils !" Et ils marchèrent tous deux ensemble. Ils arrivèrent à l'endroit que Dieu lui avait indiqué. Abraham y construisit l'autel, disposa le bois, lia Isaac son fils et le plaça sur l'autel, par-dessus le bois. Abraham étendit sa main, et saisit le couteau pour immoler son fils. Mais un ange du Seigneur l'appela du haut du ciel, et il dit : "Abraham !... Abraham !" Il répondit : "Me voici." Il reprit : "N'étends pas ta main sur ce jeune homme, ne lui fais rien ! car désormais, je sais que tu crains Dieu, toi qui ne m'as pas refusé ton fils, ton fils unique !"

« Abraham leva ses yeux, et voici qu'un bélier, derrière lui, s'était embarrassé les cornes dans un buisson. Abraham alla prendre le bélier, et l'offrit en holocauste à la place de son fils. Abraham dénomma cet endroit : "L'Éternel voit !" ; d'où l'on dit aujourd'hui : "Sur le mont de l'Éternel, où l'on sera vu." L'ange de l'Éternel appela une seconde fois Abraham du haut du ciel et dit : "Je jure par moi-même, parole de l'Éternel, que, parce que tu as fait cette chose-là, tu n'as pas refusé ton fils, ton fils unique, je te bénirai ; je multiplierai ta postérité comme les étoiles du ciel et comme le sable du rivage de la mer, et ta descendance héritera des portes de ses ennemis. Et toutes les nations de la terre seront bénies par ta postérité, parce que tu as obéi à ma voix."

« Abraham retourna vers ses serviteurs, ils se levèrent et allèrent ensemble vers Bersabée, et Abraham séjourna à Bersabée. »

Ce récit constitue dans la dramaturgie biblique l'un des passages les plus émouvants, malgré sa dureté et sa froideur manifestes. Il représente aussi un des morceaux les plus énigmatiques et déroutants, par-delà la trompeuse simplicité des apparences. De multiples générations ont blanchi leurs barbes noires et noirci leurs feuilles blanches dans la quête du sens et de l'essence ultimes de cet événement. Depuis 4 000 ans, il a fait verser beaucoup de larmes et beaucoup d'encre. Dieu était-Il devenu fou ou assoiffé de sang ? Pourquoi éprouvait-Il à nouveau, pour la dixième fois, Abraham, lui demandant de sacrifier le fils qu'il avait eu avec tant de peine, dans sa vieillesse, avec Sarah, alors qu'Il avait, à maintes reprises, promis de multiplier sa postérité « comme les étoiles du ciel et comme le sable du rivage de la mer » ? Pourquoi risqua-t-Il, sur un coup de dés, sa création et son projet ? Cherchait-Il à punir Abraham d'avoir préféré Isaac à Ismaël, par exemple, ou vice versa ? Pourquoi, de son côté, le patriarche obéit-il sans sourciller à cet ordre inconséquent, terrifiant ? Et Isaac, pourquoi se comporta-t-il en victime complaisante ? Enfin, pourquoi Dieu renonça-t-Il, à la dernière seconde, à l'exécution de sa sentence ? Que signifie donc cette ambivalence ?

Il n'existe, a-t-il été enseigné, nulle vérité unique dans la Thora. Chacun de ses versets peut supporter six cent mille interprétations. Pourquoi six cent mille ? interroge l'élève. Parce que, répond le maître, lorsque le Saint (béni soit-Il) donna la Thora à Moïse, six cent mille hommes étaient présents au pied du mont Sinaï ! Chercher le sens constitue en réalité une quête/enquête, une longue marche/démarche, gratifiante mais décevante parfois. Telle une amante, ce sens s'offre et se dérobe, se révèle et se cache, séduisant comme la rose et fuyant comme la colombe, livrant ses secrets en chuchotant lorsqu'il n'y a plus d'oreille pour l'entendre ! C'est donc tout un roman d'amour que de courir après le sens. Intraduisible, le texte biblique est sans cesse à retraduire et à comprendre, toujours autrement.

Le sacrifice d'Isaac paraît sans raison, injustifié, absurde, immotivé. Il n'est nullement argumenté dans le texte, n'étant présenté ni comme la conséquence d'un mauvais acte, ni comme la promesse d'une récompense. Il s'agit d'un point important dans la mesure où tous les sacrifices humains, pratiqués à l'époque, étaient dictés par la nécessité d'expier une faute ou celle d'amadouer les dieux, afin de détourner apotropaïquement un malheur : la maladie, la sécheresse, la famine, la stérilité, etc. Abraham était un notable riche, puissant et en bonne santé. C'était un homme qui jouissait de la reconnaissance et de la considération collective. Il était comblé, possédant du menu et du gros bétail, beaucoup de pièces d'or et d'argent, une très jolie femme, ainsi que de nombreux servants.

Et pourtant, Dieu décida de le tourmenter, comme Job, qui connaîtra plus tard un peu le même cheminement. Pourquoi ? Étant donné l'absence de tout motif logique, les commentateurs ont eu recours à leur imagination vagabonde. Cela se passe toujours selon le même schéma. On se met à fantasmer quand on ne sait pas, quand on ne comprend pas, quand on est incapable de saisir les motivations et les mobiles d'un acte.

La principale hypothèse que les sages ont élaborée pour expliquer l'ordre d'Élohim de sacrifier Isaac s'appelle

Satan, réponse évidemment trop facile, l'alibi commode, le bouc émissaire idéal, suprême. Dans la démonologie talmudique, Satan, littéralement « l'adversaire » en hébreu, représente le mal absolu, l'impulsion mauvaise. On a tendance à lui attribuer essentiellement deux séries d'actions, différentes mais complémentaires. Il est l'accusateur céleste de l'homme, défiant, mettant en doute l'intégrité et la piété des créatures auprès de Dieu, l'incitant à les éprouver, à les tester ou même à les molester, comme ici avec Abraham et ailleurs avec Job. Il tente aussi de pousser l'homme, à l'aide de ses sombres machinations, à désobéir à la volonté divine. Il l'entraîne à pécher, en commettant toutes sortes de fautes. En termes psychologiques, il est l'incarnation de la perversion, titillant la pulsion, encourageant l'homme à désavouer la loi, cultivant la discorde et dressant les uns contre les autres.

C'est donc Satan, qui aurait semé le doute en Dieu quant à la loyauté d'Abraham. Il aurait allégué qu'en dépit des festivités que le patriarche avait organisées pour célébrer la naissance tant espérée d'Isaac il n'avait offert aucun sacrifice, ni la moindre action de grâces à l'adresse de la transcendance. Dieu aurait rétorqué qu'Abraham irait jusqu'à lui offrir son fils bien-aimé en holocauste, si telle était son exigence. Mais pourquoi l'Éternel tient-Il à éprouver son serviteur, dans le sens de le tester, Lui, qui est omniscient, connaissant parfaitement tout ce qui se tisse, du bien ou du mal, dans le cœur de la petite fourmi et *a fortiori* chez les humains ? Doutait-Il à ce point de la foi du patriarche, de sa fidélité et obéissance ? En donnant cet ordre, tout de même quelque peu absurde, à Abraham, n'a-t-Il pas craint qu'on Le soupçonne plus tard d'être sous l'influence de Satan, de se laisser manipuler par lui, sans lucidité ni jugement propre ? Ignorait-Il enfin ce qui allait se dérouler et comment aboutirait son défi ? Non, Dieu ne méconnaît rien évidemment, répondent, en chœur, les sages.

Pour certains, il a imposé cette épreuve à Abraham pour lui donner l'occasion de grandir, de s'élever à un nouveau degré de maturité et de perfection, à travers une démarche concrète, un engagement, une implication réelle. Parfois, les discours et les intentions s'avèrent insuffisants. Ils ont besoin d'être incarnés, soutenus par les gestes. Éprouver simplement dans son cœur de l'amour pour sa femme, son mari ou son enfant, est certainement louable, mais il vaudrait encore mieux le dire et le montrer par des actes. Cela implique d'être présent à côté de ceux que l'on aime, de les accompagner et de les protéger dans les sentiers de la vie, à travers les petits détails du quotidien. Ce thème m'évoque, en outre, la naïveté, voire l'illusion de certains de mes patients, mais aussi de certains de mes collègues analystes, qui croient qu'il suffit d'exprimer avec des mots ses difficultés, de les disséquer avec le vif souhait de les voir se résorber, pour qu'elles disparaissent, comme par enchantement, volatilisées ! Dans la grande majorité des cas, la seule prise de conscience de ses blocages, accompagnée du souhait passif de son salut, s'avère insuffisante, si le réveil et la découverte du sens ne débouchent pas, en même temps, sur une volonté réelle de modifier concrètement certaines données de sa vie, en opérant les renoncements ou les engagements nécessaires. Sinon les paroles et les intentions risquent de demeurer lettres mortes.

Pour d'autres commentateurs, il s'agissait surtout, à travers le défi du sacrifice d'Isaac, de neutraliser Satan en faisant brillamment démentir ses calomnies et médisances. Satan, alibi commode ! Il n'existe en réalité, même pas dans le texte biblique, en tant que principe, puissance ou personnage négatif, s'ingéniant méchamment, et avec sa malignité légendaire, à noircir les justes aux yeux de l'Éternel, pour qu'Il se détourne d'eux et les punisse, tout en les excitant, par ailleurs, à s'insurger contre Lui. Non, Satan a été inventé par les talmudistes dans le but d'« épurer » Dieu, c'est-à-dire de Le dégager, de Le débarrasser de son ombre, de ses côtés supposés négatifs, mauvais, la colère, le mal, l'agressivité, l'injustice, pour qu'Il ne soit plus qu'amour, justice et miséricorde. Dieu, ne pouvant ainsi par définition qu'être bon et protecteur, Satan devient le symbole du mal absolu, sous toutes ses facettes, le bouc émissaire idéal, l'éponge, le *pharmacos,* la réponse toute faite et facile pour expliquer les injustices et l'arbitraire. Le Dieu de l'Ancien Testament ne correspond toutefois pas à cette image uniforme et policée. Tout en se voulant unique, il se présente, à travers ses diverses émanations, comme l'espace des principes en apparence opposés, ce qui n'est nullement contradictoire, tels le bien *et* le mal, l'amour *et* l'autorité, la compassion *et* la colère. La multiplicité de ses noms confirme clairement l'idée de cette mosaïque multicolore de son identité plurielle. Chacun se voit utilisé en fonction de la nature de son intervention, mettant parfois davantage l'accent sur son caractère de père protecteur et miséricordieux, ou sur sa dimension de chef tout-puissant, ou sur son visage coléreux et vengeur. Il n'existe donc pas de césure, de schisme, de rupture, comme chez le docteur Jekyll et Mister Hyde. Satan apparaît ainsi comme l'autre face de Dieu, Lui-même, de la même essence, son ombre, le mauvais père qu'il est aussi par conséquent.

Quel intérêt ont toutes ces cogitations pour nous, sujets modernes, incroyants ou adorant d'autres dieux que Yahvé, Jésus ou Allah ? Celui de nous apprendre à cesser de nous bagarrer contre nous-mêmes. Celui de nous encourager à avoir confiance en nous, pour nous accepter dans notre complexité, avec nos côtés beaux *et* moches, sombres *et* lumineux, afin de ne plus nous épuiser à être parfaits, gentils, bons, soumis, utiles, sympas, recroquevillés derrière le masque monochrome et sans saveur du conformisme et de la normalité. Satan réside en chacun de nous. Nous ne devons pas en avoir honte. Le reconnaître permet, non pas de s'en débarrasser, mais de ne plus en être prisonnier ! Afin de mieux saisir l'enjeu véritable du drame du sacrifice d'Isaac, il conviendrait de le situer dans le contexte plus large des sacrifices humains.

En réalité, ceux-ci constituaient partout, au sein des sociétés antiques, une pratique normale, légitime et courante. En Mésopotamie, terre d'origine d'Abraham, pour supprimer un malheur on cherchait à le déplacer sur un objet, un animal ou un être humain, dont la mort, par substitution, était censée effacer le mal. Lorsque l'éclipse du soleil annonçait la volonté des dieux de mettre fin à la vie du roi, on dissimulait rapidement le monarque, on faisait monter sur le trône un « roi de remplacement » revêtu des habits royaux et des insignes du pouvoir. On lui choisissait même une épouse pour, quelques jours plus tard, les empoisonner au cours d'un grand festin.

On ensevelissait ensuite, lors de funérailles royales, le
« roi de remplacement » mort pour et à la place du vrai
roi. Cela suffisait à apaiser la colère des dieux, puisqu'on
avait partout annoncé le décès du monarque. Enfin, le
vrai roi réapparaissait, sain et sauf, dans le palais désin-
fecté, en toute sécurité jusqu'à la prochaine éclipse,
colère des dieux.

Toujours en Mésopotamie, on pouvait légitimement,
selon le code Hammourabi, mettre à mort le fils du
maçon si le fils du propriétaire disparaissait dans l'effon-
drement de la maison nouvellement construite. Dans cet
univers d'identité collective, d'interchangeabilité des
êtres, l'essentiel n'était point de punir *le* coupable, mais
un coupable quelconque, comme le roi de remplacement.
Lorsqu'une obligation était due, peu importe par qui elle
était remplie, pourvu qu'elle le fût. Chez les Grecs, la
jeune Iphigénie fut sacrifiée par son père Agamemnon
à Artémis afin d'obtenir des vents favorables pour la
navigation. Une vierge donc pour du vent ! Les Athéniens
de l'époque classique entretenaient quelques pauvres
gens de basse extraction, les *pharmacos,* qu'ils sacrifiaient lors d'une calamité, d'une famine, d'une maladie
ou d'une sécheresse frappant la ville. Leur mise à mort
purifiait et guérissait la communauté tout entière. Et
comme il vaut mieux toujours prévenir (du grec *prophy-
laktikos*) que guérir (du grec *thérapeuien*), les Athéniens
avaient institué ce rituel apotropaïque (qui détourne les
maux) à date fixe, en l'incorporant dans leur calendrier
festif, calamité ou pas, une fois l'an.

Achevons notre tour du monde, macabrement pitto-
resque, sur les pyramides aztèques. Les Aztèques
croyaient à la nécessité des sacrifices humains pour que

le monde puisse se perpétuer et que le soleil puisse accomplir sa trajectoire quotidienne. Le sang humain (appelé « l'eau précieuse ») était l'énergie qui permettait de régénérer le cosmos et de reculer l'échéance de sa destruction. Les fortunés achetaient des esclaves au marché, hommes, femmes, enfants, qu'ils immolaient pour diverses raisons : la fertilité des sols, la régularité des pluies, l'abondance des récoltes, etc. Voici comment la victime était traitée comme le dieu qu'elle représentait. Elle était vêtue comme la divinité à laquelle elle allait être offerte et dont elle mimait les gestes et mouvements. La victime et la divinité étaient ainsi complètement identifiées et se confondaient en un seul être. De cette façon, c'était le dieu lui-même qui périssait. Venait ensuite la phase anthropophagique où le sacrifié, devenu dieu, était consommé dans une sorte de communion.

Ce rituel n'est évidemment pas sans nous rappeler l'Eucharistie chrétienne, en raison de la confusion entre la victime humaine sacrifiée et le dieu à honorer et par référence au rituel de l'anthropophagie sacrée où les communiants s'assimilent de façon symbolique, avec l'hostie et le vin, l'énergie vitale de la victime rédemptrice. « Prenez, mangez, ceci est mon corps, buvez-en tous car ceci est mon sang. » Enfin, la fonction première des deux rites est expiatoire, l'immolation d'un seul suffit à racheter et à purifier les fautes du groupe tout entier.

Le premier sens du sacrifice d'Isaac est évidemment qu'il n'y eut pas de sacrifice, le père renonçant à verser le sang de son enfant. C'est la grande différence, voire la rupture avec les sacrifices humains décrits précédemment. Cette histoire constitue une vigoureuse protestation contre l'antique pratique païenne des meurtres rituels d'enfants. Ce récit est de nature paradoxale. Il ne nie pas le mal et la violence, y compris chez le plus saint des humains, le bon patriarche Abraham, le paisible pâtre, l'incarnation de l'hospitalité et de l'amour d'autrui. Ici, point de discours pervers sirupeux sur l'amour parental, point d'injonction moralisatrice ou menaçante. La violence est reconnue, abordée explicitement, mais en la faisant basculer hors de la cruauté sanguinolente du réel, le récit cherche à la résoudre autrement, symboliquement. Dès lors, sacrifier Isaac ne signifie plus le tuer et verser son sang, mais immoler, « offrir en holocauste » ce qu'il représente. C'est bien ce qui distingue le meurtre du sacrifice et donc Laïos d'Abraham. Passer de la chose à la représentation de la chose, qui n'est plus la chose, constitue la matière première dans l'édification du psychisme humain, civilisé, distant par rapport à la crudité de la pulsion. L'objet du sacrifice n'est donc pas l'enfant, mais la pulsion, son côté sauvage, égoïste et destructeur. Un vrai sacrifice ne devrait ainsi, en principe, tuer personne, mais aider au contraire chacun à devenir soi et à vivre mieux. La véritable épreuve est le non-sacrifice, la capacité de l'homme à se contrôler. Il est intéressant de remarquer que pour l'idéologie biblique le fait de négliger passivement une obligation, un devoir, un ordre qu'on est tenu d'exécuter, s'avère bien moins grave que celui de transgresser de manière active un interdit, c'est-à-dire de pratiquer un acte prohibé.

À titre d'exemple, le père a le devoir de procéder à la circoncision de son fils. Par ailleurs, il lui est commandé de ne pas découvrir la nudité de sa fille, c'est-à-dire de ne pas avoir de relations incestueuses avec elle. Passer outre ce dernier interdit qui stipule expressément la retenue, la non-action (*ne pas* coucher avec sa fille), s'avère autrement plus grave et coupable que ne pas circoncire son fils, ne pas agir, ne rien entreprendre. Exécuter une action défendue est bien plus répréhensible que manquer à un devoir prescrit. Ainsi le sujet « libre » ne se caractérise point par sa capacité à mettre impulsivement en actes « ce qui lui passe par la tête, disant oui à ses envies », dégagé de tout sentiment de culpabilité, mais par celle, à l'inverse, à réussir à se dompter, à patienter, à contrôler ses poussées pulsionnelles, à se dire non parfois, à se donner et à respecter certaines limites. Ainsi, la première signification du sacrifice d'Isaac est le sacrifice d'Abraham, le sacrificateur lui-même, puisqu'il doit immoler sa pulsion infanticide, sa facette de père sauvage, sanguinaire, à l'image de celui que Freud décrit dans la horde primitive, de Cronos, dévorant ses enfants, du roi suédois Aun, de Dédale ou de Laïos.

Cette idée semble appuyée dans le texte par un détail, au fond bien plus important qu'il n'y paraît à première vue. Avant leur ascension au mont Moriah, Abraham avait présenté l'entreprise comme destinée à sacrifier un agneau. Au troisième jour de montée, Isaac interrogea son père : « Voici le feu et le bois, mais où est l'agneau de l'holocauste ? » Que dit le texte ? « Abraham alla prendre le bélier et l'offrit en holocauste à la place de son fils. » Que se passe-t-il ? Isaac parla d'un agneau. Abraham égorgea un bélier. Il ne s'agit pas de la même chose. Le bélier est le mouton mâle, le père, alors que l'agneau est son petit. Abraham sacrifia donc le bélier/ père sans verser le sang de l'agneau/fils ! En fait, il n'existait point de montagne à Moriah, c'était une plaine ponctuée de petites collines sans grande importance. Dès que cet endroit fut choisi comme lieu du sacrifice d'Isaac, les collines se rassemblèrent et décidèrent de former ensemble une montagne. Par conséquent, même la plaine insignifiante de Moriah réussit à s'élever grâce à cette épreuve ! Le sommet de la montagne représente le lieu vertical le plus élevé depuis la terre, le point le plus haut, le plus proche du ciel, demeure réservée à Dieu, inaccessible à l'homme. Il symbolise ainsi, certes la frontière entre ces deux univers, le haut et le bas, le ciel et la terre, l'homme et Dieu, mais également ce qui leur permet de communiquer, de se rencontrer, d'échanger. Le sommet représente ainsi le lieu où il se produit des événements importants, sur le plan intérieur, psychologique, spirituel. Il est l'espace des transformations, des mutations de l'être, source d'inspiration et de régénération. C'est probablement le motif pour lequel il existe, dans toutes les cultures, des montagnes qualifiées de sacrées : Sinaï au Moyen-Orient pour les juifs, Kailas en Himalaya pour des millions d'hindouistes et de bouddhistes, Kilimandjaro en Tanzanie, Huang Shan ou Houang-Chan en Chine. La mise à mort des fils par les pères se déroule constamment sur la hauteur des montagnes, ce qui est aussi extraordinaire. Circinus fut précipité par Dédale du haut de l'Acropole, Icare chuta du ciel, Œdipe fut exposé sur le mont Cithéron, Isaac devait être immolé sur le mont Moriah et enfin Jésus fut crucifié sur le mont Golgotha. Étrange ressemblance !

Le premier sacrifié dans cette histoire fut donc Abraham, dans la mesure où il dut surmonter sa tentation « laïosienne » de mettre à mort sa progéniture, contrôler sa pulsion afin d'entendre l'ange lui enjoignant : « N'étends pas ta main sur ce jeune homme, ne lui fais rien. » Abraham sacrifia ainsi en lui Ouranos, Cronos, Dédale et Laïos, c'est-à-dire sa propre toute-puissance illimitée. La circoncision ne vise pas vraiment le pénis, mais, à travers lui, la pulsion qu'elle cherche à circoncire/circonscrire, en lui imposant des limites. Dans le mythe grec, macabrement palpitant, les générations ne se succèdent point, elles s'entretuent, s'engloutissent, se broient, s'annihilent et s'avalent. Le père ne protège pas son fils. Il le tue pour qu'il ne prenne pas sa place. Un midrash raconte que lorsque l'ange apparaît pour interdire à Abraham de porter la main sur son enfant, le patriarche proteste : « Si c'est ainsi, je suis venu en vain. Je vais lui faire au moins une légère blessure pour faire sortir une petite goutte de sang... », « Non, n'étends pas ta main sur le jeune homme », lui répond l'ange, comme pour dire : « Toi, tu ne t'appelles pas Laïos, mais Abraham. » La tentation du meurtre du fils est abordée explicitement et clairement reconnue, mais se conclut tout à fait autrement.

Les mêmes thèmes amorcés de façon semblable aboutissent différemment. Pourquoi cette tension entre le fils et le père, au croisement des deux générations ? Parce que le fils représente la vie, la continuité, le printemps, alors que le père, vieillissant et glissant sur la pente descendante, va vers la retraite du troisième âge qui sous-entend « la voie de garage ». Le fils se dit *ben* en hébreu. *Ben* signifie aussi « bâtisseur ». C'est lui qui bâtit ses parents, notamment son père, en portant son nom et en le prolongeant. Le fils perpétue le père, en accroissant ses jours et en s'inscrivant dans la filiation de ses ancêtres. Mais il lui signifie aussi son arrêt de mort, par le risque de le supplanter, de le dépasser, de le doubler dans tous les domaines, notamment, et en premier lieu, celui de l'espérance de vie. Le fils incarne donc le devenir, le projet, l'avenir, la promesse, le père le passé, le souvenir, l'automne, le terminus. C'est sans doute cette ambivalence qui expliquerait en grande partie la tension entre le père et son fils, ce dernier investit très fortement l'objet de beaucoup d'amour et d'espérances, mais aussi d'envie et de ressentiment.

Souvenez-vous du roi suédois Aun, sacrifiant ses fils, l'un après l'autre, à intervalles réguliers de neuf ans, comme pour se régénérer. Il croyait pouvoir récupérer ainsi la vie qu'il leur avait donnée, pour rester jeune, voire vivre éternellement, à l'abri de la décrépitude et de la déchéance. Naturellement, l'intensité de cette tension ambivalente sous-tendant les liens père-fils dépend essentiellement de la personnalité et de la maturité du géniteur. Plus il est infantile, dominé par son enfant intérieur – le petit garçon en lui –, moins il réussit à occuper sa place de père adulte, et plus, de toute évidence, la jalousie, la rivalité et l'agressivité, motivées par les craintes infantiles de perdre sa suprématie, parasitent sa conduite. À l'inverse, plus il est capable de faire preuve de maturité, dans le respect des différences générationnelles et sexuelles, de places et de fonctions, c'est-à-dire moins il a peur de vieillir et de se retirer, et plus il ressent de l'amour pour son fils, son héritier, avec le vrai désir de le soutenir et de l'accompagner dans l'extraordinaire voyage de la vie.

Ce qui caractérise une position paternelle saine renvoie à la possibilité pour le père, tout en occupant la place qui lui revient de droit, de se situer dans le retrait. Dans cette perspective, la vraie différence entre un bon et un mauvais père ne se situe pas au niveau de leur nature profonde ou de leur hérédité, noble ou roturière. Le bon père est celui qui se comporte en adulte dans le présent, amant de sa femme et protecteur de son enfant, en paix avec le petit garçon en lui. Le mauvais père, à l'inverse, prisonnier de son passé et de son enfant intérieur en détresse, agit de façon exagérément émotionnelle, infantile, miné par les vieilles blessures, angoisses et insécurités qui ne cessent de le tarauder.

Grâce à ce drame non advenu, parce que accepté d'avance, Abraham admet en homme adulte qu'Isaac en grandissant puisse lui donner un jour la mort. Il consent à se retirer pour laisser la place à la génération montante. Aucune succession ne serait concevable autrement. C'est bien ce qui différencie Laïos d'Abraham. Le premier considérait Œdipe comme son futur meurtrier, celui qui allait le déposséder de son trône ainsi que de sa femme, en arrêtant le sablier du temps. En revanche, Isaac occupe avant même sa conception la place positive du fils héritier, continuateur, celui qui permet au patriarche de s'ériger en « père de la multitude, d'être multiplié à l'infini, aussi nombreux que les étoiles du ciel et les sables du rivage de la mer ».

L'existence d'un certain nombre de convergences entre les mythes d'Œdipe et d'Isaac est saisissante. D'abord, la paternité ne semblait, *a priori,* aller de soi ni pour Laïos ni pour Abraham. Pour ce dernier, en raison de la stérilité de Saraï et pour Laïos parce qu'il s'interdisait de concevoir un enfant, de peur que celui-ci ne le supprimât pour épouser Jocaste. Pourtant Œdipe naquit, comme naquit Isaac ; les deux indépendamment de la volonté consciente de leur père. Le premier à contrecœur, par la ruse de Jocaste enivrant son mari pour lui faire, dans le dos, un enfant. Le second, malgré l'âge de ses parents, grâce à l'entremise de la transcendance. La conception d'Isaac s'inscrit d'emblée dans le triangle, pas nécessairement œdipien !

Voici une autre similitude frappante entre les deux légendes : Isaac et Œdipe étaient annoncés tous les deux, prédits dans une parole avant leur naissance. Le premier par l'oracle de Delphes et le second par l'ange Mikaël, émanation de la transcendance. L'oracle avait prédit que si Laïos avait un fils, celui-ci le tuerait. Que signifie la forme conditionnelle du récit ? Qu'il n'en aurait pas ? Qu'il valait nettement mieux qu'il n'en eût point ? De plus, il semblerait que Laïos, en raison de son homosexualité, ou dans le but de se cacher pour ne pas être tué par sa progéniture menaçante, ait nié la paternité de l'enfant, l'attribuant à Zeus ou à l'aveugle Tirésias. C'est la raison pour laquelle Œdipe ne fut pas baptisé, ni même nommé à sa naissance, privé de Nom du père, contrairement aux usages. En revanche, Isaac était nommé, avant même sa conception, « qui ferait rire malgré tout », en référence au rire sarcastique de la vieille Saraï à l'annonce de son incroyable enfantement. Ainsi, grâce à ce sacrifice non advenu, puisque consenti d'avance, la filiation se continue dans l'engendrement et la succession des générations, différenciées/différenciantes.

Dans la horde primitive de Freud, le fils ne quitte pas son père. Il le tue pour lui prendre sa place et ses femmes. De même, dans le mythe grec, le père ne lâche

pas son fils. Il l'assassine, obsédé par lesdites craintes.
Dans le mythe biblique, le père est tenu à la sublimation,
au contrôle de soi. Il est chargé d'initier son fils, de
l'arracher à la fusion matricielle pour l'introduire dans
l'alliance et la loi, l'accompagner dans la vie, lui transmettre ses valeurs et enfin lui laisser sa place, dans le
respect de la succession des temps et des âges. Il est
chargé de l'éduquer, de lui inculquer la discipline, de lui
enseigner un métier, de lui apprendre la natation d'après
le Talmud, de lui faire distinguer le bien du mal et surtout
de lui faire prendre une épouse. Il est tenu aussi de ne
jamais envier sa réussite, d'être généreux envers lui, de
son argent et de ses sentiments. Il n'existe donc pas
d'infanticide, pas de drame vertical, arrêtant le remplacement des anciens par les nouveaux. Même le premier
homme, Adam, ne tua pas Caïn.

Le récit de Tobie, le fils modèle biblique, est aussi très
émouvant. Il guérit son père de la cécité en lui ôtant
une petite peau du coin des yeux, après lui avoir appliqué
du fiel extrait d'un poisson, comme le lui avait enseigné
l'ange guérisseur Raphaël. Face à cet amour filial, le père
s'exclama : « Je te vois, mon fils, lumière de mes yeux ! »
Le père et le fils bibliques n'entretiennent donc pas les
mêmes rapports, hostiles et mortifères, que ceux de la
horde primitive, imaginée par Freud, ni ceux entre Laïos
et Œdipe.

Il existe néanmoins quelques exemples de relations
père-fils malheureuses, ratées. Je pense à Noé et à son
fils Cham. Noé avait bu beaucoup de vin de la vigne
qu'il avait plantée et s'était enivré, couché nu au milieu
de sa tente. Cham, futur père de Canaan, vit la nudité
de son père et alla l'annoncer à ses deux frères, Sem et

Japhet. Ceux-ci s'empressèrent de couvrir la nudité de leur père sans la regarder. Une fois Noé réveillé de son ivresse, il maudit, curieusement, non pas l'auteur des faits, l'indiscret Cham, mais le fils de celui-ci, Canaan, et bénit Sem et Japhet.

L'histoire du roi David et de son fils Absalon apparaît bien plus malheureuse. Le roi David repéra une très jolie femme, Bethsabée, épouse d'Urie le Hittite. Il tomba instantanément sous son charme, l'emmena dans son palais et coucha avec elle, ou plutôt la viola. Il expédia ensuite son époux légitime à la guerre pour le faire tuer au combat, dans le but machiavélique de pouvoir épouser sans encombre la belle Bethsabée, enceinte de lui. Absalon, le troisième fils de David, se révolta alors contre son père fautif et adultère. D'après la légende, il était d'une grande beauté par sa taille, la grâce de son visage et notamment sa luxuriante et longue chevelure. Il mourut poursuivi par son père, fuyant une bataille, en se prenant les cheveux dans un buisson de ronces. C'est Salomon, le fils de David et de Bethsabée, le fruit du viol, qui succéda à son père. Salomon possédait une sagesse exemplaire, dépassant paraît-il celle de tous les humains de son époque. Il était capable de composer des proverbes et des hymnes, de résoudre des énigmes, de parler la langue des animaux, mais aussi celle des arbres, des poissons et des oiseaux. Croyant que grâce à cette sagesse il jouirait d'une immunité totale, sans nulle crainte de punition, il se mit à transgresser les lois en sombrant dans les excès : posséder trop de chevaux, amasser de l'or et de l'argent de façon inconsidérée et épouser bien plus des dix-huit femmes autorisées à un monarque. On pourrait penser que le roi Salomon présentait, d'une certaine façon, une double personnalité. D'un côté, il cherchait, par sa sagesse légendaire, sa sérénité et sa modération, à corriger l'impulsivité de son père David, de tempérament fougueux et d'un caractère passionné. Cependant, il finit, porteur sans doute d'une forte hérédité, par sombrer dans les travers paternels qu'il s'efforçait, en vain, de redresser.

Dans l'écrasante majorité des cas, la relation père-fils biblique évolue dans un climat serein et paisible, contredisant la thèse freudienne de la horde primitive, à l'abri de toute animosité assassine, des tentations infanticides ou parricides.

L'absence de drame vertical et de violences entre le père et son fils n'empêche nullement l'existence d'un autre type de drame, celui-ci horizontal, au sein de la même génération, entre les semblables et les presque semblables. Caïn, l'aîné, tua Abel, le cadet, par jalousie, son offrande ayant été refusée par Dieu, alors que celle de son frère avait été agréée. Isaac devint l'unique héritier d'Abraham, « l'unique fils », répète le texte, alors que c'est Ismaël, l'autre fils, le premier-né. Jacob trompa Ésaü et lui déroba injustement, contre un morceau de pain et un plat de lentilles, son droit d'aînesse et ainsi l'héritage du patriarche Isaac. Joseph fut jeté dans un puits par ses frères avant d'être vendu comme esclave et emmené en Égypte. Pas de parricide, pas d'infanticide, mais un fratricide, dans le contexte horizontal de la même génération. Remarquez que l'animosité entre Ismaël, l'ancêtre des musulmans, et Isaac, l'aïeul des juifs, perdure à travers l'interminable fratricide judéo-musulman !

D'après les textes, la responsabilité du fratricide dans l'Ancien Testament n'incombe nullement aux patriarches, mais explicitement aux mères : Ève, Sarah, Rebecca, Rachel et Léa. Celles-ci ayant tendance à envahir toutes les places empêchaient parfois les hommes, père, fils, frère, de se rencontrer, de faire connaissance, pour dialoguer et s'aimer. Pis encore, idéalisant l'un de leurs fils, en le préférant à l'autre, du coup victime de désamour et de rejet, elles dressaient inévitablement l'un contre l'autre.

Dans le mythe grec, l'absence ou l'insignifiance du féminin, de la mère, de la femme, susceptible d'adoucir et de pacifier les mâles, laisse le père et le fils seuls, avec toute leur fragilité, angoisse et donc violence, face à face. En revanche, dans le mythe biblique, la femme existe bel et bien, mais sa suprématie sur les hommes et notamment son attitude injustement inégalitaire, favoritiste et discriminatoire envers l'un des garçons au détriment de l'autre, fait déplacer et éclater le conflit du niveau intergénérationnel à celui des fils entre eux. Encore une fois, toute relation en apparence duelle s'avère ainsi d'essence triangulaire. Le père n'est jamais par essence meurtrier à l'égard de son fils. La violence se produit chez lui lorsqu'il ne se situe pas, en tant que géniteur, et surtout quand il échoue à poser son fils comme enfant, progéniture, issue de lui et son prolongement, dans la différence générationnelle. Cette difficulté à occuper sa place de père provient des aléas de son Ailleurs et de son Avant, du fait de n'avoir pas été fils lui-même et paterné dans son enfance. Dans le présent, elle peut renvoyer aussi à l'absence d'une vraie place pour lui, en tant qu'amant, dans le cœur de la

mère qui, restant collée à l'enfant, empêche la construction du triangle. Les sentiments infantiles de jalousie et
d'agressivité du père envers son fils, regardé comme
menaçant, se trouvent embrasés. La violence, physique
ou psychologique, se déclenche en raison de l'existence
des erreurs symboliques, des confusions de places, du
déni ou de l'abrasement des différences de sexes et de
générations.

Laïos n'est donc pas vraiment un père, digne de ce
nom, mais un frère jaloux face à Œdipe, dans l'horizontalité rivale de la même génération, sans écart, sans
amortisseurs. Laïos c'est Caïn ! Dans ce contexte, comment Œdipe aurait-il pu tuer un père qu'il n'a jamais
eu, faute d'amour, et qu'il lui a été impossible de reconnaître lorsqu'il tue de son bâton un inconnu, sans doute
« un vieux brigand », qui lui a volé sa vie jadis et qui
l'empêche de passer encore maintenant le chemin de
son existence. Œdipe tue un petit frère de la même
génération et non son père qui l'avait naguère chassé,
dans l'illusion de gagner un combat perdu d'avance. De
même, en épousant Jocaste, Œdipe n'épouse pas sa
mère, mais une maîtresse d'occasion, une veuve soldée
au rabais, gagnée à la foire ou à un médiocre jeu télévisé,
pour avoir répondu juste, trop juste par malheur, aux
questions de la Sphinge, l'horrible chanteuse. Jocaste n'a
même pas été capable de reconnaître son fils, à ses pieds
percés, ses chevilles enflées, au regard de ses yeux, à la
couleur de sa peau, à son odeur. Jocaste n'a pas reconnu
son fils, c'est-à-dire qu'elle ne l'a pas situé en tant que
fils, mais comme amant, dans l'horizontalité de la même
génération. Comment alors, faute d'un vrai père et d'une
mère digne de ce nom, Œdipe aurait-il pu accéder au

triangle, œdipien de surcroît ? C'est précisément de cela dont souffrent, mais souffrent-ils réellement, tous ces œdipes, neuroleptisés à mort, déambulant jours et nuits dans les dédales de nos institutions psychiatriques supposées soignantes. Tous ces morts vivants sont déchirés en mille et un morceaux faute d'une parole du père, d'une présence séparante, mais instituante, rassurante, structurante.

Le complexe d'Œdipe est décidément complexe. Il s'agit d'un déni des différences. Évidemment, là où règne cette indifférence, la violence et l'effusion de sang ont carte blanche. Cela signifie que tous les malaises et les souffrances relationnels prennent leur source dans le désordre des places, dans la viciation de la dissymétrie générationnelle parents-enfants. Personne ne pouvant occuper sainement son espace psychologique, ni exercer la fonction qui lui revient. L'enfant est fantasmé comme père, mère, frère ou sœur, face aux grands qui n'ont de grandeur que la taille et les apparences !

Première conclusion, le sacrifié fut Abraham, son côté immature et infantile, à l'image de Caïn et de Laïos, dans le but de laisser émerger et s'épanouir son identité de père adulte, de patriarche. On pourrait aussi avancer que le sacrifié fut Isaac. Pourquoi ? Parce que Abraham accepte de libérer son Isaac intérieur – celui qu'il aime, l'enfant merveilleux, son phallus comme on dit – des ligatures narcissico-identificatoires inconscientes. Accepter donc qu'Isaac ne soit ni lui, ni à lui et ni comme lui, mais différent. Il tronque la possession contre l'alliance. C'est certainement pour cette raison que l'Éternel, avec insistance, s'adresse ainsi à Abraham : « Prends ton fils, ton fils unique, celui que tu aimes, Isaac... » Nous savons bien qu'Abraham a deux fils et non un seul, et que l'aîné, l'héritier légitime, se nomme Ismaël, mais c'est Isaac qui représente l'enfant « unique », c'est-à-dire celui qui compte, miraculeux, merveilleux, l'objet de fierté et de joie, le préféré, le sujet de toutes les espérances, notamment aux yeux de sa mère Sarah. Il est d'ailleurs intéressant de remarquer qu'il est inexact de parler du « sacrifice d'Isaac », puisque le récit biblique s'intitule « Akedat Isaac », ce qui signifie précisément la ligature d'Isaac, puisque son père l'attache solidement avec des sangles pour l'égorger. Le sacrifié est ainsi Isaac, son enfance, dans la mesure où l'ascension initiatique du mont Moriah se déroule lorsqu'il est âgé de 13 ans, certains ont dit de 37 ans. Peu importe, l'essentiel est que sa ligature paradoxalement déliante, délivrante, se réalise lorsqu'il est encore « jeune homme » dit le texte, adolescent. Il passe donc d'une étape de sa vie à une autre. Il est en transit, dans un moment de passage, de transition, par définition ambigu, indéfinissable. Il se situe, sans doute, dans cette phase où se trouvent nos adolescents modernes. C'est toujours un moment d'une extrême richesse, mais aussi de fragilité, de grand danger, de déchirure presque, entre un passé auquel on a encore envie de s'accrocher et un avenir incertain qui inquiète, à la croisée des chemins. L'adolescent se trouve tiraillé entre deux forces d'une égale puissance, l'exigence impérieuse de s'envoler de ses propres ailes, devenir autonome, grand dans la cour des grands, mais aussi le désir régressif inverse, assez fascinant, de retourner se blottir dans les bras chaleureux de maman, j'allais dire de Sarah !

La quasi-totalité des pathologies – schizophrénie, anorexie mentale, tentatives de suicide, addictions diverses, délinquance... – éclosent à ce moment précis de traversée, lorsque advient le moment de se séparer de la famille matricielle, de sacrifier son enfance dans la voie de devenir adulte, autonome psychologiquement. Je me demande si aujourd'hui, nos « ados », en multipliant toutes sortes de conduites ordaliques, à risques, de plus en plus répandues, voire banalisées, jeux du foulard, toxicomanie, alcoolisme, rapports sexuels précoces non protégés, piercings... ne cherchent pas à se sacrifier. Faute de rites d'initiation symbolique, de ligature et de sacrifice sur le mont Moriah, de tous ces accompagnements les aidant à mourir à l'enfance pour renaître à l'âge adulte. Ces conduites asymboliques, quasi suicidaires, remplissent le vide laissé dans nos cultures par la disparition des rituels de passage, au moment du « bac », d'une rive à l'autre de la vie. Sans la présence et le soutien de ce tiers symbolique, les parents se trouvent désemparés naturellement, face à l'écrasante tâche qu'élever ses enfants représente.

Un midrash raconte que lorsqu'il était ligaturé, l'âme d'Isaac le quitta à l'ultime instant, tant fut grande sa frayeur. Elle ne retourna dans son corps que lorsque, depuis les cieux, il entendit l'ange dire à Abraham : « Tu ne porteras pas la main sur ce jeune homme... » Isaac put ainsi accéder à sa seconde naissance, devenir lui-même, revenir à lui en risquant sa vie, ce qui seul est susceptible de donner le goût de vivre. Isaac devint adulte, passant à la génération suivante. Voici la raison pour laquelle, alors que la Thora ne mentionne et ne nomme que tout à fait exceptionnellement la naissance des filles, le chapitre vingt-deux se termine par l'annonce de la venue au monde de Rebecca, fille de

Bathuel, future épouse d'Isaac! Un autre midrash
raconte que lorsque Abraham s'apprêtait à égorger Isaac,
les cieux se sont ouverts et les anges se mirent à pleurer.
Leurs larmes tombèrent dans les yeux d'Isaac. Depuis
lors, le patriarche eut la vue faible et devint aveugle en
vieillissant. C'est pour cela que Jacob réussit à le manipuler en se faisant passer pour Ésaü pour lui voler sa
bénédiction. Cécité d'Œdipe, cécité d'Isaac. Curieuse ressemblance!

L'objet du sacrifice n'est peut-être ni tout à fait Abraham, ni seulement Isaac. Ce qui est à immoler, c'est une
certaine relation entre le père et l'enfant. Voici le texte
qui décrit minutieusement leur ascension initiatique du
mont Moriah: « Abraham et Isaac marchèrent tous deux
ensemble. » Cette phrase est répétée: « Et ils marchèrent
tous deux ensemble. » Vous avez bien lu, tous les deux,
au pluriel, l'un avec l'autre, ensemble! Voici ce que le
texte relate à la suite des événements: « ... et Abraham
retourna vers ses serviteurs... », lui au singulier, tout seul.
Et Isaac alors? Où est Isaac? Qu'est-il devenu? L'épreuve
qu'ils venaient de vivre les a paradoxalement séparés,
différenciés, individués. Isaac a changé, Abraham aussi.
Une part de chacun est restée à jamais là-haut, sacrifiée,
consumée, sur la montagne de Moriah. Un midrash
raconte qu'avant Abraham, la vieillesse n'existait pas. Elle
existait, mais demeurait invisible. Point de rides et de
cheveux blancs. Elle ne devint manifeste que grâce aux
prières du patriarche, que Dieu exauça, afin d'éviter
qu'Isaac ne soit confondu avec Abraham, et vice versa.
Par ailleurs, le texte décrivant les modes de vie et les
habitudes quotidiennes des patriarches précise, à maintes
reprises: « Abraham se leva de bon matin, Abraham partit

de bonne heure, etc. » Son heure favorite pour accomplir ses tâches était l'aube, l'aurore, avant le lever du soleil. En revanche, l'heure préférée d'Isaac, différenciation oblige, était au moment du crépuscule, le soir : « Isaac était sorti dans les champs pour prier, vers l'heure du soir... » L'objet du sacrifice concernait donc les liens matriciels entre Abraham et Isaac, mais, de toute évidence aussi, la grande fusion entre le fils et sa mère Sarah. Le chapitre vingt-trois, suivant immédiatement la ligature d'Isaac, débute brutalement, d'une façon froide et coupante, par l'annonce de la mort de Sarah : « La vie de Sarah fut de 127 ans. Sarah mourut à Quiryat Arbah... » Un midrash raconte que Sarah mourut en apprenant l'immolation imminente de son fils par la bouche de Satan, encore lui ! Un autre relate que sa mort fut causée par le choc qu'elle ressentit en apprenant, après coup, le sacrifice d'Isaac. Enfin, selon une autre version, ce fut Isaac lui-même qui lui raconta après l'événement : « "Si un ange ne t'avait pas secouru, tu serais mort alors ?" "Oui", répondit Isaac, et l'âme de Sarah la quitta sur-le-champ. »

Sefer Hayachar rapporte le stratagème d'Abraham la veille, afin de séparer la mère de l'enfant. Le patriarche prétendait qu'il l'emmènerait apprendre les voies de Dieu. Sarah résista de toutes ses forces, pleurant toute la nuit, baisant son fils, le prenant contre son sein, le recommandant à la sollicitude de son père. Elle dit, plus de sept fois : « Prends garde à cet enfant unique, n'ôte pas ton œil de dessus lui tout au long du chemin. Qui sait si je te reverrai, ô mon fils ? Mon âme est étroitement liée à son âme. » Elle alla jusqu'à souhaiter se substituer à Isaac : « Mon fils ! Qui me donnera de mourir à ta place en ce jour ! » Le sacrifice d'Isaac fut donc celui de Sarah, de la matrice, par la coupure de la fusion, possessive et incestueuse, entre l'enfant et la mère, hyperprotectrice, toute-puissante, étouffante. En redescendant du mont Moriah, Isaac perdit sa mère et trouva Rebecca. Les habitants de Hébron, où fut enterrée Sarah, fermèrent leurs commerces pour respecter sa mémoire, et, en récompense, il n'en mourut aucun avant qu'ils n'aient participé aux obsèques d'Abraham, trente-huit ans plus tard !

Le sacrifice non advenu d'Isaac, puisque accepté d'avance, est également extraordinaire. Il constitue le premier et unique acte adulte et volontaire qu'Abraham ait été capable d'accomplir, sans écouter la voix de Sarah, à laquelle il avait obéi toute son existence. Abraham était donc devenu enfin un homme, un père apte à relativiser, à limiter la toute-puissance maternelle en vue d'édifier le triangle. Cela nous apprend, à nous pères et fils modernes, qu'il n'est pas facile de mettre en place ce fameux triangle, d'une manière saine, c'est-à-dire dans le respect de l'importance et des places respectives de ses trois membres. Chacun est guetté naturellement par la toute-puissance, porté par la démesure, comme le soutenait Sophocle, ayant tendance à s'accaparer tout le pouvoir, à se placer seul aux commandes, à l'exclusion évidemment des deux autres, réduits au silence et à l'obéissance.

Dans le mythe grec, c'est le père qui joue au potentat, dans la Bible, c'est la mère, de nos jours, l'enfant, le fameux enfant-roi, dictant aux adultes de satisfaire dans l'urgence ses caprices, sous l'épée de Damoclès de leur

retirer son affection en cas de désobéissance ! Le fonctionnement du triangle ne se réduit pas à sa seule dimension émotionnelle et affective, comme espace d'amour et
de sexualité et réseau relationnel d'échanges entre le
père, la mère et l'enfant. Dans son identité plurielle, il
constitue, en même temps, une unité économique de
consommation des biens et des objets, du gain et de la
gestion de l'argent. Il fonctionne aussi, dans son aspect
sociologique, comme le pont, la médiation entre le dehors
et le dedans, par le biais de la transmission des valeurs,
de la culture et de l'idéologie de la société à la famille,
tout en la protégeant de l'instabilité et des turbulences.
Il constitue également un corps biologique, lieu de la
fécondation et de la transmission de la vie. Il représente
enfin, de manière plus discrète, plus subtile, une unité
politique où chacun s'ingénie à conquérir le pouvoir et à
le conserver, d'où l'existence permanente, mais en sour-
dine, d'un rapport de forces dominé/dominant, ainsi que
des rivalités, des complicités et alliances.

Une bonne famille, équilibrée, est celle qui se voit
capable de jongler acrobatiquement avec ces cinq émanations, en les nourrissant chacune sans se laisser piéger
cependant par aucune d'elles. En revanche, la famille se
décompose, devient malade, éclate, lorsqu'une de ces
aires se trouve désertée (la pauvreté, la stérilité, le
défaut d'amour et de communication, etc.) ou lorsque,
à l'inverse, exagérément inflationnée, elle inféode les
autres, devenues défaillantes. Cette dimension politique
du triangle se trouve malencontreusement occultée,
déniée très souvent par le souci de privilégier et d'imposer une image artificielle du couple et de la famille,
comme éden harmonieux, baignant dans un bain paisible

d'amour, d'entente et de solidarité. Pourtant, la reconnaissance de cette indéniable réalité, d'autant plus toxique qu'elle est refoulée, peut contribuer, en levant les non-dits, à pacifier les membres du triangle en assainissant les canaux de communication.

La dramaturgie abrahamique s'achève ainsi, sans effusion de sang, contrairement au mythe grec, au milieu d'une floraison de sens. Le bélier a certes été égorgé pour empêcher l'immolation d'Isaac. Pauvre bélier, pauvre bête innocente ! Ne nous inquiétons pas outre mesure, l'essentiel est ce qu'il représente, le sens et non le sang ! Le bélier, c'est Abraham, Isaac, Sarah, ou encore les liens fusionnels entre les trois membres du triangle. Le bélier, c'est aussi Dieu, sacrifié sur l'autel d'Isaac. Le bélier, mâle non châtré, représente la force, l'énergie, la virilité, la vitalité, la puissance de l'instinct. Il symbolise une idole, une divinité. Il a été associé à de nombreux dieux dont le plus prestigieux fut, en Égypte, Khnoum. Celui-ci était représenté avec un corps humain et une tête de bélier pourvue de longues cornes ondulées. Dieu de la fécondité et de la création, il avait deux épouses, Satis et Anoukis, qui, ironie du sort, souffraient de stérilité ! En immolant le bélier, Abraham sacrifia peut-être Dieu Lui-même ! Élohim se révéla ainsi vaincu, perdant, battu, dans le combat, si inégal au fond, qui l'opposait, à l'instigation de Satan a-t-on cru, à Abraham. Dieu lui a donné l'ordre d'offrir son fils en holocauste et il recule maintenant, change d'avis, fléchit, bat en retraite, déclare forfait, capitule. Avait-Il jamais vraiment eu l'intention de laisser le patriarche aller jusqu'au bout de sa tentative ? S'agissait-il seulement d'un test pour confondre Satan, en lui démontrant la foi inébranlable et la fidélité d'Abraham ? Quant à ce dernier, a-t-il fait seulement semblant d'accepter le décret d'Élohim, convaincu qu'il ne constituait finalement qu'un défi, pour ne pas dire une blague, dépourvue de toute possibilité sérieuse de réalisation, Dieu n'ayant rien à voir avec un pervers assassin, assoiffé de sang ! Y.H.W.H. avait-Il vraiment besoin de preuve d'amour, de fidélité et de reconnaissance, tel un petit garçon manquant de confiance en lui, miné par la hantise d'abandon et de désamour ? Impossible évidemment de répondre à ce genre de questionnements. Inconcevable d'allonger Dieu sur le divan afin de percer l'ultime secret de son ambivalence, le sens dernier de sa volonté. Une chose paraît certaine néanmoins : l'Éternel Dieu cède à Abraham, revient sur sa décision initiale, en lui interdisant, une seule seconde avant le funeste irréparable, de toucher à son enfant. Un midrash dit : « Dieu aime être vaincu par ses enfants. » Il accepte l'échec de sa toute-puissance. Il a pu se montrer ainsi imparfait, mais, notamment, dans le retrait, capable de céder à temps, pour dégager une place de père reconnu, à part entière, à l'homme Abraham.

Quoique dans un contexte différent, Dieu se livre à la même partie d'échecs une seconde fois, avec un autre de ses élus, nommé Job. Les deux histoires comportent de frappantes ressemblances ! Qualifié de « juste exemplaire » et de « craignant Dieu », Job était un homme bon et pur, porté par une sublime piété, très riche aussi, propriétaire d'immenses territoires et de nombreux cheptels, père de sept filles et de trois fils. En tant qu'ange accusateur, Satan, encore lui, suggéra à Dieu que la piété de Job, intéressée et de façade, ne saurait résister à l'adversité. Il encouragea donc Dieu à soumettre son protégé à l'épreuve. En l'absence de tout motif apparent, comme en ce qui concernait naguère Abraham, Satan dépouilla Job de sa fortune et fit périr avec cruauté ses dix enfants. Malgré toutes ces calamités, la foi de Job demeura inébranlable. Satan décida alors, passant au degré supérieur d'horreur, de torturer Job en le frappant, non plus par le biais de ses biens matériels ou des personnes qu'il chérissait, mais directement, à travers son corps propre. Avec l'assentiment divin, Job fut couvert, de la plante des pieds au sommet de la tête, d'effroyables ulcères. Sa femme le supplia alors d'accepter de maudire Dieu, mais Job refusa. Trois amis vinrent des quatre coins du monde pour le réconforter et l'assister dans ces épreuves. Ils cherchèrent à lui faire admettre que ces souffrances représentaient, sans doute, la conséquence logique d'une mauvaise conduite passée et oubliée, et qu'elles étaient donc peut-être reliées à des actions répréhensibles ou à des défaillances quelconques. Mais Job s'obstinait à clamer son innocence et à réfuter avec indignation toutes ces allégations. Il gagna, réussissant à sortir victorieux de cette épreuve. Dieu capitula, renonça, recula. Job recouvrit la santé et sa gloire passée, une richesse redoublée avec la naissance de dix enfants, cette fois de sept fils et de trois filles, à l'inverse de la proportion précédente.

L'échec de Dieu le Père, envisagé de cette manière, dans le sens positif et constructeur de retrait, vise à aménager une place de vie et de désir aux hommes, aux autres, pour qu'ils ne soient plus écrasés par sa toute-puissance et qu'ils puissent émerger, légitimés, reconnus et confiants dans leur droit d'exister et de créer. Sans ce retrait, sans cette « auto-contraction » divine destinée à instaurer un vide, un lieu intermédiaire servant d'utérus, de matrice, absolument rien n'aurait pu surgir. Si Dieu était tout, tout le temps et partout, omnipotent et omniscient, il n'existerait plus nul espace pour la création. Toute vie deviendrait inconcevable. C'est la raison pour laquelle la Bible contient non pas un seul, mais bien deux récits de la création, relatés successivement dans les chapitres premier et deuxième de la Genèse.

La première édification de la vie et de l'univers entier avec tout ce qui se trouve dedans, conçue, « accouchée » par Dieu, *ex nihilo,* c'est-à-dire grâce à la seule puissance de sa volonté et de sa parole, sans recours à nulle action, ni à aucun matériau, échoua complètement. Rien n'émergea du tohu-bohu, du chaos, de l'indifférenciation originelle où tout était dans tout, en mélange. Dans le second récit, Dieu recommença son œuvre, précédemment ratée, non plus par la seule magie de sa parole, mais à l'aide de certains éléments (poussière, vapeur, pluie), ainsi que d'actions concrètes (façonner l'homme, lui insuffler l'esprit de vie...). La toute-puissance divine se trouva ainsi relativisée, limitée par les actes et les matières. Sans le sacrifice de cette toute-puissance, lorsque Dieu était tout et partout, il n'existait nul espace en dehors de Lui pour que le monde fût engendré. Le vide ainsi établi, grâce à « l'auto-contraction » divine, dégagea une matrice, un espace, un réceptacle indispensable à l'émergence de la vie et des humains. C'est assurément à ce même thème que renvoie le sacrifice d'Isaac ou d'Abraham. Celui-ci en acceptant de ne pas exécuter son fils lui permet d'occuper une place de fils, de vie, de désir et d'espérance, contrairement aux mythes grecs où Dédale et Laïos, Cronos et Zeus, en raison de leur toute-puissance dévorante et donc de leur refus de perte et de manque, envahissaient toutes les places, interdisant à la mère et à l'enfant d'exister.

« Le conflit des générations » est bien une lutte pour le pouvoir, entre les pères qui, s'accrochant à leurs prérogatives, refusent de descendre, à l'opposé d'Abraham, pour laisser monter la génération montante. En tant que structure politique, le triangle père-mère-enfant ne peut fonctionner sainement que si le père grec et la matriarche biblique acceptent, tout en résidant chacun dans l'espace qui lui revient légitimement, de se retirer des deux places restantes pour les offrir aux autres membres du triangle. Seul le partage garantit l'enrichissement !

5

Réhabiliter le triangle

Que signifient ces vieux mythes ? Quel est leur intérêt ? Où se trouve leur actualité, par-delà l'imperma-
nence des époques et la variété des lieux ? Quel message,
quelle sagesse, quel enseignement cherchent-ils à nous
transmettre ? Enfin, plus exactement, quelle leçon de
psychologie pourrions-nous en extraire, susceptible de
nous venir en aide, à nous hommes modernes, pour restaurer nos triangles familiaux lézardés, éclatés, théâtres
depuis ces dernières décennies, notamment, de multiples
séismes ?

Voilà l'une des leçons majeures que l'on pourrait tirer
de notre enquête policière, à travers la relecture de
ces thrillers mythologiques. Le psychanalyste ressemble
parfois à un détective. Ils s'efforcent, l'un comme l'autre,
chacun à sa manière et avec ses méthodes, de dépasser
l'aspect manifeste, parcellaire et trompeur, pour pénétrer le contenu latent où se cache, comme dans une
huître, la perle du sens, dont la découverte permet le
dénouement. Pour construire et développer son psychisme, le fils a besoin d'une présence paternelle adulte,
aussi bien physique que psychologique. Lorsque celle-ci

fait défaut ou s'avère de médiocre qualité, le fils risque de rencontrer de sérieuses difficultés à grandir, pour s'intégrer plus tard dans la vie et la société, sur les plans aussi bien affectif que professionnel, muni d'une véritable autonomie psychique.

D'une certaine façon, Icare s'est suicidé, sacrifié sur l'autel de la toute-puissance paternelle, dans la mesure où Dédale n'avait jamais été réellement présent à ses côtés, ne s'était nullement occupé de lui pour lui procurer l'indispensable nourriture intérieure qu'est la présence aimante et sécurisante du père, au long des paliers de sa courte vie. Le plus clair du temps et de l'énergie vitale de l'inventeur de la statuaire et du bâtisseur du Labyrinthe était investi dans la perfection, la brillance et le pouvoir, Dédale étouffant ainsi par son agitation sa dépression masquée. De plus, le triangle dédalien n'était composé que d'une seule et même personne. Dédale s'accaparait toutes les places, notamment celle de la mère d'Icare, devenue inexistante, totalement éteinte. Celle-ci n'était donc point en mesure d'aimer son fils, ni de le protéger contre le rouleau compresseur paternel. Icare était ainsi doublement orphelin : de père et de mère !

Œdipe fut immolé à cause de la perversion de Laïos. Il expia des fautes qu'il n'avait pas commises, mais héritées, remboursant ainsi les dettes qu'il n'avait pas contractées, payant à lui seul tous les pots cassés. Il existe bien trois personnes, un trio, Œdipe, Laïos et Jocaste, mais pas de famille néanmoins, pas de triangle véritable. Le monarque ne considérait son fils que comme son futur meurtrier, avant même qu'il ne soit conçu, chargé de l'unique mission de l'assassiner pour s'accaparer son trône et la reine. Celle-ci n'avait pas non

plus été capable de jouer son rôle de mère, en nourrissant son fils du lait de son amour. Pis encore, elle avait
été aussi maltraitante que Laïos, puisqu'elle avait remis
elle-même son nourrisson de 3 jours en « mains propres »
au serviteur, pour qu'il l'expose à la voracité des bêtes
féroces, sur le mont Cithéron.

Parmi ces trois modèles de pères antiques, seul Abraham fut capable, à un âge certes avancé, après une
longue période d'obéissance à la voix de Sarah (toute
révolution nécessite du temps et de la patience), de
s'ériger en père véritable. Par le biais du sacrifice non
advenu d'Isaac, il tempéra sa propre tentation de toute-
puissance et réussit surtout à limiter la suprématie de
Sarah, mère phallique, étouffante, cherchant à évincer
le père pour envahir toutes les places du triangle. Dans
cette perspective, la qualité des liens, saine ou perturbée,
entre le fils et le père dépend de la bonne ou mauvaise
santé du triangle, de la distribution équitable ou pervertie des places, occupées ou délaissées par ses trois
membres, ainsi que du pouvoir, légitime ou abusif, que
chacun s'octroie, par-delà le modèle éducatif affiché,
des discours ou des bonnes intentions conscientes.

Qu'est-ce qu'un bon triangle ? C'est celui où chacun
des associés est reconnu en tant que sujet, dans son
identité propre, compte tenu de la place et de la fonction
qui lui reviennent, comme père, mère ou enfant, dans le
respect des différences sexuelles et générationnelles.
Cela paraît d'une évidence aveuglante. Cependant,
comme toutes les évidences, sa concrétisation s'avère
diablement complexe ! Ainsi, aucun des trois angles ne
souffre d'anomalie particulière. Il n'est ni totalement
inoccupé, ni à l'inverse accaparé abusivement, en plus

du sien, par l'un des colocataires, et ni enfin permuté avec celui d'un autre. Un triangle perturbé se caractérise par l'absence de clarté et de visibilité. Alors, on ne sait plus qui est qui. La place, le pouvoir et les compétences de chacun paraissent ambigus, équivoques, comportant des défauts graves, abandon de poste, inversion ou cumul des statuts et des rôles. L'un des enseignements précieux que nous pourrions tirer de ces mythes renvoie donc à la dimension politique, relative à la répartition du pouvoir au sein de la famille. Comme je l'avais souligné, cet aspect a été occulté jusqu'ici, voire dénié pour offrir une image romantique, harmonieuse et policée du couple et de la famille, en coupure avec les rivalités et les luttes qui agitent la société. Ce que le fils deviendra dépend en grande partie de la présence d'un père adulte, capable d'occuper sa place tout en se retirant des autres, pour les laisser à son fils et à sa compagne.

Le passé et le présent

La possibilité pour le père d'édifier un triangle avec la participation de sa compagne et de son fils dépend des aléas de son passé personnel, c'est-à-dire de la place réelle et symbolique qu'il occupait naguère lui-même dans le triangle de sa famille ancienne, autrement dit du fils qu'il était, dans le cœur et le désir de ses géniteurs. Voilà pourquoi il est si important de revisiter le vieux triangle de son enfance. La remémoration et l'éclaircissement de son fonctionnement – la manière dont le pouvoir y était réparti et exercé, la nature des complicités et alliances, démission, cumul, éjection ou

inversion des places – permettent d'empêcher la repro-
duction fidèle et la répétition aveugle du même scénario,
déguisé parfois sous un emballage différent. Ce qui
sépare un extrême de son inverse ne dépasse guère
l'épaisseur d'un cheveu ! La même anomalie peut ressusciter, masquée sous une forme totalement opposée,
rendue ainsi méconnaissable.

À titre d'exemple, un fils victime jadis de désamour
et de rejet, psychologiquement maltraité, risque de se
montrer plus tard, quand il sera père, soit franchement
agressif, comme par mimétisme inconscient, soit, à
l'opposé, excessivement dévoué, serviable, maternel,
sans autorité, offrant avec générosité et par compensa-
tion la tendresse et la considération dont il a été privé,
dans le but, assez égoïste finalement, de se faire aimer.
Le sujet s'identifie ainsi soit à ceux qui le malmenaient,
en devenant violent, soit au parent idéal dont il rêvait
naguère, en se montrant exagérément aimant. Certains
pères se trouvent dans l'impossibilité d'aider leur enfant
à se différencier, probablement parce qu'ils n'ont pas eu
la chance de se développer dans un véritable triangle
familial. Dans ce contexte, ils peuvent s'évertuer à dénigrer la mère et à chercher à séduire l'enfant en se montrant gentils, trop gentils, en ne lui disant jamais « non »,
en ne lui opposant aucune résistance de peur de perdre
son affection.

Lorsque le fils a eu la chance de vivre et de grandir
au milieu d'un triangle sain, c'est-à-dire entouré de
parents « suffisamment bons », reliés entre eux dans un
rapport de désir et d'alliance et non de rivalité, il a toutes
les chances de s'ériger plus tard, à son tour, en père de
ses enfants et en amant de son épouse, dans le respect

des différences. Il parvient ainsi à s'inscrire dans le présent, non inféodé au passé, non prisonnier de son enfant intérieur, bien que relié à lui. Il peut investir sainement son fils, lui consacrer de l'énergie et du temps, contrairement à Dédale qui ne s'est jamais occupé d'Icare, et à l'opposé de Laïos qui a tenté de tuer Œdipe. Le fils est alors positivement vécu comme progéniture issue de lui, mais acteur cependant d'une histoire nouvelle et non plus d'une vieille pièce démodée et défraîchie déjà interprétée. La possibilité de distinguer hier d'aujourd'hui l'aide à considérer sa compagne non comme sa mère, à l'image ou à l'opposé de celle qui le couvait ou le malmenait, mais telle une femme, adulte elle aussi. Toutes ces différenciations permettent au père de reconnaître les deux autres membres du triangle non comme les incarnations des fantômes du passé, ni les répliques parfaites de ses rêves, mais comme des êtres réels, le plus dégagés possible de l'emprise déprimante ou exaltante du petit garçon en lui. C'est bien cela que signifie être présent, dans la réalité d'ici et de maintenant, pour la vivre pleinement.

Toutes les souffrances découlent de la confusion et du mélange entre les époques de la vie, de l'embrouillement des identités, de l'imbroglio des places symboliques et des fonctions. Le vrai bonheur prend sa source dans le respect des différences du temps (je suis un homme adulte qui vit dans le présent et non un petit garçon cloué au passé), ainsi que dans la reconnaissance de la dissimilitude des colocataires du triangle (ma femme n'est pas ma méchante mère, ni mon adorable maman, mon fils n'est pas le petit frère que je jalousais, ni mon papa). Ainsi le père, inscrit dans des liens d'amour et de respect avec les deux autres membres du triangle, ne s'ingénie pas perversement à occuper, en plus de la sienne, leurs places, celle de mère et celle d'enfant. Renonçant à sa toute-puissance, il accepte qu'eux aussi puissent s'aimer et échanger librement, sans son omniprésence. La caractéristique essentielle du père consiste à pouvoir interpréter spontanément ce jeu paradoxal de présence-absence. Cela signifie que, tout en assumant ses deux rôles de père et d'amant, il reconnaît le désir des deux autres de se lier et de communiquer ensemble, sans qu'il se sente jalousement exclu, ni qu'il tente de s'emparer agressivement de leur espace. Ne se fixant ainsi ni dans la démission dépressive ni dans l'envahissement conquérant, il est capable de se situer dans le retrait, laissant le fils à la mère et vice versa. Dans ces conditions, c'est l'enchevêtrement du passé dans le présent et le télescopage des êtres nouveaux avec les anciens qui rendent l'exercice de la paternité parfois si compliquée, en raison d'une forte imprégnation fantasmatique et fantomatique du présent et de la confusion des sentiments.

Devenir soi en se différenciant

Il n'est guère difficile de remarquer que la colonne vertébrale de ce livre repose sur la notion-clé de la différenciation. Pourquoi ? Tout simplement parce que celle-ci joue un rôle décisif dans l'édification et le fonctionnement du psychisme, déterminant ainsi la nature des liens, bienveillants ou hostiles, entre les trois membres du triangle. Classiquement, d'après la psycha-

nalyse, c'est le père qui en est l'agent. La fonction paternelle symbolique et symbolisante consiste à séparer la
mère et l'enfant pour les inscrire dans le triangle et
établir entre eux un écart, une distance. Il ne s'agit
cependant nullement d'une séparation concrète. Ce
concept ne devrait donc pas être entendu de façon lit-
térale, au premier degré, dans l'acception d'un éloignement, d'un arrachement du bébé. La séparation veut dire
espacement symbolique et aération psychologique. Elle
est censée relever du père, en tant que tiers, dans la
mesure où, ne participant pas lui-même aux processus
naturels de la grossesse et de l'accouchement, il intervient pour aider la mère et l'enfant à sortir de leur cocon,
de leur état de fusion confusionnant. La nomination de
l'enfant par le père après l'accouchement (Nom du père)
signifie que la mère n'est pas toute, qu'elle n'a pas
engendré seule l'enfant et que celui-ci n'est donc pas
son objet ou complément, sa propriété exclusive, et, en
conséquence, que le père lui aussi y a joué un rôle et
mérite une place et de la reconnaissance.

L'un des aspects de la fonction paternelle consiste
également à mettre de la distance entre la pulsion et le
moi afin de protéger celui-ci de l'envahissement. Le rôle
de l'interdit ne consiste donc nullement à réprimer ou
à supprimer le plaisir, mais à circonscrire la pulsion pour
rendre le moi capable du bonheur et de la jouissance.
Sans ce « non » du père, l'énergie pulsionnelle, non
humanisée, non civilisée, c'est-à-dire sans limites, se
transforme en agressivité contre le sujet lui-même, mais
également contre les autres. La violence autodestruc-
trice apparaît dans des comportements masochistes, où
l'adolescent cherche à se punir (toxicomanie, conduites

à risques...). On pourrait également évoquer le nombre croissant d'enfants en échec scolaire. Il s'agit souvent d'enfants doués d'une intelligence parfaitement normale voire supérieure à la moyenne. En raison de certains troubles du comportement ou d'un manque de concentration, ils se voient empêchés de s'intégrer, de satisfaire leur désir d'apprendre. L'agitation et l'agressivité proviennent d'un sentiment d'angoisse et d'insécurité. L'enfant agresse parce qu'il a peur et se sent en danger. S'ajoute à ces sentiments la difficulté pour lui de sublimer, en orientant ses intérêts vers des notions symboliques, abstraites, en acceptant d'apprendre des matières ne présentant *a priori* aucune utilité immédiate et concrète. L'enfant en échec scolaire, faute de fonction paternelle, a du mal à apprendre à lire, à écrire, à calculer, à réciter une poésie, dans la mesure où la réussite de toutes ces opérations exige la capacité de symboliser, d'abstraire, de mentaliser. Il échoue donc par manque de distance par rapport à « la chose », à l'objet, à la matière, collé à la littéralité du premier degré, en fusion avec la mère. L'intelligence renvoie à la double capacité paradoxale de pouvoir d'un côté différencier, classer, sérier, séparer, et, de l'autre, relier entre eux les objets et les concepts. Une pomme est différente d'une poire, un journal est différent d'un livre, la pomme et la poire sont tous les deux des fruits, le journal et le livre sont tous les deux des moyens d'information. C'est la raison pour laquelle la revendication moderne consistant à donner à l'enfant le nom de la mère – sous prétexte de principes de justice et d'égalité entre les sexes, mais, au fond, dictée par des considérations idéologiques superficielles – hypothèque dangereusement la mise en place du triangle. Elle ne fait qu'accentuer un peu plus la désacralisation de l'image du père, déjà pas mal égratignée, au bénéfice de la mère, vénérée, toute-puissante, sans nul besoin de recourir à un tiers.

Pourquoi la psychanalyse attache-t-elle tant d'importance, en fin de compte, à cette notion de différenciation ? Pourquoi la considère-t-elle comme si essentielle ? Pour trois raisons. En premier lieu parce que la différenciation se trouve à l'origine de la constitution du psychisme, c'est elle qui permet de devenir soi, intérieurement libre, dégagé des dépendances sadomasochistes, des emprises et des manipulations perverses, pour s'exprimer et agir, sans être agi et parlé, telle une marionnette. Être soi permet par ailleurs de se sentir protégé dans sa maison-soi, à l'abri des intempéries et séismes émotionnels, ceux qui agitent la société et les proches, pour ne plus absorber, comme une éponge, la pollution psychologique, les malheurs et les misères de tous, avec la conviction que tout ce qui se produit de négatif est de sa faute et que c'est à soi donc de sauver le monde, tel un héros. C'est cela le bénéfice d'une différenciation réussie, permettant au fils de se constituer, à l'intérieur de l'épiderme, une couche, une enveloppe psychique pour ne plus résorber à lui seul, dans une fonction sacrificatoire, expiatoire d'enfant-thérapeute ou de *pharmacos*, toute la pathologie du père, la dépression de Dédale ou la perversion de Laïos. Lorsque le père est demeuré immature, inachevé, empêtré dans des confusions, inféodé à son enfant intérieur et cloué à son passé, c'est le fils qui, pris pour l'autre, branché tel un aspirateur à l'inconscient paternel, hérite ou prend ce mal-être à son compte. Il paie les dettes du père comme si c'était lui le redevable, le vrai débiteur. C'est ce qui distingue Icare et Œdipe d'Isaac. Les premiers sont condamnés et punis pour les fautes de Dédale et de Laïos comme s'il s'agissait des leurs, comme s'ils n'avaient nulle autre raison de vivre que celle de prolonger les pères en leur servant de suppléants, de substituts, de crucifiés, de boucs émissaires. Dans ce contexte, au nom d'une exigence éthique, d'un idéal humaniste de justice, il vaudrait mieux que chacun consente à se charger de sa croix propre, sans se sacrifier, sans se coltiner masochistement celle des autres, ni leur faire endosser perversement la sienne ! C'est, sans doute, là que réside la vertu essentielle de l'individuation : devenir individu, soi, à son compte, son propre comptable, responsable de ses actes et solidaire d'autrui, mais non plus coupable et condamnable à sa place. Ainsi, la différenciation n'apparaît plus comme un luxe, un ornement décoratif bon marché, mais ce qui donne au psychisme son ossature, en le protégeant de la morbidité contagieuse des géniteurs. Enfin, la différenciation ne constitue pas un but en soi. Le projet véritable, ultime, consiste dans l'établissement des liens. Elle n'a donc pas pour visée première de diviser, d'opposer, d'arracher, d'éloigner, de couper l'homme de la femme, l'enfant de ses parents, le rêve de la réalité, le présent du futur ou du passé, en dressant les uns contre les autres. Bien au contraire, elle a pour ambition de jeter des ponts, d'établir des rapports, pour rapprocher et unir, dans la sérénité et le dialogue, les êtres dissemblables. Seulement nul véritable lien entre l'homme et la femme, l'enfant et ses parents, hier, aujourd'hui et demain, ne serait concevable en dehors de la distance et de la différence. C'est la confusion qui constitue la source de toutes les ruptures et de tous les malentendus.

Et la mère ?

Dans cette perspective, le principal ingrédient aidant le fils à grandir pour s'élever plus tard en homme est l'existence d'une mère psychologiquement adulte, c'est-à-dire épanouie en tant que femme, aimant et désirant le père de l'enfant, tout en acceptant d'être désirée par lui. Les deux compartiments de l'identité plurielle féminine, la mère et l'amante, se trouvent insécablement complémentaires. Une femme ne peut se réaliser qu'en assumant parallèlement ses deux visages. Lorsqu'elle réussit à concilier ses deux moi, sans substituer l'un à l'autre, en investissant conjointement, mais de façon différente, ses deux « hommes », cela contribue positivement à l'introduction et à la reconnaissance du père auprès du fils et réciproquement. Une femme prisonnière du déséquilibre des excès, trop mère, pas assez amante, ou, à l'inverse, trop amante, pas suffisamment mère, risque d'hypothéquer le fonctionnement du triangle, en excluant, cela se comprend aisément, l'un des deux membres, le père ou le fils, pour fusionner avec l'autre. Les drames icarien et œdipien s'expliquent par l'absence de la mère, physique et psychologique pour le premier, affective pour le second, Jocaste ne faisant preuve d'aucune mansuétude vis-à-vis de son pauvre nourrisson.

La reconnaissance et le vécu par la femme de la pluralité de ses visages déterminent la nature des relations que l'enfant entretiendra avec ses parents. Le nourrisson vivant encore à ce stade dans un contexte de fusion avec sa mère, les premiers renseignements qui lui parviennent concernant l'identité et les caractéristiques de ses géniteurs lui sont communiqués par le canal infraverbal et silencieux de l'inconscient maternel. Ainsi, lorsque la mère, quels que soient ses qualités et son dévouement, abrite en elle une image négative, persécutive, abîmée de l'homme, empreinte de crainte et de mépris, il est problématique pour l'enfant de se préserver contre ce vécu en s'autorisant à chérir son père. Le nourrisson ne s'alimente pas que de lait, mais aussi des émotions, des sentiments, des joies et des chagrins, de la tension ou de la détente qui s'emparent de sa mère. Continuant à faire partie d'elle, il lui est inconcevable de s'en désolidariser. Les liens du fils avec son père dépendent ainsi, avant même que les mâles ne rentrent en communication verbale consciente, du désir, du regard, de l'importance que la mère nourrit à l'endroit du masculin en général et de ses deux « hommes » en particulier. Le fils ne peut s'estimer que si son père, appartenant au même genre que lui, est désiré dans le cœur de la mère.

L'examen des relations père-fils, sous l'angle de l'interaction entre les images et les énergies inconscientes, relativise, en la rendant secondaire, la portée des méthodes éducatives conscientes. Il est faux de croire que l'on peut dresser, façonner ses enfants, comme s'il s'agissait de pâte à modeler, par certaines techniques, aussi sophistiquées soient-elles, à son image et à sa ressemblance, selon son idéal conscient. L'éducation n'est pas une question de recettes et de savoir. Ce que l'enfant reçoit, branché sur l'inconscient de ses géniteurs, n'est pas l'écho fidèle de ce qu'ils lui enseignent, mais de ce qu'ils sont profondément, leur vrai moi, la bonne ou mauvaise image qu'ils ont d'eux-mêmes et de leur partenaire, la confiance qui les habite, les liens qui relient leur couple. L'impact du projet éducatif n'est pas pour autant négligeable, mais la réalité n'a jamais le dernier mot. L'enfant reflète et concrétise dans son être la vérité du désir inconscient de ses parents. Au père avare, fils prodigue, et au père exagérément vertueux, fils dépravé, pourrait-on dire ! Une bonne éducation ne renvoie pas non plus à une enfance et à une adolescence dépourvues de difficultés et d'épreuves, financières ou autres. L'enfant « élevé dans du coton », surprotégé, à qui tout a été offert avant même qu'il n'ait eu le temps d'en ressentir le désir et de le formuler, sera, à l'âge « adulte », le plus démuni de tous face aux réalités de la vie. Le système immunitaire de défense psychologique ne peut se fortifier qu'aux prises avec certaines frustrations, souffrances, contraintes et renoncements. Une enfance saine n'est donc pas forcément celle qui a été exempte de traumatismes, au fond inéluctables, mais celle qui a été la moins possible la proie au désordre, à la confusion des âges, des sexes et des places.

Tout cela pour rappeler l'évidence première selon laquelle l'enfant a besoin de ses deux parents, inscrits dans le triangle. Sa croissance dépend, tel un arbre, d'une part de sa mère, de cette terre nourricière où il plonge ses racines et, de l'autre, de son père, de ce soleil qui le réchauffe et l'exhorte à s'élever vers le ciel. Il n'existe évidemment aucune hiérarchie de valeurs entre ces deux associés, incarnant les deux principes masculin et féminin, les deux pôles cosmiques qui les transcendent. Le père ne peut prétendre à nulle espèce de primauté, de supériorité ou d'avantage sur la mère et vice versa.

L'essentiel, c'est que le triangle soit édifié par deux sujets différents, quoiqu'en connexion et interdépendance, afin que l'enfant puisse s'y inscrire avant même sa naissance. D'ailleurs, l'apparition des phénomènes de compétition, de jalousie et de rivalité, lorsque, par exemple, un des parents a besoin de se croire meilleur et plus indispensable que l'autre pour le bonheur de son enfant, démontre l'immaturité de sa personnalité, dominée par son enfant intérieur, et donc la mauvaise santé et un fonctionnement délétère du triangle. Disons rapidement aussi que la notion de triangle n'est pas superposable à celle de la famille, composée souvent de plus d'un enfant, de deux, de trois voire davantage. Son emploi demeure néanmoins valide, dans la mesure où les nombreux frères et sœurs d'une fratrie, issus tous génétiquement d'un seul père et d'une mère unique, ne descendant pas cependant, sur le plan psychologique, des mêmes parents, n'ont pas grandi au sein du même triangle. Cela pour la simple raison que chacun, en fonction de son sexe, de son âge et de son rang, mais aussi de ceux de ses géniteurs, est né et s'est développé dans un enveloppement et une place symbolique spécifiques, non interchangeables, différents.

Avoir un fils ou une fille n'est pas du tout indifférent pour un père, qu'il s'agisse du premier ou de la dernière, correspondant à un moment particulier de sa vie, de son énergie, et aussi de ses liens avec son épouse. L'accent étant mis invariablement sur le triangle et le respect des différences, certaines dénominations, pourtant consensuelles et banalisées, telles que la famille monoparentale ou homoparentale, ont le défaut de ne correspondre à aucune loi psychologique que, par ailleurs, elles désavouent. Il n'appartient évidemment pas aux idéologies, de gauche ou de droite, politiquement orientées et partisanes, de décréter la façon dont l'inconscient doit ou non fonctionner. Le pire des totalitarismes concerne celui qui décide de dicter au sujet, à travers des normes, de manière sournoise et donc perverse, derrière une façade de tolérance et de libéralité, ce qu'il lui conviendrait de croire, de penser et de désirer. Un triangle amputé d'un de ses angles, ou occupé par deux « mêmes » angles, deux sujets pareils, appartenant au même sexe, deux hommes ou deux femmes, ne mérite pas l'appellation de triangle. Il n'est pas susceptible de réunir les conditions nécessaires à la croissance de ses trois membres, notamment de l'enfant.

Le corps du père

J'aimerais enfin souligner l'idée importante selon laquelle le lien entre le fils et son père n'est pas de nature purement psychologique, abstraite, virtuelle, mais qu'il implique aussi un caractère corporel, physique, charnel, incarné, concret. On a souvent tendance à placer la relation mère-enfant dans un registre corporel, dans la mesure où la mère est censée s'occuper seule du corps du bébé (le soigner, le nourrir, le câliner...) sans la participation paternelle. Cela s'est transformé en un cliché, un stéréotype parfaitement familier. Lorsque l'enfant pleure, réveillé par un cauchemar ou quand il hurle de colère ou de chagrin, on imagine toujours la mère se précipiter pour le prendre et le consoler dans ses bras. Cependant, cette image d'Épinal ne devrait pas scotomiser le désir mutuel de l'enfant, surtout du fils et du père, de vivre, d'éprouver une relation de corps à corps. Ce besoin de se toucher en vivant et en réalisant des choses ensemble est parfaitement sain, naturel. Il cherche à se satisfaire à travers des jeux, des bagarres, du sport, des poursuites... Peu d'auteurs ont mis l'accent jusqu'ici sur l'importance de cette proximité physique entre le père et son fils, comme si ce genre de relations était exclusivement réservé à la mère, ou que le père en était incapable, ou enfin comme s'il s'agissait là de quelque chose de malsain. Le père se voit ainsi dessaisi de son corps, devient désincarné, irréel, abstrait. Les femmes, en revanche, les mères et les filles, ou les amies entre elles, ressentant le besoin de la proximité corporelle comme naturel, le vivent d'une façon spontanée et détendue, sans aucune fausse pudeur. Non seulement elles n'hésitent pas à évoquer leurs diverses sensations physiques, agréables ou pénibles, mais, de plus, elles ne montrent pas de gêne à se regarder et à se toucher, sans évidemment nulle arrière-pensée sexuelle. Les hommes, malgré leur façade de décontraction, sont peut-être plus pudiques qu'ils n'apparaissent, comparés à leurs congénères du sexe opposé.

Dans l'imagerie familiale, c'est toujours la mère qui prépare à manger, qui change et nourrit le bébé, qui le prend dans ses bras pour le câliner. Le père se voit souvent représenté comme une caricature surmoïque répressive, parfois de pédagogue. Il parle, explique, gronde, punit... Pourtant, au-delà de ces apparences, le père vit, ressent et s'exprime bien plus à travers son corps et ses sensations que par le biais de la parole. Davantage que la femme, il a besoin de s'activer, de travailler, de construire, d'agir. Il a tendance à exprimer

son amour et sa tendresse pour une femme préférentiellement à travers l'acte sexuel, bien que sa libido ne
soit nullement plus brûlante que celle de sa partenaire.
Le corps de l'homme lui sert de langage et de miroir
dans sa vie relationnelle. Il l'aide aussi à exprimer ses
peines, ses joies, ce qu'il a beaucoup plus de mal à
communiquer à l'aide des mots et du langage ; d'où la
fréquence plus importante des maux, des troubles psychosomatiques chez lui, en raison du silence qu'il impose
à ses émotions et sentiments.

Dans ces conditions, la relation du fils avec son père
se repose, se nourrit, s'incarne en quelque sorte, dans
un corps à corps, dans une relation charnelle, physique.
L'esprit ne signifie rien sans le corps et inversement. Il
existerait dès l'origine entre le père et le fils un certain
besoin de proximité et de contact – ce lien étant évidemment exempt de toute connotation incestueuse –
qui leur permettrait de faire mutuellement connaissance, de se connaître (co-naître), de se reconnaître plus
exactement, dans une relation de miroir, de mêmeté
spéculaire.

En guise de conclusion, voyons les différents visages
de la défaillance paternelle à travers le récit du roman
familial de Jean, âgé de 45 ans.

Le père de mon patient, simple ouvrier, sans nulle
ambition, souvent silencieux, toujours un peu terne sans
doute en raison d'une dépression latente, avait beaucoup
de mal à assumer la subsistance de sa famille. De plus,
il ne jouissait dans le cœur de son épouse, de dix ans
plus jeune que lui, d'aucun amour, ni estime. Celle-ci
l'agressait en lui reprochant son manque de dynamisme,

responsable de la maigreur de ses revenus. Elle l'humiliait aussi parfois en présence d'étrangers, ce qui le mettait fortement en colère, en le comparant à son désavantage, bien sûr, à tel voisin ou cousin riche, gagnant plein d'argent et capable donc de combler sa famille, surtout en leur offrant de belles vacances. Cette femme se refusait par ailleurs sexuellement à son mari, ce qui, évidemment, ajouté aux autres frustrations et humiliations, déclenchait parfois son agressivité physique. C'est Jean, l'aîné de leurs trois enfants, qui s'interposait alors entre eux pour les séparer. Enfin, dans cette famille, la quasi-totalité des décisions importantes étaient prises par la mère, non pas qu'elle fût particulièrement autoritaire, mais simplement parce que le père craignant de « mal faire » se débarrassait ainsi de ses responsabilités.

Mon patient a donc souffert, à l'intérieur de ce triangle perturbé, d'une absence psychologique du père, incapable d'occuper sa place et d'assumer ses fonctions : l'immaturité de la personnalité de ce dernier ainsi que sa dépression chronique avaient progressivement sapé sa volonté et son dynamisme, mais surtout sa confiance en lui et dans la vie. Comme sa sœur et son frère, Jean a été aussi frustré de l'amour de sa mère. Se montrant affectueuse « quand elle en avait le temps », mais insatisfaite dans son couple et accaparée par des soucis matériels, elle n'était pas intérieurement disponible. Elle déclara à plusieurs reprises qu'en continuant à vivre avec son mari, elle se sacrifiait pour ses enfants, sinon elle aurait divorcé depuis longtemps. Dans un tel climat, Jean était non seulement triste et inquiet, mais se croyait de surcroît coupable des manques qu'il subissait ; d'où l'évidente nécessité pour lui de réparer les dégâts qu'il s'imputait. Il décida donc, à l'entrée à l'école primaire, de réussir, voire d'exceller. C'était le moyen qu'il avait trouvé à ce moment-là, comme enfant-thérapeute, père de son père, pour compenser sa médiocrité. Il cherchait aussi sans doute, en surinvestissant le travail scolaire, à attirer l'amour et la reconnaissance dont il se sentait privé. Toute la scolarité de Jean se déroula « comme sur des roulettes ». L'école, les maîtres et les copains lui offraient un second foyer, un ailleurs, un dehors, sécurisant et joyeux, contrebalançant la morosité de sa famille. Pendant son adolescence, il se montra également sage, ne posant aucun problème de comportement, comme s'il cherchait à préserver ses parents, « déjà, assez malheureux comme ça ! ». Enfin, il réussit brillamment son bac à 17 ans et décida de s'inscrire en médecine après l'annonce de l'apparition d'un cancer du pancréas chez son père ; lequel décéda d'ailleurs brutalement une semaine avant le début de sa retraite. Jean acheva avec beaucoup d'aisance ses études médicales, devint cardiologue et s'installa dans une grande ville universitaire. Peu après, il épousa une de ses patientes, de cinq ans plus vieille que lui, souffrant d'arythmie cardiaque. Ils eurent deux enfants, aujourd'hui âgés de 19 et 17 ans.

En revanche, le parcours de la sœur et du frère de Jean, respectivement 43 et 40 ans, n'apparaît pas aussi éclatant. La première n'a jamais souhaité, encore marquée, dit-elle, par la mésentente de ses parents dans son enfance, de construire un couple ou d'avoir des enfants. Elle travaille comme infirmière dans une maison de retraite et mène une existence assez solitaire. Quant au frère, il présente une grande instabilité dans les domaines affectif et professionnel. Il a déjà essuyé deux divorces, motivés par ses nombreuses aventures extra-conjugales, et a changé plusieurs fois d'emploi. D'après Jean, son frère est incapable de supporter les contraintes. Il refuse l'autorité et les obligations. Il se veut libre pour profiter de la vie sans entraves. Il dépense ainsi impulsivement, contraignant mon patient à éponger ses dettes.

Qu'est-ce qui perturbe vraiment Jean ? Qu'est-ce qui a poussé cet homme, reconnu et apprécié, financièrement à l'aise, époux d'une femme qui l'aime et père de deux adolescents, à me consulter ? Jean se dit « malheureux », « très malheureux », au niveau de ses enfants et de son couple. Il ne ressent, déjà depuis longtemps, aucun sentiment amoureux vis-à-vis de sa femme. Il doute surtout de l'amour que celle-ci prétend éprouver à son égard. « Elle est sincère. Je suis sûr qu'elle ne m'a jamais trompé avec un autre homme, mais je crois qu'au fond elle m'admire plus qu'elle ne m'aime, qu'elle a plus besoin de moi qu'elle ne me désire. Elle m'assure que non, mais je reste persuadé qu'elle est séduite par ma position intellectuelle et sociale et non pas vraiment par ma personne. Je n'aurais jamais dû épouser une patiente ! Elle commence à regretter, de son côté, maintenant que les enfants sont devenus grands, d'avoir interrompu son travail d'enseignante pour se consacrer à nous. »

Dans cette famille, certainement en raison du délabrement du couple de ses parents, un père âgé et dépressif, désacralisé dans le cœur de son épouse, aucun des trois enfants n'a réussi à s'impliquer avec confiance dans une relation durable d'amour. Ironie du sort, le remède que Jean avait cru trouver naguère pour compenser par son excellence la médiocrité de son père se retourne contre lui. Il se transforme même en un poison qui l'empêche d'éprouver le bonheur, entouré de sa femme et de ses enfants. Jean n'est pas très présent, physiquement d'abord, en raison d'une suroccupation professionnelle (consultations, enseignement, responsabilités à l'hôpital avec de multiples réunions, la présidence de deux associations, etc.), mais psychologiquement surtout, déléguant toutes les charges à son épouse. L'histoire ressemble parfois à une incessante répétition du même roman ! Si la carence du père de mon patient était due à sa faiblesse et à son effacement, celle de Jean en tant que père s'explique par sa toute-puissance. À l'exact opposé de l'image paternelle, Jean, qui est un homme apprécié et reconnu, laisse néanmoins en jachère les deux principaux pans de son identité plurielle, celui de père et de mari. Dans son couple, c'est bien sa femme qui le domine, selon le même modèle que ses parents. En apparence, la première se montre toutefois admirative et respectueuse, contrairement à la mère de mon patient, qui traitait son mari d'une manière méprisante.

« Je viens d'apprendre par ma femme que ma fille de 19 ans, étudiante dans une école d'éducatrice, fréquente un homme de 35 ans, depuis pas mal de temps déjà, sans que je sois tenu au courant. Elle aurait l'intention d'habiter avec lui et de faire un enfant. J'ai essayé de l'en dissuader, mais soutenue par sa mère, elle ne veut rien entendre. Elle est vraiment bizarre, ma femme ! D'un côté, elle me harcèle pour que je fasse le gendarme mais de l'autre, dès que j'élève la voix, elle se précipite pour me contredire.

« Quant à notre fils de 17 ans, il est vrai que je me sens totalement impuissant. Il est depuis longtemps en échec scolaire. Il est intelligent, mais ne fait rien, manquant de persévérance. Il refuse les contraintes et l'autorité, ne supporte aucune critique, ni remarque. Il a été renvoyé déjà plusieurs fois pour des problèmes d'insoumission et de consommation de cannabis. J'ai su récemment par sa mère qu'il avait volé de l'argent dans mon porte-monnaie, sans que je m'en aperçoive, pour rembourser un "dealer" qui l'avait menacé.

« Quand j'ai reproché à ma femme de ne pas m'en avoir informé, elle m'a objecté que je ne suis jamais là et qu'ensuite dès qu'elle commence à me parler, je lui réponds : "Je n'ai pas le temps, débrouille-toi !"

« Elle trouve que je ne sais pas dialoguer avec mes enfants, les critiquant ou les engueulant souvent, sans jamais leur faire de compliments. Elle prétend aussi que je les écrase en citant tout le temps ma réussite de "self-made-man", en exemple !

« Une fois, j'ai voulu parler à mon fils. Il m'a rétorqué d'emblée : "Tu me casses les couilles ; je fais ce que j'ai envie !" Ça m'a beaucoup choqué.

« De plus, il se met drôlement en danger avec son scooter dont il a trafiqué le pot d'échappement pour augmenter sa vitesse. Il déambule avec une bande de copains dans les ruelles de la ville à des heures impossibles. J'ai tenté de lui confisquer son scooter, mais il refuse violemment de s'en séparer alors qu'il n'en a pas besoin, comme s'il s'agissait d'un nounours ou d'une partie essentielle de lui-même. Je me sens dépassé par mon fils. J'avoue ne pas le connaître vraiment, ne plus rien comprendre. Je n'ai pas eu, il est vrai, assez de liens avec eux jusqu'à maintenant. Je les engueulais parfois surtout pour les pousser à ramener de bonnes notes de l'école, mais je n'ai pas été assez présent, pas vécu avec eux tout simplement, trop absorbé par mon travail... Ayant souffert de pauvreté dans mon enfance, j'étais persuadé pouvoir les rendre heureux avec de l'argent. C'était ça être père pour moi ! » dit-il avec un sanglot réprimé dans la voix.

Prisonnier de son passé, Jean a donc gaspillé une part importante de sa libido au détriment de lui-même et de sa famille, à soigner son père en compensant sa faiblesse et ses échecs par sa réussite sociale. Mais voilà que son fils, à l'image de son frère d'ailleurs, révèle cet héritage transgénérationnel refoulé. Il invite ainsi son père à devenir adulte, pour enfin intégrer dans le triangle qu'il a bâti sa place d'époux et de père. C'est bien souvent les enfants qui, justement par le biais et au prix de leurs égarements, tentent de montrer le chemin aux parents. Le fils de Jean représente le prototype des Icare et des Œdipe modernes, sacrifiés en s'autodétruisant sur l'autel de la toute-puissance ou, ce qui revient au même, de l'absence des pères, bien que ceux-ci ne s'appellent plus Dédale, ni Laïos !

Table

Du même auteur :

LA BIBLE, UNE PAROLE MODERNE POUR SE RECONSTRUIRE, Chemins
    de l'harmonie, 2011.
GUÉRIR SON ENFANT INTÉRIEUR, Fayard, 2008.
CES INTERDITS QUI NOUS LIBÈRENT, Dervy, 2007.
LE BONHEUR D'ÊTRE SOI, Fayard, 2006 (prix *Psychologies* 2007).
LA DÉPRESSION : UNE MALADIE OU UNE CHANCE ?, Fayard, 2005.
L'HUMOUR-THÉRAPIE, Bernet-Danilo, 2002.
LE PÈRE, À QUOI ÇA SERT ? LA VALEUR DU TRIANGLE PÈRE-MÈRE-
    ENFANT, Jouvence, 1994.

Pour connaître le programme des séminaires
de Moussa Nabati,
vous pouvez lui écrire à : moussa.nabati927@orange.fr

Composition réalisée par PCA

Achevé d'imprimer en avril 2011 en Espagne par
BLACK PRINT CPI IBERICA, S.L.
08740 Sant Adreu de la Barca (Barcelona)
Dépôt légal 1re publication : mai 2011
LIBRAIRIE GÉNÉRALE FRANÇAISE – 31, rue de Fleurus – 75278 Paris Cedex 06